한국경제와 에너지

- 석유를 중심으로 -

이 종 호 저

도서출판 상 학 당

欲爲大者 當爲人役

크고자 하거든 남을 섬기라

머리말

인류에게 더 없이 유용한 제1의 에너지원으로 쓰이고 있는 석유가 세계시장에서 그 영향력을 십분 발휘한 후 이제 에너지원으로서 누렸던 주역의 자리를 서서히 내놓을 상황에 직면해 있다. 버논(R.Vernon, 1966) 등이 주창한 제품수명주기설(Product Life Cycle Theory)에서 보듯이 모든 상품은 시작과 끝이 있게 마련이다. 석유 역시 이제 하나의 상품으로서 쇠퇴기를 지나 그 수명을 다할 날이 다가오고 있음은 아닌지 섣부른 전망이 나오고 있는 작금의 현실이다. 이것이 곧 석유의 고갈을 의미하는 것은 아니지만 소위 전통(conventional) 석유가 머지않아 주된 에너지원으로서 활용 비중이 급감할 것이라는데, 또는 보조 에너지원으로 전락할 것이라는데 대하여 이의를 제기할 사람은 없어 보인다.

물론 이에 대한 반론도 만만치 않다. 아직 석유의 퇴출은 시기상조이며 앞으로 수십년간 주역의 자리를 굳건히 지킬 것이라는 주장도 전문가들 사이에 여전히 존재하고 있는 게 사실이다. 어찌됐든 석유의 퇴출은 시간의 문제이지, 그 본질 내지 추세가 변경될 가능성은 적어 보인다.

석유의존도가 유난히 높은 한국경제로서는 석유라는 고마운 존재를 통해 압축 고도성장을 해 온 것이 사실이지만, 석유가 한국경제에 미친 부정적 영향을 생각해 볼 때 우리 국민들은 석유를 통해 웃은 날보다는 고통의 날들을 더 많이 기억하고 있을 것이다. 흔히 고마움은 당연한 것으로 받아들이지만, 섭섭함과 고통은 오래 기억되는 것과 같은 이치이다.

한편 석유가 우리 경제에 미친 영향, 특히 부정적 영향은 전 산업에 걸쳐 한국경제에 엄청난 고통을 안겨 주었지만, 역설적으로 등한시해 왔던 경제체질 개선의 계기를 마련해 준 것도 사실이다. 그렇지만 그때마다 경제구조 및 경제체질 개선의 목소리는 더 한층 높았지만, 이에 수반된 실천은 여전히 미흡하기 짝이 없었다.

고유가 시대를 경험할 때마다 우리는 석유가 지닌 현실적 위력 앞에 무기력하게 당할 수밖에 없는 초라한 경제구조 탓을 하면서도 이를 과감히 극복해 내기 위한 뼈를 깎는 노력은 경제주체별로 미진할 따름이었다. 그럴 때마다 우리의 냄비 근성을 비판하는 목소리가 힘을 얻긴 했어도 이 역시 그때뿐 이었다. 정부를 비롯한 우리의 실천의지 부족에 기인한 탓이 컸지만, 상시적인 구조개혁 내지는 구조조정이 얼마나 힘든 과제인지를 보여주는 반증이기도 했다. 여하튼 우리 경제는 석유가 안겨 준 경제체질 개선의 기회를 기대에는 미치지 못했지만, 그럼에도 불구하고 체질개선을 위한 미덥지 못한 몸부림을 통해 서서히 변화의 모습을 보여준 것도 사실이다.

아직도 석유의 위력 앞에 당당하지 못한 경제구조이긴 하지만, 과거보다는 석유의존도의 하락을 통해 미흡하지만 개선된 경제체질을 보여주고 있음은 다행이 아닐 수 없다. 물론 구조변화의 속도와 자원개발의 선도적 역할에 있어서는 여전히 미흡하고 낙후돼 있어 유가 변동에 따른 경제적 불확실성 내지 리스크 위험은 지금도 엄존하고 있다.

고유가의 대응방안에 익숙한 우리의 인식 속에 이제는 또 다른 경제 환경인 저유가 기조의 시대를 맞게 되면서 우리는 새로운 과제를 안게 되었다. 산업간 융·복합 시대를 선도하는 4차 산업혁명이라는 경제전쟁의 시대를 맞이하여 우리는 또 다른 에너지신산업과 에너지 재편의 시대를 맞이하게 된 것이다. 과거 고유가 시대에 경험하지 못한 새로운 현상과 새로운 에너지재편 시대의 도래를 경험하면서 우리 경제는 새로운 패러다임 구축의 필요성에 직면해 있다.

이에 이 책에서는 에너지 문제와 관련하여 석유를 중심으로 논의돼 왔던 내용들을 시기별로 조망해 봄으로써 한국경제 내 석유의 위상 변화, 유가 변동에 따른 경제적 영향 및 대응방안, 더 나아가 경제구조의 변화상 등과 함께 석유의 라이프사이클을 통한 에너지시장의 재편 움직임 및 에너지 정책의 변화와 새로운 방향성 등에 관해 총괄적 차원의 시사점을 제시해 보고자 한다. 한국경제에서 석유가 걸어온 궤적을 살펴봄으로써 한국경제 재도약의 길도 모색해 볼 수 있지 않을까 하는 조심스런 희망을 가져본다.

석유와 관련된 수많은 논의와 연구 등이 우리에게 제시해 준 시사점은 한 마디로 당면한 대응방안과 체질개선에 초점이 맞춰져 있다고 본다. 그리고 결론은 유가의 변동에 중립적인 한국경제의 구조적 정립에 그 방점이 찍혀 있다고 할 수 있다. 이러한 결론은 현재도 유효하다고 볼 수 있으며, 또한 이것이 일차적 주요 과제인 것만은 여전히 틀림없다.

다만 이에 한걸음 더 나아가 이제는 변화된 새로운 에너지재편의 시대를 맞이하여 과거와는 다른 새로운 에너지정책의 방향을 새로 정립해 나가야 하는 과제가 우리 앞에 놓여 있는 것이다. 이 문제에 대한 해답 역시 현재까지 진행돼 온 석유의 궤적이 그 단초를 제시해 줄 수 있을지 모른다.

이 책이 이 길을 찾는데 조그만 도움이 되길 기대하면서 출판 소회를 마무리 짓고자 한다. 독자 여러분의 많은 성원과 격려, 더 나아가 아낌없는 조언을 부탁드리는 바이다. 끝으로 본서의 출판을 흔쾌히 허락해 주신 남두도서/상학당의 남승우 사장님 이하 출판사 관계자 분들에게 깊은 감사를 드린다.

2017년 09월

저자 올림

차례

제 1 장

경제성장과 에너지

1. 경제성장과 에너지의 역할

1.1 인간과 에너지

인류는 에너지원의 변천과 함께 도약적인 발전을 거듭했다.

○ 불의 사용에 이어 석탄을 이용한 증기기관의 발명이 산업혁명을 낳았고, 석유를 이용한 내연기관의 발명이 20세기 기계문명을 꽃피웠음.

○ 이후 전기, 전자, 반도체, 통신 등의 기술집약적 첨단산업은 전력을 에너지원으로 하고 있으며 이 분야는 21세기 산업발전을 주도

인류는 현재까지 대부분 재생불능 에너지원(석유, 석탄, 천연가스 등의 화석연료+원자력 발전을 통해 전력을 생산하는 우라늄)에 의존하고 있다.

○ 국제에너지기구(IEA) 에너지 통계(2015)[1]에 따르면 세계 1차 에너지 소비 중 석유의 비중(31.1%)이 가장 크고 다음이 석탄(28.9%), 천연가스(21.4%), 재생에너지(13.8%)[2], 원자력(4.8%) 순임.

- 1970년대에 비해 석유의 비중은 감소했지만 천연가스, 석탄, 원자력, 재생에너지의 비중은 증가하였음.
- 재생에너지의 경우 에너지 안보 강화와 온실가스 감축이 고려되면서 2000년대 이후 가장 빠른 증가세를 기록해오고 있음.

○ 한편, 한국의 경우 문재인 정부는 2030년까지 신·재생에너지 비율을 20%로 늘리겠다는 목표를 설정

지구상에 존재하는 자연자원의 유한성, 특히 고갈성 화석연료의 유한성에 많은 사람들이 우려하고 있다.

○ 로마클럽의 연구보고서(성장의 한계, 1972년)는 급속한 경제성장에 따른 환경파괴와 자원 고갈 등으로 인해 인류의 성장은 앞으로 1세기 이내에 정지할

1) IEA(2015), World Energy Outlook 2015, 참조.
2) 바이오연료와 폐기물, 수력, 지열, 태양광, 풍력 등을 포함

수 있음을 경고

(1) 우리나라의 에너지 해외의존도와 석유사용 비중

○ 2007년 기준으로 우리나라는 에너지의 96.7%를 수입에 의존하고 있으며, 에너지 사용량의 40% 이상[3])을 석유가 차지했는데, 그 이후 크게 개선되지 못했음.

○ 우리나라는 공급에너지의 95.8%를 해외수입에 의존하고 있으며, 총 소비에너지의 35.2%를 차지하는 석유의 경우, 중동 수입비중이 87.9%를 차지하고 있어 에너지안보에 매우 취약한 수급구조를 갖고 있음.[4])

- 에너지경제연구원 '에너지수급동향' 보고서에 따르면, 2003년부터 중동 원유가 국내 전체 원유 수입량에서 차지하는 비율이 80%대를 유지
- 2015년에도 국내 수입 원유 중 중동산 원유의 비율은 82%대를 기록해, 국내 정유업계의 수입선이 중동에 치우쳐 있다는 것을 알 수 있음.[5])
- 이러한 시점에 국내 정유업계가 중동산 원유를 지나치게 많이 수입하는 것은 국내 경기에 악영향을 미친다는 분석이 제기되었음.

○ 에너지통계월보(2017.07.)에 따르면 에너지 수입의존도가 94.8%(2015년), 94.2%(2016년 잠정치), 그리고 석유의존도는 38.1%(2015년), 39.9%(2016년 잠정치)이었음.

○ 원유자급률 역시 2008년 기준 0.95%로 OECD 국가 중 26위를 기록하였고, 2009년 이후 활발한 해외유전개발 사업으로 인해 증가 추세를 보이다가 다시 2011년을 정점으로 급감하여 원유자급률이 1.3%대로 추락하였음.[6])

---

3) 2003년(47.6%), 2005년(44.3%) → 일본의 석유 소비 비중은 1970년 71.9%로 선진국 중 가장 높은 수준을 보였으나 두 차례의 석유위기를 경험하면서 석유의 비중이 급속하게 하락하여 1990년 57.4%, 그리고 2006년에는 45.6%까지 낮아짐. 그러나 아직도 주요 선진국과 비교할 때 상대적으로 높은 수준을 유지하고 있음. 한편 프랑스의 석유 소비 비중은 1970년 60.5%에서 2000년에는 33.8%로 하락하였으며, 이후 다소의 등락을 보이고 있으나 2006년에는 33%대의 수준을 유지하고 있음. 프랑스의 석유 소비 비중이 크게 감소한 것은 원자력의 증가로 전환부문에서의 석유 소비가 크게 감소한 결과 때문임. 기타 주요국의 석유 소비 비중은 다음과 같음. 2006년 기준으로 미국은 40.4%, 영국은 36.3%, 독일은 35.4%, 캐나다는 35.3%이었음.

4) 2015 대한민국 에너지 편람(2015.05.22.) 참조. 이하 내용은 한국에너지신문(2016.01.24.) 참조.

5) 원유 최대 수입국인 중국의 경우 총 원유수입량 대비 중동산 원유 수입비중이 2015년 50% 수준을 기록했고, 미국은 2012년 셰일가스를 생산하기 시작한 이후, 중동산 원유의 비율이 현저히 줄어들었음.

6) 2009년 이후 해외유전개발 투자 규모가 확대되었으나 2011년을 정점으로 다시 급감하는 추세를 보여 가능하리라 기대했던 원유자급률 10%를 넘어 20%대의 목표달성은 실현되지 못한 채, 오히려 1.3%대 이하인 2000년도 이전의 수준으로 추락해 버렸음. 이와 관련하여 유인창(2017.06.18.) 참조.

○ 2016년 10월 24일 세계에너지협의회(WEC)에 따르면 WEC는 에너지 안보와 에너지 형평성, 환경적인 지속 가능성 등 세 가지 기준을 토대로 평가한 '에너지 3중고 지수 2016' 을 발표[7]

– 한국은 에너지 안보에서 72위, 에너지 형평성에서 35위, 환경적인 지속가능성에서 88위로 평가되면서 조사 대상 125개국 가운데 44위를 기록하였는바, 이는 2015년 46위보다 2계단 올랐지만 2014년 43위에서는 한 계단 하락한 것임.

- WEC는 한국이 에너지의 수입의존도가 97%에 달해 자원공급의 안정성이 매우 낮고, 에너지 안보 문제에서 도전을 마주하고 있다고 문제점을 지적
- 또한, 한국은 에너지 안보를 강화하기 위해 자원 부국과의 협력 확대, 에너지 개발기업의 경쟁력 강화, 해외자원개발 펀드 설립 등의 조치를 하고 있다고 소개
- 아울러 정책결정자들은 해외 에너지 개발 증진과 재생에너지 개발에 집중해야 하고, 객관적인 정보 제공을 통해 대중들의 이해를 높이며 원자력 발전 분야를 확대하는 문제에도 초점을 맞춰야 한다고 조언[8]

고유가를 포함한 에너지 위기는 물가불안 등 국민경제에만 국한된 문제가 아니다.

○ 강대국의 석유확보 전쟁이 가속화되면서 국가안보 문제로까지 이어지고 있음.

– 과거에도 에너지 위기가 없었던 것은 아니나, 문제는 앞으로 닥쳐올 상황은 과거보다 훨씬 심각하고 결정적인 위협이 될 가능성이 높다는 것임.[9]

– 인류사회가 산업화, 현대화되면서 에너지의 수요는 크게 증가하지만 에너지 자원은 고갈되고 있기 때문

7) 이하 내용은 건설경제(2016.10.24.) 참조. 2016년 에너지 3중고 지수에서 1위는 덴마크가 차지했고 스위스, 스웨덴, 네덜란드, 독일, 프랑스, 노르웨이, 핀란드, 뉴질랜드, 오스트리아 등이 10위권에 올랐음. 그밖에 영국 11위, 미국 14위, 싱가포르 24위, 일본 30위, 호주 31위, 홍콩 37위, 중국 87위 등이었음.

8) 하지만, 2017년 문재인 정부 출범 이후 국내에서는 탈원전 논란이 가열되고 있음.

9) 우리는 경제의 원부자재를 해외에 크게 의존하고 있음. 특히 해외로부터 엄청난 양의 원유(Crude Oil: CO)를 수입해서 수출을 위한 제조업을 가동해야만 함. 2010년 기준으로 우리의 전체 수입액 가운데 14.7%가 원유수입임. 원유가격이라도 오르게 되면 전체 수입의 20%를 차지하기도 함. 주기적으로 원유가격이 급등하여 물가상승을 가져와 성장을 저해했음. 가뜩이나 어려운 서민생활을 더욱 어렵게 하였음. 수차례에 걸친 오일 쇼크는 일정지역에서 많은 양의 원유를 수입할 수밖에 없었기 때문임. 이와 관련하여 박승록(2011.12.) 참조.

○ 이처럼 인류사회의 에너지 의존도가 점점 심화되는 상황에서 석유 등 현재의 주력 에너지 자원의 이용 한계는 국가경제를 넘어서 국가 생존을 위한 에너지 안보 측면에서도 국제적으로 매우 민감한 현안이 되고 있음.

- 비전통원유인 셰일오일의 생산증대와 신재생에너지의 사용 확대 등 대체에너지 개발을 위한 인류의 노력이 가속화되고 있어 향후 에너지시장의 재편 가능성이 대두되고 있긴 하지만, 유가변동이 경제 전반에 미치는 영향력은 여전히 유효함.

1.2 에너지와 경제성장

가정생활이나 산업생산, 그리고 수송에 있어서 에너지는 필수이다. 그렇다면 경제성장에 따른 에너지 사용의 비례적 증가는 필연적인가?

○ 일반적으로 경제규모가 커지면 에너지소비량의 절대적 크기는 증가

○ 경제성장이 고도화함에 따라 기술집약적 산업이 발달하고 서비스 산업의 비중이 커지게 되면 에너지효율성이 증가하고 에너지집약도(산출액 당 에너지 소비량)는 감소하는 경향을 나타내게 됨.

우리나라의 경우 OECD 국가와 비교할 때 경제성장에 비해 에너지소비가 더 빠른 속도로 증가해 온 편[10]이다.

○ 구체적으로 우리나라의 1인당 국민소득 수준은 31개 OECD 국가 중 30위인데, 1인당 에너지 소비량은 9번째, 에너지 효율도 매우 낮아 에너지 소비의 효율을 나타내는 대표적인 지표로서 GDP 대비 에너지 소비량으로 계산하는 에너지원단위[11]는 OECD 국가 중 가장 높은 수준

10) 한국의 에너지 소비 행태를 주요 선진국과 간단히 비교해 보면 다음과 같음. 유사점 : 석유 소비 의존도의 감소 현상, 차이점 : 첫째, 주요 선진국과는 달리 산업부문이 점유하는 비중이 다른 부문에 비하여 압도적으로 높다는 특징을 보임. → 산업부문의 에너지 소비 비중이 높은 것은 경제구조에서 제조업의 비중이 높고, 또한 제조업에서 에너지 다소비업종의 비중이 높기 때문에 발생한 현상임. 둘째, 한국의 에너지 소비는 세계 10위 정도로 경제 규모와 비슷한 순위를 보이고 있으나, 소득 수준에 비하여 일인당 총에너지 소비는 일본이나 프랑스보다 많아 에너지 과소비의 문제가 제기됨. 이와 관련하여 박광수 외(2008.8.) 참조.

11) 천 달러의 부가가치를 생산하기 위해 필요한 에너지 투입량(TOE)을 나타내는 지표로 수치가 낮을수록 에너지 효율이 높다는 것을 의미함.

[표 1-1] 에너지원단위 국제비교

(단위 : toe[12]/천$)

연도	한국	일본	미국	영국	독일	OECD
2000	0.277	0.12	0.197	0.111	0.125	0.162
2012	0.244	0.096	0.15	0.08	0.102	0.133

출처 : Energy Balances of OECD Countries 2014(IEA)

○ 미국, 일본을 포함한 대부분 나라들의 에너지 효율이 개선되면서 OECD 전체의 에너지 원단위가 낮아졌음에도 불구하고 우리나라는 미미한 개선은 보이고 있으나 25년 전과 비슷한 수준[13]

- 기획재정부 국가경쟁력통계(2015)에 따르면, 분석대상 34개 국가 가운데 한국의 경우 에너지원단위가 0.23(2000년, 27위), 0.19(2005년, 28위), 0.19(2010년, 30위), 0.17(2013년, 30위)로 나타났음.
- 또한 에너지통계월보(2017.07.)에 따르면, 한국의 경우 에너지원단위가 0.235(2000년), 0.221(2005년), 0.208(2010년), 0.196(2015년)으로 나타났음.

1.3 에너지와 환경

1980년대 후반에 접어들면서 환경오염으로 인해 지구가 중병을 앓고 있다는 사실에 대해 많은 국가들이 그 심각성을 인정하기 시작했다.

자연환경을 유지하기 위한 네 가지 에너지사용의 원칙은 다음과 같다.

○ 첫째, 저공해 화석연료의 사용 장려

○ 둘째, 재생가능 자원인 태양열, 수력, 풍력, 조력, 지열, 그리고 원자력에의 의존도 제고

○ 셋째, 불필요한 에너지소비를 줄이고 에너지효율성을 높이기 위한 시스템과 제도의 개발

○ 넷째, 물자의 절약

(1) 합리적 에너지사용의 실현이 어려운 까닭

○ 에너지절약 정책의 효과는 수많은 절약 노력이 누적될 때 비로소 나타남.

12) 1TOE(Tonnage of Oil Equivalent)는 원유 1톤에서 얻을 수 있는 열량을 의미

13) 경제연구실(2008b) 참조.

○ 정부는 에너지의 안정공급을 에너지정책의 최우선 과제로 삼음으로써 이 분야에 지원과 관심을 집중하였는바, 결과적으로 수요부문에 대한 연구와 논의는 제한적일 수밖에 없었음.

○ 에너지제품 가격이 하락하면 절약의 유인이 없어지므로 에너지제품의 실질 가격을 꾸준히 인상 조정함으로써 지속적인 절약 노력을 유지시키는 것이 필요(물론, 이 경우 에너지 가격의 인상에 따른 분배효과를 해결하기 위해서는 별도의 대책이 마련되어야 함.)
- 그런데 1980년대 후반 이후 저유가 기조가 지속됨으로써 이것이 실현되지 못했고, 실제로 실현되기 어려운 측면도 있었음.

○ 정부는 에너지절약의 중요성을 지속적으로 강조하여야 하며 경제적 유인 제공과 규제를 병행·실시함으로써 에너지 사용자가 자발적으로 참여할 수 있는 여건을 마련하여야 함.

(2) 기후변화협약[14)]

○ 1992년 리우에서 UN기후변화협약이 채택되고 1994년 발효되면서 1995년부터 매년 기후 변화협약 당사국회의가 열려왔음.
- 지구온난화 방지를 위해 모든 온실가스의 인위적 방출을 규제하기 위한 협약
- 온실가스의 방출 규제를 위해서는 온실가스를 적게 발생시키는 고효율 제품과 에너지 절약이 필수
- 이와 관련하여 우리의 경우도 기후변화협약의 준수를 위한 온실가스 배출 감축 일정에의 참여가 불가피함과 동시에 환경세의 도입과 에너지다소비형 산업의 구조조정을 본격적으로, 그리고 구체적으로 검토하지 않으면 안 될 상황이 되었음.

---

14) 우리나라 총 전력량 중 신·재생에너지가 차지하는 비중은 1.6%로 덴마크(17.1%), 프랑스(14.3%), 미국(7.4%) 등에 비해 매우 저조함. 1981년부터 1999년까지 신·재생에너지 분야에 대한 우리 정부의 연구개발 투자액 또한 1억2600만 달러로 미국 투자액의 2%, 일본의 3.5% 수준에 그치고 있음. 신·재생에너지의 중요성은 더구나 환경규제 문제와도 결부돼 더 이상 늦출 수 없음. 지구 온실가스를 줄이기 위해 마련된 교토의정서 이행 실천협약에 1차(2008~2012년) 의무부담국(2012년까지 대기 중 이산화탄소 양을 1990년보다 5.2% 줄여야 한다는 준수사항을 말함)은 아니지만, 2차(2013~2017년)에 포함될 가능성이 상당히 높기 때문임. 우리나라는 1985~1995년 이산화탄소 배출 증가율이 연평균 8.7%로 OECD 평균인 0.8%에 비해 10배나 높아 석탄·석유 위주의 에너지를 효율적으로 바꾸지 않을 경우 직격탄을 맞을 수밖에 없음. 이와 관련하여 임재규 외(2007)참조.

○ 1997년에 체결된 선진국 중심의 기후협약인 교토의정서[15]가 마침내 전세계 195개국이 참여하여 지구 온난화의 주범인 온실가스 배출을 줄이기 위한 협약에 동의하게 되었는 바, 이것이 바로 2015년 12월 12일에 파리에서 체결된 파리기후변화협약(약칭 파리협약)임.

- 파리협약은 교토의정서가 2020년 완료됨에 따라 그 이후의 기후변화 대응을 담은 국제협약으로 사실상 전세계의 거의 모든 국가가 참여한 첫 번째 협약이란 점에서 그 의의가 크며, 산업화 이전 시기 대비 지구 평균기온 상승폭을 2도보다 상당히 낮은 수준으로 유지하는 게 목표임.
- 그런데 탄소배출량 2위인 미국의 트럼프 대통령이 화력발전과 석탄채굴 관련 규제를 대폭 완화하고 탄소배출 규제를 해제하는 '에너지 독립' 행정명령에 서명 날인함으로써 기후변화 대응 노력은 흐지부지될 것이라는 관측이 나오고 있음.[16]

1.4 경제성장과 환경

성장과 환경은 서로 상충적인 관계이다.

○ 화석연료의 사용으로 인한 각종 유해물질은 지구의 생태계를 변화시키고 있으며, 이 상태가 계속된다면 로마클럽이 경고한 대로 인류의 경제성장은 정지하게 될지도 모름.

지속가능한 경제발전의 패러다임 하에서는 현세대의 에너지보존과 환경보호가 미래세대의 지속적 성장을 위한 필요조건이다.

또한 모든 국가가 성장일변도의 경제정책을 추구한다면 지구의 환경은 파괴되고 미래세대는 설 자리를 잃게 될 것이다.

---

15) 유엔기후변화협약을 이행하기 위해 만들어진 국가 간 이행 협약으로 교토기후협약이라고도 함. 1997년 12월 일본 교토에서 개최된 유엔기후변화협약 제3차 당사국 총회에서 채택되었으며, 미국과 오스트레일리아가 비준하지 않은 상태로 2005년 2월 16일 공식 발효되었음. 교토의정서에서 온실가스 감축목표가 구체적으로 정해짐에 따라 온실가스를 효율적으로 감축하기 위해 배출권거래제도와 공동이행제도, 청정개발제도를 도입했는데, 이를 교토메커니즘이라 함. 제재되는 6가지의 온실가스는 이산화탄소, 메탄, 아산화질소, 과불화탄소, 수소불화탄소 육불화황인데, 이 가운데 배출량이 가장 많은 것이 이산화탄소이므로 일반적으로 배출권이라 하면 탄소배출권을 말함. 이와 관련하여 <다음백과> 참조.

16) 최근 트럼프 정부가 입장을 바꿔 파리협약에의 동참 가능성이 있음을 보도하고 있기도 함.

○ 국제적 협력의 필요성 증대

1.5 시사점

경제성장, 환경, 에너지가 인류의 복지향상을 위한 세 기둥으로서 상호보완적인 관계를 유지할 수 있어야 한다.

2. 유가변동이 국내경제에 미치는 영향

유가 충격이 경제에 미치는 영향은 산업구조, 에너지 소비구조, 통화정책 기조 등에 따라 국가마다 다르며, 한 국가 내에서도 시기에 따라 다르게 나타난다.[17)]

2.1 유가상승의 경우

우리나라는 경제규모에 비해 에너지를 많이 사용하고 있다.

○ 고유가의 충격에 취약

○ 국제정세의 변화에 따라 석유의 공급 안정성이 급변할 수 있는 잠재적 위험성을 안고 있음.
- 석유자원이 소수의 국가에 집중되어 있으며, 이미 두 차례의 석유위기를 겪으면서 석유자원의 정치적 무기화를 경험하였으며, 중·단기적으로 석유를 대체할 만한 경제적, 친환경적 대안이 제한되어 있음.

17) Blanchard and Gali(2007)는 유가 충격이 미국경제에 미치는 영향이 1990년대 이후 약화되었다고 주장하며, 그 원인으로 1990년대 유가의 변동성 약화, 미국산업의 원유 의존도 감소, 노동시장의 임금 경직성 감소, 통화정책의 효과적인 시행 등을 꼽고 있음.

○ 1980년대 중반에는 석유의존도와 중동의존도가 각각 44%와 57%까지 낮아졌으나 1986년부터 시작된 저유가 지속의 영향으로 석유소비와 중동의존도는 다시 증가하기 시작하여 2002년부터 석유의존도가 49.1%, 석유의 중동의존도는 73%를 상회하는 등 다시 유가 상승에 대한 위험노출이 확대되어 석유의 안정적인 공급을 위한 노력과 가격급등의 위험에 대한 대비는 다른 국가들에 비해 훨씬 더 중요한 의미를 가진다고 볼 수 있음.

2000년대 이후 국제유가와 우리나라 산업의 특성 변화[18]는 다음과 같다.

○ 2000년대 이후 국제유가 수준과 변동성이 크게 증가하였음.
- 국제유가의 변동성 확대로 유가 변동이 우리나라 경제에 미치는 영향이 커졌을 가능성이 있음.

○ 1990년대 중반 이후 우리나라의 석유 관련 산업구조도 변화하였는데, 원유 수입량 중 석유제품으로 가공되어 수출되는 비중이 크게 증가하였으며, 총수출 중 석유제품 수출비중도 증가하였음.
- 원유 수입액 대비 석유제품 수출액 비중은 1990년대 초 20% 미만에 머물렀지만, 2011년에는 50%를 상회하였음.[19]
- 총수출 중 석유제품의 수출비중과 총수입 중 원유의 수입비중도 증가추세에 있어 우리나라 교역에서 석유 관련 교역비중이 증가하고 있음.[20]
- 석유제품의 수출비중 증가에 따라 유가상승은 수입증가뿐만 아니라 수출증가 효과도 있을 것으로 예상할 수 있음.

○ 우리나라는 에너지 저소비형 구조로 산업구조 조정이 진행되고 있으며, 산업에서 에너지 효율성도 제고되고 있어 이전 시기보다 유가 충격에 대한 민감도가 완화되었을 가능성이 있음.
- 우리나라의 전산업에서 에너지 다소비 업종이 차지하는 비중은 1990년대부터 지속적으로 감소하고 있음.[21]

---

18) 이하 내용은 이동은·강은정(2012.02.09.) 참조.

19) 이는 원유 수입액의 절반 이상을 정유를 통해 재수출함을 의미함. 우리나라의 주요 석유제품 수출 대상국은 중국(21.2%), 싱가포르(12.0%), 일본(11.3%), 인도네시아(11.1%), 미국(11.0%) 등임(2010년 기준).

20) 총수입에서 원유 수입이 차지하는 비중은 1990년대 평균 10.2% 수준이었으나 2000년대에는 15.3% 수준으로 높아졌고, 총수출에서 석유제품 수출이 차지하는 비중도 2.6%에서 5.7% 수준으로 크게 높아졌음. 특히, 총수출 대비 석유제품 수출비중은 유가가 급등한 2008년 이후 크게 높아져 2012년 초 기준 10% 수준에 이르고 있음.

- 산업구조적인 측면 외에도 우리나라 제조업의 에너지 효율성(energy efficiency)도 개선되고 있음.[22)]

○ 유가 변동성 확대는 유가 충격의 영향을 강화할 수 있지만, 석유제품의 수출비중 증가와 산업생산에서 에너지소비 효율 개선은 유가 충격의 영향을 줄이는 데 기여할 수 있음.

고유가는 국제수지와 물가, 그리고 경기 전반에 폭넓은 영향을 미친다.

[그림 1-1] 유가상승의 파급경로

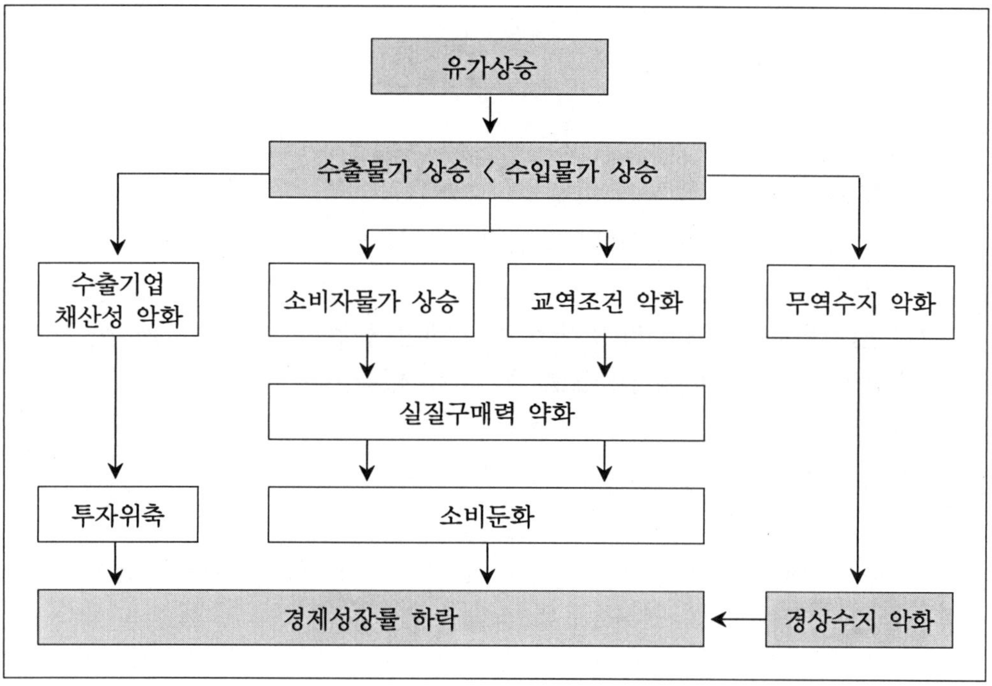

출처 : 이지훈(2008)

21) 특히, 섬유・가죽, 비금속광물제품 등의 비중이 2000년대 들어 많이 감소하였음. 정보통신 관련 산업과 서비스업의 발전 덕분에 산업 분야에서 에너지 소비 유발이 전반적으로 감소하고 있음.

22) 우리나라는 산업구조적인 개선효과(structure effect)와 함께 효율성 측면에서도(efficiency effect) 개선이 이루어지고 있는 것으로 나타남. 그러나 효율성 개선효과보다는 구조적인 개선효과가 큰 것으로 나타나고 있음.

○ 직접적 영향

- 원유도입단가의 상승에 따른 원유수입액의 증가
- 휘발유, 경유, 등유, 중유, 제트유 등 석유제품과 납사를 원료로 하는 석유화학제품의 가격 인상
  - 소비자물가와 생산자물가 상승(유류 및 석유화학제품의 가격 인상은 제조업 및 서비스업의 생산원가를 상승시킴으로써 이차적 물가상승 효과 초래)
- 내수 감소(소비와 투자 위축)를 통해 국내경기를 위축시킬 뿐만 아니라 수입단가의 상승으로 이어져 수입 부담을 가중시키게 되며, 동시에 수출품 단가의 인상을 유발(수출이 해외의 부품 또는 중간재 수입에 상당부분 의존되어 있어 수입단가의 상승은 생산비 상승으로 연결되어 수출단가 상승으로 이어짐)함으로써 수출도 감소
- 경제성장률의 둔화 초래

○ 산업별 영향

- 대부분 업종에 악영향을 미침.
- 산업별 영향은 석유제품의 투입비중, 비용인상분의 가격전가 가능성 등에 따라 차이가 남.
  - 일반적으로 유가상승의 영향을 많이 받는 산업으로 석유화학산업, 제1차 금속산업, 자동차 및 항공산업 등을 들 수 있음.

실증분석 사례 1(1990년대 vs. 2000년대)[23]은 다음과 같다.

○ 1990년대 유가상승 충격은 우리나라의 수입만을 유의하게 증가시켰으며, 수출, 산업생산, 물가에는 유의한 반응이 없었음.

- 1990년대 유가 충격에 대한 각 변수의 반응이 작은 이유는 이 시기에 유가가 상대적으로 안정적이었던 것에 일부 기인함.
- 유가 충격이 수입에 끼치는 영향은 충격 발생 후 5개월까지 유의하며, 유가 1%포인트 상승 시 수입 0.19~0.34%포인트가 증가했음.
  - 유가 충격에 대한 수입의 1년 누적 반응은 3.91%포인트 수준이며, 순수출 감소효과가 있다고 할 수 있음.

23) 이동은·강은정(2012.02.09.) 참조.

[표 1-2] 유가 충격에 대한 누적 반응

	1990년대	2000년대
수입	3.91	1.87
수출	–	0.78
산업생산	–	0.44
물가	–	0.09

주 : 1% 유가 충격에 대한 각 변수의 1년 누적 반응, –는 유의하지 않음.
출처 : 이동은 · 강은정(2012.02.09.) 참조.

○ 2000년대 유가 충격에 의한 수입증가폭은 1990년대에 비해 절반 수준이며, 수출증가 효과도 있음.

- 2000년대 유가 충격에 대한 우리나라 변수의 반응 결과, 유가 1%포인트 상승은 수출을 월간 최대 0.14%포인트 증가시키고, 수입은 최대 0.26%포인트 증가시킴.
- 유가 충격은 1년 동안 누적적으로 우리나라 수출을 0.78%포인트 증가시키고, 수입을 1.87%포인트 증가시킴.
  - 수입의 1년 누적 반응은 1990년대(3.91%포인트)에 비해 절반 수준이며, 이는 우리나라 산업에서 석유의존도가 낮아진 것에 기인한 것으로 판단됨.
  - 그러나 수입증가폭이 수출증가폭보다 두 배 이상 커서 유가 충격은 여전히 순수출 감소 효과를 가짐.

○ 2000년대 유가 충격은 산업생산과 물가 수준도 상승시킴.

- 2000년대 분석에서는 유가 상승 충격에 의해 산업생산이 일시적으로 증가하는 것으로 나타났는데, 이 역시 석유제품 수출증가에 기인한 것으로 판단됨.
- 유가 1%포인트 상승은 우리나라 소비자 물가를 월간 최대 0.01%포인트 상승시키며, 1년 누적 반응은 0.09%포인트 수준으로 나타났음.

○ 종합적으로 유가 충격은 2000년대 이후에도 순수출 감소, 물가상승 등을 통해 우리나라 경제에 부정적 영향을 끼치고 있으나, 수출증가와 산업생산 증가 등으로 인해 1990년대 보다는 그 영향이 줄어들었다고 할 수 있음.

- 1990년대에 비해 2000년대의 유가상승 충격에 의한 수입증가폭도 감소하였고, 수출증가 효과도 발생하여 순수출 감소효과도 줄어들었음.

- 다만, 2000년대 유가 충격은 이전 시기에 비해 국내물가에 더 큰 영향을 미치는 것으로 나타났으므로, 이에 대한 주의가 필요함.

○ 총평

- 유가상승이 우리나라 산업에 미치는 영향은 과거에 비해 감소하였음.
  - 이는 우리나라의 석유제품 수출비중 증가와 산업의 에너지 의존도 감소 때문인 것으로 판단됨.
  - 2000년대에는 유가상승에 따라 수출과 산업생산이 증가하였고, 수입의 증가폭도 1990년대에 비해 절반 이하로 줄어들었음.
- 그러나 유가상승이 물가에 미치는 영향은 2000년대 들어 커졌기 때문에 서민경제 안정을 위한 대책이 필요함.
  - 소비자물가 상승은 전반적인 국민 후생수준을 악화시킬 수 있음.
  - 특히, 저소득층의 경우 교통비와 난방비 상승으로 직접적인 피해를 볼 수 있으므로 유가 급등 시 제도적으로 저소득층을 지원할 수 있는 방안이 필요함.
- 고유가 시대에 대비하여 우리나라 산업의 에너지 효율을 개선하려는 노력을 중기적으로 지속할 필요가 있음.
  - 우리나라 산업의 에너지 효율은 그동안 개선됐으나 아직 선진국에는 크게 못 미치는 수준이므로 산업의 에너지 의존도 개선을 위한 중장기적인 노력이 필요함.
  - 우리나라의 에너지 자립도는 약 18% 수준(2010년 기준)이며 여전히 OECD 국가(72%) 평균보다 매우 낮은 수준이므로 에너지 자립도를 제고시킬 방안을 모색해야 함.
  - 지속가능한 성장을 달성하기 위해서는 화석연료의 소비를 줄이고, 신재생에너지의 가격경쟁력을 확보하기 위한 기술발전을 가속화해야 함.
- 특히, 중동의 지정학적 리스크와 관련하여 호르무즈 해협은 전 세계 원유 거래량의 17%, 해상수송 원유의 1/3 정도가 오가는 길목으로, 호르무즈 해협 봉쇄 시에는 세계경제에 큰 충격을 줄 수 있음.
  - 중장기적으로는 우리나라 원유 수입의 중동 의존도를 완화하려는 노력이 필요하며, 자원개발 협력 등을 통해 에너지 안보를 증진해야 함.
  - 우리나라는 운송거리와 비용 측면에서 경제적인 중동으로부터 원유 수입비중이 높아 지정학적 위험에 따른 두바이 유가의 강세는 우리나라 경제에 부담요인으로 작용함.

실증분석 사례 2(1980년 vs. 2005년)[24]는 다음과 같다.

○ 유가상승이 경제에 미치는 부정적 영향은 석유의존도가 낮은 2005년도에 석유의존도가 높은 1980년보다 감소한 것으로 나타났음.
- 우리나라의 석유의존도 하락은 1980년대 이후의 정부의 에너지정책과 함께 2000년대 이후 고유가로 인한 에너지소비 절약 및 연료대체 현상에 기인한 것이라고 할 수 있음.
- 따라서 석유의존도 감축정책은 석유의존도를 낮추는데 이바지하였고, 유가상승이 경제에 미치는 부정적 영향을 줄이는데 기여했다고 평가할 수 있음.

○ 첫째, 유가상승은 국내 생산비용과 가격을 상승시켜 생산량을 감소시키는 결과를 초래하기 때문에 물가상승과 생산량 감소를 유발한 것으로 나타났음.
- 다만, 실물 경제적 측면만을 고려할 때 국제 석유가격이 국내 경제에 미치는 영향은 과거에 비해 감소되었음.
  - 국제 원유가격의 상승은 석유를 전량 수입에 의존하는 우리나라 소비자의 구매력을 감소시켜 소비 감소를 유발하는데, 소비자후생의 감소폭이 1980년에 비해 2005년에 크게 감소한 것으로 나타났음.
  - 에너지가격의 상승은 생산비용을 증가시켜 생산량을 감소시키게 되는데, 국내총생산(GDP)에 미치는 영향 역시 1980년에 비해 2005년에 감소폭이 크게 줄어든 것으로 나타났음.
  - 유가상승은 에너지 가격뿐만 아니라 에너지를 중간재로 사용하는 모든 다른 재화의 가격과 물가를 상승시키는데, 물가에 미치는 영향 역시 1980년에 비해 2005년에 상승폭이 크게 줄어든 것으로 나타났음.

○ 둘째, 석유의존도가 하락하고 석탄 및 천연가스 등의 비중이 높아지고 있는 에너지수급 구조를 고려할 때 석탄, 석유, 천연가스 등 에너지원별 가격상승이 경제에 미치는 영향력은 상이하게 나타났음.
- 이는 가격 차이로 인한 에너지원별 수입액의 크기가 경제적 영향력의 차이를 발생시키는 것으로 판단됨.
  - 석유[25]의 가격 상승이 경제에 미치는 영향력, 즉 소비자후생과 국내총생산의 감소폭이 다른 에너지원보다 크게 나타났음.
  - 천연가스 가격 상승이 석탄보다 소비자후생 및 국내총생산에 미치는 감소폭

24) 김태헌(2013.12.) 참조.
25) 2005년 석유의 에너지소비 비중은 44.0%였음.

이 더 큰 것으로 나타났음.[26)]

- 국내총생산 및 소비자후생 손실의 크기 변화가 1980년과 2005년에 서로 차이가 나는 것은 에너지원 간 영향력의 차이가 있기 때문임.
  - 즉, 2005년에는 영향력이 큰 석유의 소비 및 수입액 비중이 1980년에 비해 상대적으로 낮아졌고, 가스와 석탄의 소비 및 수입액 비중은 높아졌기 때문인 것으로 판단됨.

○ 셋째, 정부의 석유의존도 감축정책이 석유의존도 하락과 유가충격의 경제적 영향에 기여했다고 볼 수 있음.

- 1980년대 들어 공급측면에서 중동의존도를 낮추기 위한 도입선 다변화를 추진하는 한편, 수요측면에서 탈석유정책을 추진하였음.
- 탈석유정책으로 산업부문과 발전부문에서 유연탄 및 천연가스로의 연료전환을 추진하였음.
- 1997년에 발표된 제1차 국가에너지기본계획에서 정부는 에너지 수요 안정화 목표로 에너지원단위를 2020년까지 연평균 2% 이상 개선하고, 석유의존도를 2020년에 42.1%까지 감축하기로 구체적인 목표를 설정하였음.[27)]

○ 마지막으로 향후에도 석유의존도 감축을 위한 에너지 정책이 지속적으로 추진될 필요가 있음.

- 유가상승이 경제에 미치는 부정적 영향이 1980년보다 2005년에 감소한 것으로 나타났으나 국제 에너지시장의 가격 동조성으로 인해 2005년에도 유가상승이 국민경제에 미치는 영향은 여전히 큰 것으로 나타났음.
- 유가상승이 경제에 미치는 영향력의 크기는 석유의존도뿐만 아니라 석유가격 수준에도 달려 있기 때문에 국제 원유가격 급등 시 경제에 미치는 영향은 매우 클 것으로 판단됨.
- 따라서 향후 에너지정책에 있어 석유의존도 및 해외의존도를 낮추는 정책은 지속적 추진이 불가피함.

---

26) 특징적인 점은 석탄의 2005년 에너지소비 비중은 23.6%로 천연가스의 소비비중 13.0%보다 더 높으나 가격 상승의 경제적 영향은 더 낮은 것으로 나타났음.

27) 2012년에 석유의존도가 381%로 이미 목표치보다 낮은 수준을 기록하였음.

2.2 유가하락의 경우

국제유가는 2015년 중반 이후 급격한 하락세를 나타낸 이후 2017년 7월 현재까지 저유가 기조를 유지하고 있다.

저유가 역시 국제수지와 물가, 그리고 경기 전반에 폭넓은 영향을 미친다.

○ 일반적으로 유가가 하락할 경우 실질구매력 증가에 따른 소비 및 투자 확대 등 경제에 긍정적인 영향을 미칠 것으로 기대됨.

○ 반면, 對산유국 수출 및 석유화학 수출 부진, 산유국의 건설 및 플랜트 발주 감소 등 부정적 영향도 존재함.

[그림 1-2] 유가하락의 파급경로

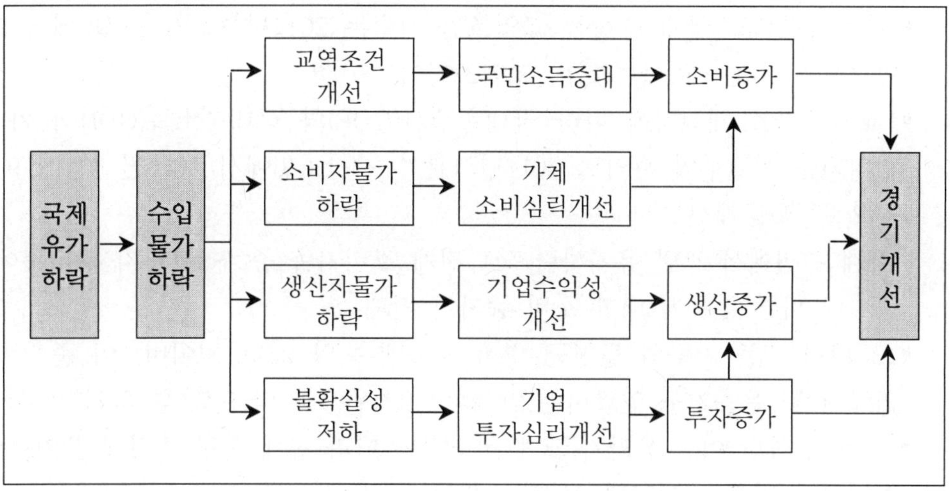

출처: 이부형 외(2014.10.17)

(1) 유가하락의 긍정적 효과[28)]

○ 국내경기 개선 효과

- 한국은 주요국들에 비해 원유 및 석유 의존도가 높아 유가가 하락할 경우 상대적으로 유가하락에 따른 긍정적인 효과가 클 것으로 기대

28) 조규림(2016.01.26.) 참조.

- 한국의 명목GDP 대비 석유 소비액 비중은 2014년 기준 5.9%로 독일(2.1%), 일본(3.2%), 중국(3.6%), 미국(3.7%)에 비해 높은 상황
- 총수입 중 원유 수입 비중 역시 한국은 18.1%로 독일(5.4%), 일본(16.1%), 중국(11.7%), 미국(10.5%)에 비해 상대적으로 높음.
- 한국은 높은 석유 및 원유 의존도로 인해 유가 하락시 이에 따른 수입 감소 및 실질 구매력 증가폭도 상대적으로 클 것으로 기대

– 현대경제연구원의 기존 분석 결과[29]에 따르면 유가가 하락할 경우 국내GDP 및 소비, 투자에 긍정적인 효과가 발생할 것으로 분석

- 유가가 하락할 경우[30] 교역조건 개선, 소비자물가 및 생산자물가 하락 등으로 국내 GDP가 약 0.27% 증가할 것으로 기대

○ 실질소득 및 소비 증가

– 유가하락으로 국내 교역조건이 개선됨에 따라 국내총소득(GDI)이 증가해 구매력 향상 및 소비 증가로 이어질 것으로 기대

- 유가하락으로 국내 순상품 교역조건 지수는 2014년 1분기 88.9p에서 2015년 4분기 100.4p로 상승하며 교역조건이 개선[31]
- 교역조건이 개선됨에 따라 국내총생산(GDP)와 국내총소득(GDI)의 차이로 정의되는 실질무역 손익도 2014년 1분기 -4.1조원에서 2015년 4분기 9.8조원으로 크게 개선

– 가계 측면에서 보면 유가하락으로 전체 소비지출 중 연료비 지출 비중이 낮아지며 다른 부문에 대한 소비 증가가 기대

- 2014년 기준 가구의 월평균 소비 지출액은 약 255만원이며, 이 중 주거용 연료비 및 운송기구 연료비는 약 24만 9천원으로 약 9.7%를 차지[32]
- 2014년 중반 이후 유가가 크게 하락함에 따라 전체 가구 소비에서 연료비가 차지하는 비중도 2015년 3분기 8.6%로 하락

○ 기업의 생산비 하락

– 유가 급락으로 인해 국내 수입물가 및 생산자물가가 큰 폭으로 하락

---

29) 이부형 외(2014.10.17.) 참조.

30) 국제 유가가 10% 하락했을 경우 4분기 후의 반응 수치임.

31) 순상품교역조건 지수의 상승은 수출단가 상승이 수입단가보다 커서 1단위의 수출로 수입할 수 있는 양이 증가함을 의미함.

32) 가구 소비 지출은 계절성이 강해 3분기까지 자료가 제공되는 2015년이 아니라 1~4분기 데이터가 모두 존재하는 2014년 자료를 통해 평균 소비 지출액과 연료비 지출액을 계산

- 국내 수입물가지수는 2014년 중반부터 하락폭이 커지며 2015년 4분기 전년동분기 대비 14.2% 하락
- 생산자물가지수 역시 2014년 중반 이후 지속적으로 하락하고 있으며, 2015년 4분기에는 전년동분기대비 4.4% 하락

– 유가하락이 석유제품 가격 인하로 이어질 경우 산업 전반의 중간재 비용이 감소하며 산업 전반의 생산비가 하락할 것으로 분석
- 원유 가격 하락으로 인해 석유제품 가격이 하락한다면 국내 주요 산업들의 생산비용은 전반적으로 하락하는 것으로 나타남.
- 특히, 석유제품에 대한 의존도가 높은 화학, 운송 등의 생산비 절감 효과가 상대적으로 클 것으로 분석

– 기업의 생산비용 감소로 전반적인 재화와 서비스의 가격이 하락할 경우 국내 가계의 구매력 증가 및 내수 확대로 이어질 수 있음.
- 다만, 유가하락에 따른 생산비용 감소 시 기업은 수익성 확보를 위해 재화 및 서비스의 가격을 고정시킬 수 있으며, 이러한 경우에는 유가하락에 따른 가계의 구매력 증가 및 내수 확대 효과가 제약될 것으로 판단

(2) 유가하락의 부정적 효과[33)]

○ 세계수요 감소에 따른 디플레이션 발생 우려

– 유가 급락의 근본적인 원인이 세계수요 부족일 경우 유가하락의 긍정적인 영향이 일정 부분 상쇄될 우려
- IMF 보고서에 따르면 유가 급락은 세계 석유 공급 증가와 더불어 세계 수요 부진 요인도 상당 부분 영향을 미친 것으로 평가[34)]
- 글로벌 수요 부진과 유가하락이 겹치며 기대인플레이션이 하락할 경우 소비심리 및 투자 심리 위축으로 내수 부진이 발생할 우려

– 다만, 과거 유가 급락기와 비교시 수요 감소로 인한 세계 경제의 디플레이션 발생 위험은 낮은 것으로 판단
- 과거 유가가 30% 이상 급락한 것은 1986년, 1998년, 2009년, 2015년 네 차례였으며, 1998년과 2009년은 각각 아시아 외환위기 및 글로벌 금융위기 시기였음.

---

33) 조규림(2016.01.26.) 참조.
34) IMF(2015.07.14.) 참조.

- 과거 유가 급락기와 비교시 최근 세계 경제는 공급 증가 및 수요 부진이 복합적으로 작용한 것으로 판단
- 2015년은 과거 유가 급락기에 비해 상대적으로 물가상승률이 낮지만 세계 경제성장률은 다소 높아 수요 감소에 따른 디플레이션 발생 위험은 낮은 것으로 판단

○ 對산유국 수출 및 석유화학 산업 수출 부진

– 유가하락으로 주요 산유국들의 원유 판매 수입이 감소함에 따라 우리나라의 對산유국 수출 감소가 지속될 우려[35)]
  - 우리나라의 총수출의 5.2%를 차지하는 對OPEC 수출은 2015년 11.3% 감소
  - 특히, 상대적으로 對OPEC 수출 비중이 높은 철강, 자동차, 가전의 경우 2015년 수출이 각각 9.6%, 10.8%, 19.7% 감소하는 등 상대적으로 타격이 큼.
  - 향후 저유가 상황이 지속될 경우 OPEC 국가를 포함한 산유국들의 구매력 약화로 對 산유국 수출 부진이 장기화될 우려

– 석유화학 산업의 경우 수출 물량 증가세는 지속되고 있으나 유가하락에 따른 수출단가 하락의 영향으로 수출금액이 큰 폭으로 감소
  - 국내 주력 수출품목인 석유제품과 석유화학 품목의 경우 수출물량 측면에서 보면 2014년 중반 이후 증가세가 지속(단, 15년 4분기 증가율 0.3%로 하락)
  - 그러나 유가하락으로 인해 석유제품 및 석유화학 품목의 수출단가도 급격히 하락함에 따라 수출금액은 큰 폭으로 감소
  - 석유화학 산업의 경우 유가 급락으로 인해 정제 마진 감소[36)], 재고 평가손실 발생 및 매출 감소 등이 우려

---

35) 저유가 상황이 지속되면서 중동 산유국이 많은 경제적 어려움에 처해 있음. 먼저 원유 수출액이 크게 줄면서 경상수지가 적자로 전환되었음. 경상수지 적자는 일반적으로 통화가치 하락과 물가 상승, 자본 유출 증가 압력으로 작용하게 됨. 유가하락으로 재정수지도 적자로 전환되었음. 이에 따라 중동 산유국은 비석유부문의 육성, 즉 석유부문 의존도를 줄이기 위한 경제다각화 정책을 강화하고 있음. 중동 산유국이 저유가로 인해 겪는 경제적 어려움은 그대로 우리나라에도 수출과 해외건설 수주액의 감소라는 형태로 전달되고 있음. 이는 전통적인 한-중동 경협관계가 해외건설부문에 집중된 결과임. 따라서 현 저유가 상황은 국내 경제나 중동 경제에 위험 요인으로 작용할 수 있음. 그렇기 때문에 새로운 사업 기회 발굴을 통해 경제 체질을 변화시키고 새로운 협력 기회를 만들어갈 수 있는 전략적 사고가 필요함. 이와 관련하여 이권형(2016.09.12.) 참조.

36) 2015년 국내 석유화학 업계는 제품 가격 하락에 따른 수요 증가, 북미 정유업계의 가동차질 등으로 높은 수준의 정제마진을 기록했으나, 2016년에는 대외수요 감소, 유가 급락 등으로 정제마진이 감소할 가능성이 높은 것으로 평가

○ 건설서비스 및 플랜트 수출 부진

- 주요 산유국들의 재정 및 경상수지가 악화되면서 산유국들이 건설 및 플랜트 투자 부진 우려
  - 유가하락으로 주요 산유국들의 재정수지 및 경상수지가 지속 악화
  - OPEC 회원국들의 경우 2016년 쿠웨이트를 제외한 모든 국가가 재정적자가 지속될 것으로 전망
  - OPEC 회원국들의 경상수지 역시 이란, 쿠웨이트, UAE 등을 제외하고 적자 규모가 확대될 것으로 전망
- 국내 해외 건설 및 플랜트 수주 감소로 인해 건설 및 조선 산업의 회복이 지연될 가능성 확대
  - 금융위기 이후 고유가 시기 중동 지역의 건설 및 플랜트 수주가 급격히 증가하며 국내 해외 건설 및 플랜트 수주의 70~80%를 차지
  - 저유가로 중동 지역의 건설 및 플랜트 수주 부진 지속으로 현재 국내 수요 부진으로 어려움을 겪고 있는 건설 및 조선 산업의 회복이 지연될 우려

(3) 시사점

○ 유가하락은 국내 경제에 긍정적인 영향을 미칠 것으로 기대되나, 부정적인 영향이 이를 상쇄할 가능성도 존재함.

- 유가하락은 한국 경제에 실질 소득 증대, 소비 확대 여력 증가, 생산비 감소 등 긍정적인 영향을 미칠 것으로 판단
- 그러나 동시에 수요 부진에 따른 디플레이션 발생 우려, 對산유국 수출 및 석유화학 수출 부진, 해외 건설 및 플랜트 수주 부진 등 악영향도 존재

○ 유가하락에 따른 국내 경제의 악영향을 방지하고 긍정적인 영향을 극대화하는 노력이 필요

- 첫째, 앞으로도 저유가 상황이 지속될 것으로 전망되나, 산유국들의 정세불안, 국제금융시장의 불안정성 확대 등으로 유가가 급등락할 가능성이 상존해 이에 대한 대응책을 마련해야 함.
  - 산유국 발 경제위기, 중국 경기 부진 심화 및 금융리스크 확대 등 국제금융시장의 리스크가 부각될 경우 유가가 추가 하락 또는 급등할 가능성이 있기 때문에 주요 글로벌 리스크 요인에 대한 모니터링을 철저히 할 필요가 있음.

- 또한, 국제 유가의 급변동이 환율 급변동과 연계될 수 있기 때문에 외환 시장의 불안정성을 방지하기 위한 대책 강화
- 저유가 기간에 유류 비축량을 증대시키고 산유국에 대한 장기수급계약 조정 등을 통해 원유 수입 비용을 축소하며 원유 자원 개발 투자의 효율성을 제고하는 등의 노력 필요

– 둘째, 저유가에 따른 생산비 감소 효과가 기업뿐만 아니라 가계의 소비 증가 및 투자 확대로 이어질 수 있는 정책 발굴이 요구됨.

- 국제유가 하락에 따른 생산비용 감소 효과가 소비자 가격에 전가되도록 하기 위해 유류 불공정 거래 관행을 억제하는 한편, 유통구조의 투명성을 확대하고 공공요금에 유가하락 효과를 적시 반영할 필요가 있음.
- 한편, 기업의 생산비 절감이 R&D 투자, 인적자원개발 등으로 연결될 수 있도록 기업 투자를 장려할 수 있는 대책과 더불어 가계의 소비 확대를 유도할 수 있는 정책적 노력이 필요

– 셋째, 중장기적으로는 국내 경제가 유가 변동에 내성을 가지는 경제 체질로 개선하도록 하는 노력을 지속해야 함.

- 현재의 저유가 상황에 따른 혜택이 미래 성장 산업으로 연결되어 장기적으로 유가 변동에 강한 경제 체질로 개선해야할 필요가 있는데, 예를 들어 석유화학 산업의 경우 원유를 수입해 단순히 정제 가공하여 판매하는 수준을 넘어 고부가가치 제품 및 기술 개발을 통한 하이테크 분야 수출을 확대할 필요가 있음.
- 한편, 건설 및 플랜트 부문 역시 원천기술 확보 등을 통해 중동 수주 의존도를 벗어나 선진국 및 신시장에 대한 진입 노력을 지속할 필요가 있음.

제 2 장

석유위기와 한국경제

1. 제1차 석유위기
2. 제2차 석유위기
3. 1990년 초의 제3차 석유위기설
4. 걸프전과 한국경제

한국은 1962년 이후 지속적인 경제성장을 이룩해왔으나 이와 함께 에너지의 대외 의존도는 심화되어왔고, 원유수입을 위한 외화지출 부담도 엄청나게 증가했다.

그리고 에너지 소비구조도 제1차 경제개발5개년계획의 진행과 함께 급격히 변화하였다.

○ 1967년 이래 석유의 비중이 크게 증가하다가 점차 감소 추세를 보이고 있으나 여전히 석유 소비(혹은 공급)의 비중이 제일 큼.

[표 2-1] 1차에너지 원별 구성비(Composition rate of primary energy supply)

연도	석탄	석유	천연가스 (LNG)	수력	원자력	신재생
1990	26.2	53.8	3.2	1.7	14.2	0.9
1995	18.7	62.5	6.1	0.9	11.1	0.7
2000	22.2	52.0	9.8	0.7	14.1	1.1
2005	24.0	44.4	13.3	0.6	16.1	1.7
2010	29.2	39.5	16.3	0.5	12.1	2.3
2015	29.7	38.1	15.2	0.4	12.1	4.5
2016^p	27.6	39.9	15.4	0.5	11.6	5.1

p : 예상치, 출처 : 에너지통계월보(2017.07.)

[표 2-2] 최종에너지 원별 구성비(Composition rate of final energy consumption)

연도	석탄	석유	천연가스 (LNG)	도시가스	전력	열 (Heat)	신재생
1990	26.4	60.3	0.0	1.3	10.8	0.1	1.1
1995	14.6	68.0	0.0	4.6	11.5	0.5	0.9
2000	13.2	62.5	0.0	8.4	13.7	0.7	1.4
2005	13.1	56.6	0.0	10.4	16.7	0.9	2.3
2010	14.9	51.3	0.3	10.8	19.1	0.9	2.7
2015	16.0	49.1	0.2	9.9	19.0	0.7	5.1
2016^p	14.4	50.5	0.2	9.8	18.8	0.8	5.6

p : 예상치, 출처 : 에너지통계월보(2017.07.)

1. 제1차 석유위기

○ 지속기간 : 1973년 10월 ~ 1974년 3월

○ 원인 : 4차 중동전쟁

○ 공급 감소물량 : 430만 배럴

1973년 이스라엘과 아랍간의 중동전쟁이 터지자 당시 비공산권 석유소비량의 40% 이상을 수출하고 있던 아랍 석유수출국들은 이스라엘에 우호적이었던 서방국가들에 대하여 공급을 줄임으로써 석유자원의 무기화가 시작(OPEC 생산량 25% 감산)되었다.

○ 석유의 국유화를 선언함으로써 국제유가의 결정권이 종래의 석유 메이저(다국적 석유기업)에서 OPEC으로 넘어가게 되었음.

○ 유가변동
- 원유 가격은 1973년 배럴당 평균 3.1달러에서 1974~1975년에는 평균 10.7달러로 약 3배 이상 급등

국제수지, 물가, 경제성장 및 에너지소비(석유의 경우 유가가 폭등하고 원유공급이 원활치 않게 되자 석유소비가 주춤하였음. 그 후 1976년에 다시 상승)에 있어서 한국경제에 커다란 충격을 가져왔다.

○ 에너지소비가 에너지가격의 변동에 더욱 탄력적으로 변화

○ 원유수입대금의 증가, 물가상승, 국제수지의 악화 등 여러 가지 부정적 영향을 우리 경제에 미쳤으며 단기적으로 석유소비 증가추세 둔화와 석탄소비의 증가 등을 초래

○ 그러나 이러한 현상은 석유가격의 급격한 인상과 원유공급 상의 일시적 애

로에 대한 통상적 반응이었을 뿐, 결코 에너지 소비구조상의 근본적인 변화는 이루어지지 않았음.

○ 이처럼 제1차 석유위기의 경종에 한국경제가 적절히 대응하지 못하였기 때문에 1978~79년에 걸친 제2차 석유위기의 충격을 더 크게 받게 되었음.

2. 제2차 석유위기

○ 지속기간 : 1978년 11월 ~ 1979년 4월

○ 원인 : 이란혁명

○ 공급 감소물량 : 560만 배럴

1978년 12월 26일 세계석유소비의 10% 정도를 공급하던 이란에서 혁명이 일어나(이란 국왕 샤의 실각과 미국에 대하여 적대적인 호메이니의 이슬람공화국의 탄생) 이란의 원유수출이 70여 일간 전면 중단되자 세계석유시장은 또다시 공급부족 상태에 빠지게 되었다.

○ 1979년 4월 OPEC 산유국들은 그동안 유지해오던 단일유가체제를 폐지하고 사우디아라비아의 기준유가를 인상함과 동시에 유질에 따라 할증료를 부과하는 2중 가격제도를 채택함으로써 국제원유가격은 하루가 멀다 하고 상승하기 시작

○ 유가 변동
- 원유 가격은 1979년 배럴당 평균 17.3달러에서 1980년에 28.6달러로 급등

- 이 당시 국제유가는 6개월 만에 약 2.3배, 1년 만에 약 2.6배 상승
- 1978년 12월 15.0 달러 → 1979년 6월 33.8 달러 → 1979년 12월에 39.0 달러

제2차 석유위기의 충격은 제1차 때의 그것에 비해 훨씬 규모가 컸고 기간도 길었다.

○ 충격이 컸던 이유 중 하나는 제1차 석유위기 이후 석유 위주의 에너지 소비 구조가 유지되는 가운데 오히려 석유가 총에너지소비에서 차지하는 비중이 커졌다는 사실임.

○ 정부가 1차 석유위기 이후 〈장기에너지 종합대책〉을 수립하였으나 결국 석유 위주의 에너지 소비체제는 근본적으로 바꾸지 못했음.

3. 1990년 초의 제3차 석유위기설

OPEC은 다국적 석유기업들이 지배하는 국제 원유공급체계에 불만을 느낀 산유국들이 1960년에 결성한 기구이다.

○ OPEC(석유수출국기구)은 1960년 9월 10~14일 이라크 바그다드 회의에서 창설

- 창설 멤버는 5개국(이란, 이라크, 쿠웨이트, 사우디아라비아, 베네수엘라)
- 현재 OPEC 회원국은 창설 멤버 5개국을 포함하여 총 14개국임.

• 창설 멤버 이외의 국가들을 살펴보면, 가입 순으로 카타르(1961), 인도네시아(1962), 리비아(1962), 아랍에미레이트(1967), 알제리(1969), 나이지리아(1971), 에콰도르(1973), 가봉(1975), 앙골라(2007), 적도기니(2017)가 있음.

• 이 중 에콰도르는 1992년 12월 회원자격을 일시 중지했지만, 2007년 10월

에 OPEC에 다시 가입
- 인도네시아는 2009년 1월 회원자격을 정지하고 2016년 1월에 다시 재가동했지만, 11월 30일 171차 OPEC 회의에서 또다시 회원자격을 정지하기로 결정
- 가봉은 1995년 1월 회원자격을 종결했으나 2016년 7월에 다시 가입

○ 미국, 영국, 멕시코 등의 주요 산유국이 OPEC에 가입하지 않은 것은 이들 국가들이 산유국이면서 동시에 석유 다소비국이기 때문에 유가의 인상이 자국의 경제에 항상 유리하지만은 않기 때문

OPEC 카르텔이 외부로부터 받는 두 가지 위협은 다음과 같다.

○ 비OPEC 산유국으로부터의 경쟁위협
- 비OPEC 산유국을 과소평가하다가 OPEC의 시장점유율이 1973년의 60%에서 1985년에는 40%로 감소하여 국제석유시장에서의 시장지배력 상실

○ 대체에너지 개발에 따른 잠재적 석유가치의 하락
- 석유가격이 인상되면 석유를 대신하여 사용할 수 있는 석탄, 천연가스, 원자력 등의 사용 비율이 높아지며 대체에너지의 개발을 위한 투자가 증가, 에너지소비 절약과 에너지 저소비형 산업으로의 구조개편이 촉진되어 석유소비 감소

3.1 주기가설

역사적으로 석유수요는 석유가격 및 경기변동과 밀접한 관계를 갖고 변화한다. 생산량의 감축을 통한 고유가의 유지가 비OPEC 산유국의 증산으로 인해 불가능해짐을 깨달은 OPEC은 가격경쟁을 통해 비OPEC 산유국에 빼앗긴 시장점유율을 되찾고자 하였다.

○ 그 결과 1986년 이후 저유가 추세 지속
- 선진국을 중심으로 한 석유소비국의 절약 노력이 한계에 도달했으며, 개도국의 경제성장에 따른 석유소비의 증가와 동유럽 자유화에 따른 공산권의 석

유수요 증가 등으로 인해 그동안 존재하였던 초과공급 현상이 해소

○ 유가가 급등할 것이라고 예측

저유가 추세 속에서 세계경제가 호황을 맞게 되면 석유수요가 다시 증가하고 유가 하락 현상은 반전될 수 있다.

유가변동이 6~7년의 주기를 갖고 발생한다.

○ 1차 석유위기가 1973년에 발생, 6년 뒤인 1979년에 2차 석유위기 발생, 그로부터 7년 뒤인 1986년에 유가폭락 현상 발생

○ 따라서 1993년에 유가폭등 현상이 나타날 가능성이 크다는 것임.

- 실제로 1994년 이후 유가가 상승추세로 이어지다가 1997년 전후로 유가가 급락했음.
- 이러한 유가의 급락은 산업구조가 선진국보다는 1차 산업에 대한 비중이 높은 개발도상 국가들의 외환위기 및 금융위기로 인해 석유에 대한 수요 감소가 반영된 것임.

3.2 구조변화가설

1, 2차 석유위기를 통해 에너지안보의 중요성을 뼈저리게 느낀 선진국들이 에너지 다변화, 에너지절약기술의 개발, 에너지저소비형 산업으로의 산업구조 개편, 그리고 비상시에 대비한 석유비축의 증대 및 석유소비국간의 협력 등을 꾸준히 추진해왔기 때문에 일시적 공급의 감소로 인한 공황의 발생과 이로 인한 유가급등 등 지난 1970년대에 경험하였던 위기는 더 이상 발생하지 않을 것으로 전망한다.

OPEC은 석유소비의 감소와 대체에너지의 개발을 촉진하는 급격한 유가의 인상은 시도하지 않을 것이며, 반면에 소비국과의 경제 및 자원협력을 강화함으로써 안정적인 판매처와 원유수입 확보를 추구하는 방향으로 나갈 것으로 예상된다.

4. 걸프전과 한국경제

4.1 걸프전

1990년 8월 2일 이라크의 쿠웨이트 침공으로 시작된 중동사태가 제3차 석유위기로 이어지지는 않았다.

페르시아만 사태 이후 이라크에 대한 경제제재 조치로 인해 이라크와 쿠웨이트로부터의 석유수출은 전면 중단되었다.

- ○ 하루 430만 배럴의 공급 감축에도 불구하고 국제원유시장에서 공황현상이 나타나지 않은 것은 석유소비국의 OPEC 의존도가 1, 2차 석유위기 시에 비해 크게 줄었고, 석유의 재고 및 비축 수준이 상당히 높아졌기 때문

- ○ 그밖에도 페르시아만 사태가 중동 산유국과 서방 석유수입국간의 대립관계에서 비롯된 것이 아니라 중동 산유국들끼리의 내분에서 시작되었다는 사실임.

4.2 한국경제 상황

제1차 오일쇼크 이후에는 우리나라의 석유소비 패턴에 변화가 없었던 반면, 제2차 오일쇼크를 겪으면서 우리나라의 경제는 석유 저소비적으로 바뀌게 되었다.

- ○ 만약 고유가 시대가 지속되었다면 이러한 구조전환이 본격적으로 정착되었을지도 모름.

그러나 1980년대 후반기에는 1970년대 후반기의 세계원유시장 상황이 비슷하게 재현된 가운데 에너지소비가 다시 급증하기 시작한다.

특히, 괄목할 만한 사실은 1980년대에 들어와 원자력발전이 연간 30% 이상 빠른 속도로 증가했다는 점이다.

○ 원자력의 비중이 1980년대에 급격히 증가한 것은 석유의존도를 줄이면서 증가하는 전력수요를 충당하기 위해 원자력발전소를 많이 건설했기 때문

1980년대 후반에 들어와 석유와 전력의 소비가 크게 증가한 가장 큰 이유는 저에너지가격 정책에서 찾을 수 있다.

○ 다른 물가는 오르고 있는 데 비해 석유와 전력 가격은 오히려 하락했기 때문에 에너지 소비가 늘 수밖에 없었음.

○ 그 결과 1980년대 전반기에 마련해 놓았던 에너지절약 기반이 여지없이 무너짐과 동시에 우리나라의 경제구조가 다시 에너지다소비형으로 전환되고 말았던 것임.

제 3 장

에너지정책에 대한 일반적 시각

에너지정책은 공급정책과 수요정책으로 구분할 수 있다.

1. 공급정책

에너지의 안정적 확보가 주목표이다.

○ 필요한 에너지를 적시에 충분히 경제적으로, 그리고 안정적으로 공급하기 위한 각종 정책 포함

- 에너지 수입국 및 에너지원의 다변화, 에너지비축 및 개발활동의 지원, 대체에너지의 개발 등

정부의 직접 개입이 주요 정책도구로 사용된다.

2. 수요정책

○ 에너지의 효율적 이용이 주목표

○ 에너지와 다른 생산요소 간 대체, 에너지원 간 대체, 그리고 에너지 절약정책

- 전반적인 에너지수요의 감소라는 목적 이외에도 에너지 수입의존도의 축소, 국내 부존자원의 최대이용, 특정 에너지원에 대한 의존 탈피, 에너지효

율성의 증진을 통한 원가절감 등의 목적을 달성하기 위하여 수행

○ 정부가 직접 개입하기보다는 가격정책, 조세 및 보조금 정책 등을 통해 소비자의 수요변화를 유발하는 간접적인 방법을 사용

3. 에너지절약 시설투자의 경제학적 고찰

제1차 석유파동 이후 에너지절약형 산업구조로의 개편을 꾸준히 추진해 온 일본에 비해서는 한발 늦었지만, 1970년대 말부터 추진해 온 에너지절약사업이 우리나라에서도 많은 성과를 가져왔다.

○ 에너지원단위(제조업부문의 단위생산액당 에너지소비량)의 감소가 이루어졌음.
- 다만, 절대적 수치는 감소했으나 비교대상 국가들 중 상대적 위상은 개선되지 않았음.

에너지절약 시설투자는 기업에 대하여 에너지비용의 절감이라는 사적편익을 제공하는 외에 사회적으로 기업이 생산한 제품가격의 인하, 에너지수입액의 감소를 통한 국제수지 개선, 에너지절약기술의 개발촉진 등의 추가적인 편익을 제공한다.

일반적인 기술개발의 경우와 마찬가지로 에너지절약기술의 개발에 있어서도 개발된 기술에 대해서는 특허권의 보장을 비롯하여 적절한 보상을 함으로써 기술 개발에 대한 투자유인을 별도로 제공해 주어야 한다.

4. 결론 및 시사점

○ 에너지절약정책의 질적·구조적 변화는 에너지절약에 대한 보다 능동적인 정부의 역할에 의해 달성될 수 있음.

○ 1970년대의 오일쇼크는 급격한 물가상승과 경상수지의 악화 초래
- 특히, 제2차 오일쇼크는 농산물 흉작과 겹쳐 1980년에 마이너스 성장을 가져왔음.

○ 유가는 언제나 급등락할 수 있다는 사실을 국제석유시장의 생리로서 받아들여야 함.
- 문제의 핵심은 정확한 유가의 예측이 아니라 어떻게 유가 급등시의 충격을 완화할 수 있도록 평소에 준비해 두느냐 하는 것임.

○ 국민 모두의 협조와 에너지절약 노력 없이는 석유소비의 증가율을 둔화시킬 수 없으며, 이와 함께 대체에너지 개발을 위한 지속적 노력 필요
- 몸에 밴 습관이나 편안함을 쉽게 바꾸거나 포기하기란 쉽지 않음.
- 그러나 우리 경제가 처해 있는 어려움, 그리고 여기에 추가된 유가급등의 충격에서 벗어나기 위해서는 국민 개개인의 에너지소비 절약과 물자절약, 그리고 에너지과소비 풍조의 척결이 반드시 요구됨.

제 4 장

동북아 에너지협력과 해외자원개발

1. 아 · 태지역의 에너지협력

아시아 · 태평양 지역은 세계에서 가장 빠른 성장속도를 보이고 있는 지역으로 에너지소비 증가율도 세계에서 가장 높다.

○ 이 지역의 경제협력에 관한 논의에서 에너지협력은 핵심적인 사안이 될 것임.

아태지역이 세계에서 가장 활기찬 성장을 지속하기 위해서는 노동력, 기술, 자본과 함께 에너지를 비롯한 자연자원의 안정적 확보가 필수[37)]이다.

이 지역에는 자원빈국과 자원부국이 공존하고 있으며 에너지협력의 필수요소인 자본과 시장도 갖추어져 있어 각국은 에너지협력에 있어 상호보완적인 역할을 담당할 수 있다.

○ 지역 전체로 볼 때 현재의 공급능력으로는 수요를 충족시킬 수 없기 때문에 역외에 새로운 에너지공급원을 개발함과 아울러 에너지대체를 통한 석유의 존도의 감소, 에너지의 효율적 사용 등 에너지수요 측면에서의 협력과 화석연료의 사용에 따라 발생하는 지구적 환경오염 문제의 공동해결 노력 등 에너지와 관련된 여러 측면에서의 협력 필요성 증가[38)]

---

37) 중동 산유국들은 한국 등 동아시아 국가들의 중동 석유수입의존도가 높다는 점(2003년 기준으로 한국은 80%, 중국은 40%, 일본은 97% 정도임)을 알고 미국과 유럽보다 배럴당 2~3 달러 높은 가격을 요구하고 있음. → 이를 <동아시아 프리미엄>이라고도 함.

38) 현재 동북아 지역에서 에너지 공급자는 러시아로 한정돼 있으며, 중국과 일본은 러시아 에너지를 확보하기 위해 치열한 경쟁을 벌이고 있고 여기에 한국이 가세하는 형국임. 외교안보연구원 이재승 교수는 "현재 동북아 에너지 시장은 러시아가 공급을 독점하고 한국, 중국, 일본이 수요 과점을 이루는 비대칭적 구조로 공급자에게 절대적으로 유리하며 향후 가격 상승 및 에너지 자원의 비효율적 배분이 초래될 수 있다"고 전망했음. 그는 "독점적 공급자와 협상에서 유리한 위치에 서려면 한·중·일 3국간 협력을 강화해 수요자에게 유리한 시장구조를 만들어야 한다"며 3국간 에너지 공동기구 설립 필요성을 제기했음. 이 교수는 공동기구 설립으로 협력이 가능한 분야로 원유 공동비축 및 운영, 전력 및 가스망 연계 사업 등을 꼽았음. 그는 이어 "한국은 중국과 일본에는 미치지 못하지만 '무시하지 못할' 에너지 수요자로서 러시아, 중국, 일본 사이에서 '캐스팅 보트'를 쥘 수 있으며 이런 점을 적극 활용하는 에너지 외교가 필요하다"고 역설했음.

2. 석유개발의 경제학

우리나라는 필요한 원유의 공급을 전적으로 해외로부터의 수입에 의존하고 있다.

○ 이러한 현상은 국가경제의 동력원을 외국에 의존하고 있다는 점에서 국가안보 측면에서도 문제가 될 뿐 아니라 에너지원의 확보라는 측면에서도 결코 바람직하지 못함.

○ 가능하다면 해외 유전개발을 통해 예기치 못한 원유공급의 중단 위험을 사전에 배제하여야 함.

석유개발사업의 특성은 다음과 같다.

○ 높은 위험성
- 석유는 지하에 매장되어 있기 때문에 탐사단계에서 불확실성이 존재하며 유전을 발견하여도 이를 개발하여 시장에 판매할 경우 경제성이 불확실함.
- 즉, 투자된 자금을 회수할 수 없게 될 위험이 존재

○ 투자자금의 장기 회임성
- 석유를 생산하기 위해서는 탐사, 개발, 그리고 생산의 과정을 거쳐야 하는데 이를 위해 소요되는 기간은 10년 내외로 알려지고 있음.
- 이 기간 중에는 지속적으로 비용만 투입되며 수입은 생산이 개시된 이후부터 얻어짐.

○ 대규모 투자자금의 필요성
- 석유개발사업이 성공적으로 수행되기 위해서는 고도의 기술과 장비, 그리고 경험 있는 전문가가 구비되어야 하기 때문에 이러한 요소들을 공급하기 위해서는 막대한 자금이 소요됨.

○ 투자환경에 대한 정확한 정보와 현지국가의 적극적인 지원을 얻기 위해 자원보유국과 원활한 자원협력관계를 유지해야 함.

정부의 적절한 지원 없이는 적정수준의 석유개발투자를 유도하기가 곤란하다.

○ 정부는 직·간접지원(자원정보의 제공, 자원협력의 강화, 정부보조, 금융, 세제, 보험 등의 혜택 등)을 통해 민간기업의 자금 부담과 위험을 줄임으로써 해외자원개발을 위한 투자유인을 제공해 주어야 함.

3. 석유매장량

석유탐사 및 개발과 관련된 각종 기술변화에 힘입어 엄청난 양의 원유가 새롭게 확인매장량에 추가[39]되고 있다.

그러나 앞으로의 전망은 그리 밝지 않다.

○ 세계 석유수요의 지속적 증가와 신규유전의 발견율 저하로 말미암아 기존의 원유재고는 조만간 바닥이 나 2040년경이면 급격히 증가하고 있는 세계수송부문의 자동차연료 수요도 충족하기 어려울 것이라는 전망이 있음.

– 이는 생산의 감소추세와 수요의 증가추세에 기인[40]

39) 석유의 매장량 분류 기준은 다음과 같음.
(1) 확인매장량(1P, Proved Reserves) → 현재의 경제적 조건, 운영방법, 국가의 법체계 하에서 상업적으로 회수 가능할 것이 합리적으로 확실시 되는 평가량을 의미하며 실제 회수량이 평가량과 동일하거나 더 높을 확률이 적어도 90% 이상을 나타냄.
(2) 추정매장량(2P, Probable Reserves) → 확률론적 방법으로 보았을 때, 실제 회수량이 확인매장량과 추정 매장량의 합보다 크거나 같을 확률이 50% 이상인 경우를 의미함.
(3) 가능매장량(3P, Possible Reserves) → 실제 회수량이 확인매장량, 추정매장량, 가능매장량의 합보다 크거나 같을 확률이 10% 이상인 경우를 뜻함. 이와 관련하여 블로그(blog.naver.com/qudrhs1864/220938940372) 석유개발(E&P)에 대해 알아보자(2017.02.19.) 참조.

40) 석유의 수명과 관련하여 국제에너지기구(IEA)에 따르면 석유를 생산할 수 있는 가채연수가 잘해야 40년 정도로 추산된다는 것임. 이와 관련하여 매일경제신문(2004년 10월 1일) 참조. 한편 재래식 석유자원에 오일샌드(oil sand), 오일셰일(oil shale) 등「비재래식 자원」을 추가하면서 가채연수는 280년으로 훌쩍 뛰어올라 공급가능성은 충분하다는 의견이 대두되고 있기도 함. 이와 관련하여 연료유지신문(2006.02.25.) 참조.

1970년대의 오일쇼크는 석유자원의 유한성에 관해 인식을 새롭게 하는 계기가 되었다.

○ 그러나 알래스카와 북해에서 대규모 유전이 발견됨에 따라 위기가 해소되고 1980년대 중반에 들어와서는 저유가시대가 도래함과 동시에 석유자원의 유한고갈성에 관한 경각심도 사라졌음.

○ 앞으로 전통적 유전의 경우 약 90%가 발견된 상태이기 때문에 대규모 유전의 발견으로 인해 석유가격이 지속적으로 안정된 상태를 유지하기는 힘들 것으로 전망

신규유전 발견의 피크는 1960년대이며 앞으로 대규모 유전이 발견될 가능성은 크지 않다.

○ 해저유전 탐사와 개발기술의 진보가 이러한 추세를 앞으로 역전시킬 수 있을 것인가에 대한 대답은 부정적인 시각이 다수
 - 물론 반론도 있음.

1960년대에 육상에서의 신규유전 발견이 감소하면서 유전탐사 기업들은 대륙붕으로 관심을 돌리기 시작하였다.

○ 북해와 멕시코만 유전과 같은 대규모 해저유전이 발견되어 매장량의 증가에 크게 기여하였으나 이제 대륙붕 개발에서의 성공확률도 낮아지고 규모도 점차 작아지고 있음.

○ 석유회사들은 더 깊은 해저에서의 유전탐사로 그 활동영역을 넓혀가고 있음.[41)]

이와 함께 기존 유전에서의 석유회수율 개선도 매장량의 추가에 기여한다.

○ 유전에서의 석유회수율을 높일 수 있다면 비OPEC 산유국의 확인매장량이

41) 최근 3년간 세계 10대 석유회사들의 유전탐사비용이 발견된 유전의 상업적 가치에 못 미치는 것으로 나타났음(조선경제, 2004년 10월 12일자). → OPEC 등 주요 산유국들이 최근 서방 석유업체들의 참여를 배제하려는 경향이 커지는 것과도 무관치 않음.

증가할 수 있음.

- 낙관적 견해와 비관적 견해가 혼재

현재와 같이 석유수요의 증가추세와 신규매장량의 감소추세가 계속된다면 앞으로 만성적 석유공급 부족 사태가 발생하여 유가의 급격한 증가가 불가피하리라는 예상이 든다.

그러나 최근에 출간된 책에서 레오나르도 마우게리[42]는 "석유위기는 오지 않는다"고 주장한다.

ㅇ 석유추출 기술의 발전, 석유 매장량 추정치가 매년 수정되며 증가하고 있다는 사실, 석유시대 초기부터 분석가들이 공급을 과소평가하고 수요를 과대평가하는 경향이 있다는 점 등을 그 이유로 들고 있는데, 실제로 운송 분야를 제외하고는 전체 에너지 소비에서 석유가 차지하는 비중은 줄어들고 있음.

ㅇ 대체에너지원들이 석유의 자리를 대신하고 있기 때문이기도 함.

ㅇ 석유는 1970년대 총에너지 소비 중 45%를 차지했지만 2004년에는 34%로 감소하여 추세상 감소하고 있음.

ㅇ 석유소비 의존도와 관련된 국내 사례[43]

- 정부 관계자는 2012년 5월 23일 당시 고유가 대책으로 석유소비 형태를 에너지 절감형으로 전환하고 효율성을 제고하기 위한 방안이 시급하다는 지적에 따라 '석유소비 절감 대책'을 마련하여 발표하였음.
- 당시 대책은 석유를 가장 많이 사용하는 수송부분과 산업·공공부문으로 나눠 마련되었는데, 대표적으로 수송부분에서는 고효율차 생산 보급을 확대하며 노후화물차 신차 교체 시 금융지원 방안이 신설되었음.
- 또한, 2012년까지로 돼 있는 하이브리드차와 경차의 세제감면 연장이 추진되며, 대중교통 이용확대를 위해서는 대중교통비를 신용카드로 결제할 경우 소득공제 범위가 확대되고, 2013년부터는 전국 대중교통을 하나의 교통카드로 만들어 대중교통 이용도를 높이기로 하였음.
- 정부는 당시 대책을 통해 2012년 기준의 국내 원유비축량을 2015년까지

42) 레오나르도 마우게리(2008.08.01.) 참조.
43) 에버뉴스(2012.05.24.) 참조.

20%(2600만 배럴) 줄일 예정인데, 2012년 기준 국내 원유비축량은 1억3000만 배럴이었음.

- 지경부 관계자는 "1차 에너지 중 석유소비 비중을 2010년 40% 수준에서 2012년 37.5%, 2015년까지 33% 이하로 유도하는 등 석유의존도를 완화하겠다"고 언급하였음.

○ 결론적으로 "석유가 완전히 사라질지 여부는 시간이 지나봐야 안다"고 지적

4. 석유고갈을 바라보는 시각[44)]

4.1 끊이지 않는 석유고갈론

석유가 고갈될 것이라는 주장이 끊이지 않지만 석유 매장량은 기술발전에 힘입어 매년 늘어나고 있다.

그럼에도 석유고갈론 같은 잘못된 주장이 계속 제기되는 이유는 무엇인가?

○ 1914년 미국의 광산국은 10년 내 미국의 석유 매장량이 바닥날 것이라고 예측했지만, 10년이 지난 뒤에 석유는 고갈되지 않았음.

○ 1939년 미국 내무부는 앞으로 13년간 사용할 석유만 남았다고 말을 바꿨으나 미국 내무부는 20년이 지난 뒤에 또 13년 치밖에 남지 않았다고 반복했음.

○ 1970년에 미국 지미 카터 대통령은 "다음 10년이 끝나갈 때쯤 우리는 전세계의 확인된 석유매장량을 모두 소비할 가능성이 있다"고 우려하기도 했음.

○ 1970년대 초 인류의 미래를 연구하는 기관인 로마클럽은 '성장의 한계'라는 보고서를 통해 2000년대 초 석유고갈을 예언하기도 했음.

---

44) 김형진(2017.07.17.) 참조.

그렇다면 과연 석유가 바닥날 것인가?

○ 미국 에너지정보청(EIA)이 집계한 세계 석유매장량(proved oil reserve)을 살펴보면, 1980년 6433억 배럴에서 1990년 1조 배럴, 2012년 1조5000억 배럴을 넘기더니 2014년엔 1조 6556억 배럴, 2015년에는 1조 6627억 배럴을 기록했음.

1980년 이후 30여 년 동안 석유매장량은 2.5배로 불어났다.

○ 이는 세계가 55.4년간 쓸 수 있는 양으로 세계가 하루 약 9000만 배럴, 연간 300억 배럴을 퍼 쓰는 데도 매장량은 오히려 늘고 있는 것임.

4.2 기술진보로 셰일오일 발견

석유 확인매장량이 늘어나는 이유는 바로 기술의 진보 때문이다.

○ 기술의 진보로 인해 석유 탐사가 쉬워졌고, 생산 기술이 발전하였음.
- 같은 크기의 원전에서 더 많은 원유를 뽑아낼 수 있을 뿐만 아니라 예전 같으면 쓸모없었을 원유도 버리지 않고 재활용할 수 있게 되었음.
- 게다가 시추와 탐사기술이 발전하면서 셰일가스와 같은 비(非)전통석유도 발굴되고 있음.
• 비전통석유란 유전 채굴이 아닌 신기술로 사용 가능해진 석유자원(셰일오일, 오일샌드, 가스액화연료, 초중질유 등)을 가리킴.

전통석유 매장량이 최대 2조4000억 배럴이지만 비전통석유는 7조~9조 배럴에 달할 것이라고 석유 전문가들은 말하고 있다.

○ 이 때문에 세계에너지협의회(WEC)나 석유 전문가들은 석유생산 정점을 2060년께로 보고 있음.

○ 2017년 기준의 소비 수준이면 100년 이상 더 쓸 수 있을 것으로 보는 것임.

석유 시추와 생산뿐만 아니라 기술 진보로 예전보다 에너지효율이 높아진 것도 한몫하고 있다.

○ 같은 양의 석유를 채굴하더라도 에너지효율이 높아져서 더 오랫동안 쓸 수 있게 되었음.

4.3 인간이 진정한 자원

지구 자원이 한정된 만큼 화석연료도 유한할 것임은 분명하다.

하지만 "석기시대가 돌이 부족해서 끝나지 않았듯 석유가 부족하지 않아도 석유시대는 끝날 것"이라고 했던 사우디아라비아의 셰이크 아흐메드 자키 야마니 前석유장관의 말은 깊이 생각해볼 필요가 있음.

○ '회의적 환경주의자'를 쓴 비외른 롬보르[45]도 "인류가 석기 사용을 중단한 것은 청동과 철이 더 뛰어난 재료였기 때문이듯, 이와 마찬가지로 다른 에너지 기술이 더 나은 혜택을 줄 수 있다면 석유 사용은 중단될 것"이라고 말했음.

○ 만일 핵융합 기술이 에너지를 만들 만큼 경제성과 효용성을 갖춘다면 석유라는 에너지는 더 이상 필요 없게 될지 모름.

○ 석유보다 가격이 낮고 에너지 효율성이 더 높은 에너지가 나타난다면 우리는 석유를 시추하려고 하지 않을 것임.

무엇보다 우리는 현재 지구에 얼마나 더 에너지가 묻혀 있는지를 정확하게 알지 못하기 때문에 석유 확인매장량이 계속 늘어나고 있는 것이다.

석유의 뒤를 잇는 새로운 에너지는 지구 안팎에서 발견되거나 발명될 수 있으며, 이런 기술의 진보를 일으키는 것은 바로 '인간'이기 때문에 진정한 자원은 석유와 같은 천연자원이 아닌 인류라고 할 수 있다.

○ 석유 고갈론자들은 자원이 비록 유한할지라도 인간의 상상력은 무한하다는 사실을 간과했던 것임.

---

45) 비외른 롬보르(2003.08.11.) 참조.

5. 동아시아의 석유안보 강화 방안[46)]

5.1 개 요

2000년대부터 아시아 지역의 석유수요가 경제발전을 기반으로 급증하면서 세계 석유시장의 중심축도 과거 북미와 유럽에서 아시아 지역으로 이동하였다.

그러나 세계 석유공급에서 2012년부터 북미지역의 비전통원유 생산이 급증했지만 중동 지역이 꾸준히 40% 이상을 담당해 오고 있는 석유공급 구조가 유지되는 한편, 아시아 지역 내에서 석유생산의 증가속도가 석유수요를 쫓아가지 못하면서 아시아 지역의 역외로부터의 석유수입은 꾸준히 증가했기 때문에 석유안보라는 차원에서 우려할 만한 부분이 점차 커지고 있는 것이 사실이다.

이러한 관점에서 아시아 국가들의 석유수급 현황을 살펴보고 석유안보 정책을 비교하는 한편, 개별 석유안보 정책이 가질 수 있는 한계성을 지적해 아시아 지역과 우리나라의 석유안보에 기여할 수 있는 협력의 방향성을 제시해 보는 것은 유익할 것이다.

5.2 아시아 주요국 석유수급 비교

원유를 100% 수입에 의존하는 한국과 일본의 석유수요는 정체국면을 나타내고 있는 반면, 중국과 인도는 4% 이상의 석유수요 증가세를 바탕으로 원유수입도 빠르게 증가하는 중이다.

○ 이들 4개국만 합친 아시아 지역의 원유 순수입량 또한 2010년 이후 연평균 3.8%의 높은 증가세를 나타내고 있음.

석유제품 수급 측면에서는 한국과 일본의 원유 정제능력이 자국 소비에 비해 과잉으로 2000년 이후 정체되거나 감소하고 있는 반면, 중국과 인도는 석유수요와 마찬가지로 빠르게 증가하고 있는 상태로 석유제품별로는 이들 4개국 내에서 수급불균형이 상당히 존재하기 때문에 수출과 수입이 발생하고 있다.

---

46) 오세신・김재경(2015.12.) 참조.

○ 한국은 휘발유와 경유, 항공유에서 순수출이, LPG와 납사는 일본과 함께 순수입에 의존하고 있음.

○ 중국의 석유제품 순수입은 중유, LPG, 항공유, 납사 순이며. 휘발유, 등유, 경유는 순수출을 하고 있음.

○ 인도는 LPG를 순수입분에 의존하는 반면, 나머지 석유제품들은 순수출을 하고 있음.

○ 이들 4개국의 석유제품 순수출입을 모두 합산하면 아시아 지역 전체의 석유 제품 수급불균형 상태를 어느 정도 가늠해 볼 수 있는데 휘발유, 경유, 항공유 등은 역외로 순수출되어야 하며 LPG와 납사는 역외로부터 순수입이 필요할 뿐 아니라 중국과 인도의 경제성장 잠재력을 고려하면 증가할 것으로 예상됨.

5.3 아시아 주요국 석유안보 정책

석유 다소비국이자 석유수입 의존도가 높은 아시아 4개국들은 석유안보를 고려한 석유정책을 강화하는 추세에 있다.

또한 석유 공급정책은 4개국 모두에서 해외석유개발과 석유비축에 있어 적극적인 기조를 나타내고 있다.

○ 석유비축에 있어서는 IEA 회원국인 한국과 일본이 정부 비축 기준으로 2015년 기준 각각 136일과 98일로 IEA 의무비축일수 90일을 크게 상회하고 있는 반면, 중국과 인도는 석유비축 시설을 건설하고 있는 단계로 2015년까지 정부가 보유한 비축량은 IEA 기준을 크게 하회하고 있음.

○ 해외석유개발에 있어서는 중국과 일본이 국제 사회에서의 정치적 영향력과 경제 규모를 바탕으로 한국과 인도에 비해 한발 앞선 행보를 보이고 있다고 할 수 있음.

수요정책과 관련해서는 석유수요를 관리하는데 있어 한국과 일본이 보다 강화된 정책을 보유하고 있는데 반해 정부 주도의 강력한 경제개발을 추진하고 있는 중국과 인도는 다소 느슨한 정책을 추구해 왔다.

석유가격 정책에 있어서 한국과 일본이 가격 자유화는 물론 석유수요를 억제하기 위해 유류세를 부과해오고 있는 반면, 중국과 인도는 최근에서야 가격 자유화 논의가 큰 진전을 나타내고 있는 상황에 있다.

또한, 에너지효율에 있어서는 한국과 일본, 중국, 인도가 모두 자동차 연비 규제를 강화하는 추세이나 자동차 산업에 있어 후발주자라 할 수 있는 중국과 인도는 기술적 한계를 드러내며 자국 제조사들이 어려움을 겪고 있어 향후 연비규제의 실효성에 논란이 제기되고 있다.

5.4 석유안보 전략의 이론연구

아시아 주요 석유소비국들이 각자 자국의 석유안보를 위한 석유정책을 추구하고 있는 현 상황을 감안해 게임이론을 기반으로 특정 국가의 석유안보 정책들이 다른 국가의 석유안보 정책 결정에 미칠 수 있는 영향과 석유정책들 간의 상호 관계, 이를 바탕으로 한 국가들 간의 석유안보 협력의 방향성을 이론적으로 다음과 같이 도출해 볼 수 있다.

○ 첫 번째 석유비축 정책은 유가의 수준보다 유가의 변동 요인에 좌우되어야함.
- 고유가를 발생시키는 원인이 석유공급 차질 위험이 높기 때문이라면 석유비축도 증가해야 하지만 석유수요 증가에 원인이 있다면 석유비축을 줄이는 것이 비용 효율적인 방안임.

○ 두 번째 석유비축과 병행되어 추진되는 관세 정책은 비축유 구매와 마찬가지로 석유공급 차질 위험이 높으면 인상되는 것이 석유안보를 위해 바람직하지만, 자국 경제의 석유의존도가 클 경우 인하하고 오히려 석유의존도가 낮을 때 인상하는 것이 좋은 선택이 될 수 있음.
- 이는 세금의 사중손실 효과[47]를 고려한 결과로 이를 유류세와 연결해보면 우리나라 경제의 석유의존도가 높았던 과거보다 석유의존도가 낮아지고 있는 현재에 유류세 수준이 높아지는 것이 바람직한 석유안보 정책이 될 수 있

47) 사중손실(deadweight loss, excess burden 또는 allocative inefficiency)이란 경제학 용어로서, 재화나 서비스의 균형이 파레토 최적이 아닐 때 발생하는 경제적 효용의 순손실을 의미함. 사중손실의 원인으로는 독점가격, 외부효과, 세금이나 보조금 그리고 가격상한제, 가격하한제 등이 있음. 자중손실, 사중비용, 후생손실/비용, 초과부담 등은 모두 같은 말임. 일례로 초과부담의 경우 세금의 초과부담 또는 과세의 사중손실(deadweight loss of taxation)이라고도 부르는데, 마땅히 거둬야할 양보다 더 많이 거두는 세금으로 인해 사회가 겪는 경제적 손실을 의미함.

음을 의미함.

○ 세 번째 해외석유개발 정책은 유가 변동 요인이 무엇인지와 상관없이 고유가에서 효율적인 석유안보 정책임.
- 이는 현재의 유가 수준뿐만이 아니라 미래의 유가에 대해서도 영향을 받게 되는데 비록 현재 유가가 낮다 하더라도 미래의 공급위험이 높아 유가가 높아질 가능성이 농후하다면 석유개발을 확대할 필요가 있음.

○ 네 번째 석유개발이 동반된 석유관세 정책은 석유비축 정책이 병행되었을 때와는 다른 방향성을 갖게 됨.
- 석유공급 위험이 높아질 경우 석유비축 정책이 동반된 관세가 석유안보를 위해 인상되어야 했던 것과 달리 석유개발 정책이 연계된 관세는 인하시키는 것이 바람직한 결정이 됨.

○ 마지막으로 아시아 석유수입국들 사이에서 협력을 통해 역내 석유안보를 강화하고자 할 경우 전체적인 석유비축 규모는 줄고 석유개발은 확대되는 한편, 석유관세는 개별 정책을 추진할 때보다 높아져야 할 것임.

5.5 빅데이터를 이용한 동아시아 석유안보 네트워크 분석

네트워크 분석을 통해 우리나라가 현재 아시아 지역에서 구축해온 석유협력 관계를 살펴보면 국가차원에서 구축해온 역내 위상에 비해 우리나라 석유기업들의 역내 협력은 부족한 것으로 나타난다.

석유 하류[48]에 더 많이 치중하고 있는 우리 기업들의 특성상, 비슷한 처지에 있

48) 상류부문(E&P : Exploration & Production)은 원유의 탐사·시추·개발·생산까지의 단계를 말하며, 하류부문(R&M : Refining & Marketing)은 그 이후의 단계, 즉 원유 수송·정제·석유제품 판매·기타의 단계를 의미함. 해외의 대규모 석유회사들은 상류부문과 하류부문을 망라해서 사업을 전개하고 있음. 이렇게 상류부문과 하류부문을 함께 일관조업하는 거대한 석유회사를 오일메이저(국제석유자본)라고 부름. 반면 원유의 개발·생산에 참여하지 않고 원유정제·석유제품 판매, 즉 하류부문만의 사업을 정유산업이라고 하며, 이를 경영하는 회사를 정유회사라고 함. 우리나라 대부분의 정유회사들이 이에 해당됨(우리나라에서는 SK에너지만 상류부문인 탐사·개발·생산사업을 유의미한 수준으로 영위하고 있음). 일반적인 조건에서 시추할 때 시추공 한 개당 500만~1000만 달러(한화로 약 65억~130억 원)의 비용이 들고, 거대한 해저에서 시추할 때는 시추공 한 개당 1억 달러(한화로 1,300억 원)가 넘게 듬. 해저탐사비용도 비싸고, 산유국들의 채굴허가권에 드는 비용도 높기 때문에 상류부문은 거대메이저기업이 아니면 진입하기 힘든 부문이며, 메이저들 사이에서도 인수합병을 통해 규모의 경제, 시너지효과를 추구하고 있음. 예병일의 경제노트(2010.07.19.) 참조.

는 동아시아 국가들과의 협력보다는 원유 수출국인 중동이나 중앙아시아의 기업들과 더 많은 협력 관계를 맺고 있다는 주장이 제기될 수 있다.

하지만, 그렇다 하더라도 동아시아 기업들과의 협력 관계의 중요성은 간과될 수 없기 때문에 우리나라는 인도네시아, 말레이시아, 베트남 등 동아시아의 자원 부국과의 협력을 강화할 필요가 있다.

○ 이는 우리 석유기업들의 자본과 기술을 바탕으로 에너지 협력을 확대할 수 있는 여지가 많기 때문임.

또한, 네트워크상에서 가장 영향력이 크고 중심적인 위치를 점유하고 있는 중국, 일본, 인도와 관계를 강화할 필요성도 제기된다.

이러한 분석결과와 현실성을 고려해 몇 가지 현실적인 협력 방안을 제시하고자 한다.

○ 첫 번째 아시아 주요국들 간 정부 자원의 비축유 구매 시기를 조율하는 것임.
- 비축유 확보를 위한 아시아 국가들 간의 경쟁은 국제유가 상승을 유발시켜 석유비축의 비용 효율성을 저해할 수밖에 없음.
- 비록 최근 공급과잉에 의한 저유가로 비축유 구매로 인한 유가상승 유발 가능성이 낮아지긴 했으나 비축유 확보가 장기적으로 이루어지는 사업이며 중동으로부터의 원유공급 불안의 재발 가능성을 고려해 아시아 석유소비국들이 비축유 구매 시기를 협의하는 역내 기구의 창설을 고려해야 함.

○ 두 번째 역내 석유허브를 구축하고 이를 공동비축유로 활용할 수 있는 방안을 모색하는 것임.
- 석유허브는 정부 차원이 아닌 경제적 유인을 바탕으로 민간 사업자들의 주도로 이루어지기 때문에 석유의 유통과 비축에 있어 보다 효율적인 결과를 기대할 수 있음.

○ 세 번째 역내 석유개발 기업들 간 협력을 모색해야 할 것임.
- 비슷한 처지에 놓여 있는 아시아 주요 소비국들 간 소비적인 자원 확보 경쟁을 완화하고 보다 효율적인 석유공급 안보를 추구할 수 있도록 정부차원에서 석유 상・하류 부문에 걸쳐 역내 석유기업들 간의 합작법인(Joint venture)

설립과 기술교류 등을 주선하는 방향으로 자원외교의 방향을 전환할 필요가 있음.

○ 네 번째 석유수요 정책과 관련해 기후변화협약과 같이 국제적으로 온실가스 배출을 규제하는 협정에서 해법을 찾는 것임.

- 중국과 인도의 자발적 기후변화체제에의 참여를 유도하기 위해 아시아 역내에서 기후변화 협의를 위한 별도의 채널을 구축하고 적극적인 감축 노력을 고무시킬 필요가 있음.

○ 마지막으로 FTA와 같은 경제협력을 통해 역내 상호의존도를 강화시켜 각국의 정책들을 서로 조화시킬 필요성을 높이는 것임.

- 아시아 석유 소비국들의 경제가 통합에 가까워질수록 현재 동북아시아에 흐르는 정치·역사적 갈등의 기류가 희석되고 경제적 유인의 영향력이 확대될 수밖에 없으며, 석유안보에서도 협력해야 할 여건이 조성될 것으로 기대해 볼 수 있음.

5.6 석유안보 협력 방안 및 결론

세계 경제가 개방과 통합을 통해 서로 간의 상호작용이 커지고 있는 현대에 있어 한 국가의 석유안보는 그 국가만의 노력으로 달성할 수 있는 산물이 아니다.

한국과 중국, 일본, 그리고 인도는 결국 석유안보에 있어 같은 배에 승선한다는 것을 인식하고 협력을 통해 모두 같은 방향으로 노를 저어갈 수 있도록 해야만 한다.

석유가 고갈되는 자원이란 점과 중동으로부터의 원유공급 불안이 항시 존재한다는 석유시장의 특성을 감안한다면 미래의 불확실성에 대비해 석유안보를 강화해야 한다는 것에 누구도 이의를 제기하지 않을 것이다.

○ 따라서 앞서 언급한 바와 같이 석유비축이나 석유허브 등과 같이 정치·경제적으로 덜 민감한 부분부터 협력을 시작해 나가는 것이 바람직해 보임.

제 5 장

이라크 전쟁과 석유

1. *이라크 전쟁*
2. *이라크 전쟁 이후 급변하는 국내 에너지안보 질서*

1. 이라크 전쟁

1.1 미국 · 영국 對 이라크와의 전쟁

○ 이라크와 미 · 영간의 분쟁은 걸프전 이후 사담 후세인 정권과의 지속적인 갈등의 연속이라고 할 수 있음.

- 특히, 후세인 정권이 대량살상무기제거를 위한 유엔무기 사찰단의 활동을 방해하면서 더욱 악화되었음.
- 미·영 연합군은 1998년 말 이라크에 대한 대규모 공습 '사막의 여우' 작전을 수행한 이래 1999년에는 한 달에 평균 10~20 차례 이라크를 공습했으며 2000년에 북부 이라크 대공기지를 폭격

○ 이러한 이라크와의 공방은 드디어 2003년 3월 20일 미군 25만을 중심으로 한 미영연합군(영국군 4만 5천)이 이라크를 공격함으로써 지상전으로 돌입

- 미영연합군은 3주 만에 바그다드를 함락하고, 5월 1일 부시 대통령이 공식적으로 전투종결을 선언

○ 그러나 미 · 영정부의 정보조작의혹 등 전쟁의 대의명분이 흔들리면서 이라크 현지에서는 점령군에 대한 게릴라 공격이 활발해지는 등 사태는 걷잡을 수 없이 악화

○ 2003년 12월 14일 사담 후세인이 그의 고향 티그리트에서 생포됨으로써 이라크 사태는 새로운 진전국면으로 접어들었음.

- 2003년 12월 14일 체포되어 바그다드 부근의 미군기지로 이송된 그는 재판에서 수많은 살상혐의에 대해 유죄 판결을 받고, 2006년 12월 30일 처형되었음.
- 이라크와 이란은 각각 중동 수니파와 시아파의 전통적 맹주로 이란-이라크 전쟁 등을 치렀지만, 2003년 이라크에서 수니파 지도자인 사담 후세인 정권이 몰락하고 미국에 의해 시아파 위주의 정부가 구성되면서 이란과 이라크의 관계가 밀접해졌음.

○ 한편, 한국 정부는 2003년 4월 이라크 전후복구사업 지원과 전쟁난민 구호를 위해 서희·제마 부대를 파병한데 이어 미국의 요청에 따라 특전사 병력을 포함하여 추가 파병을 하기에 이르렀음.

2. 이라크 전쟁 이후 급변하는 국제 에너지안보 질서

이라크 전쟁은 에너지안보의 중요성과 석유위기의 가능성을 부각시켰으며, 미국에 의한 에너지수급과 중동질서 재편의 서막이며 동시에 경제 중심적 국가전략이 충돌한 21세기 첫 전쟁이라고 볼 수 있다[49].

2.1 급변하는 국제 에너지안보 질서

○ 2001년 9월 11일에 있었던 9·11 테러 이후 미국의 대외정책의 이면에는 세계경영을 위한 에너지 확보 의지가 역력

○ 경제와 안보는 불가분의 관계라는 기조 하에 자원공급원의 확대에 최우선 정책의 순위를 두고 있음.

○ 또한, 미국은 중동질서의 소폭 재편, 미국계 메이저(석유회사)의 시장접근 강화, 카스피해 개발 주도 등을 통해 국제 에너지 수급체계의 통제력을 강화하려고 모색

○ 對중동의 개입전략으로 유럽-카스피해-중앙아시아를 잇는 서남 유라시아에 경제·군사적 세력권을 조성함으로써 향후 세계경영을 위한 인프라 구축을 모색

49) 김재두(2004) 참조.

제 6 장

고유가시대의 도래와 정책적 대응

1. 석유위기 개념의 재조명
2. 유가의 추이
3. 유가 급등의 주요 요인
4. 유가전망
5. 신에너지정책의 추진 필요성

1. 석유위기 개념의 재조명

1.1 기존의 석유위기 개념

세계 석유시장에서 예상치 못한 공급교란으로 인하여 국제유가가 단기간에 급등하는 상황을 말한다.

1.2 석유위기에 대한 새로운 시각

석유의 공급교란 및 유가 급등 시에는 국민적인 관심이 집중되어 필요한 정책 및 사업의 집행이 용이하나 석유의 공급과 유가가 안정되어 있을 때에는 국민적인 관심이 크게 쇠퇴하고, 따라서 필요한 정책과 사업의 집행이 곤란하다.

따라서 평상시 사업의 일관성 있는 체계적인 추진이 긴요하다.

2. 유가의 추이

국제유가는 1980년 중반 이후 걸프전쟁 기간을 제외하고는 줄곧 20달러 전후에서 안정을 유지하였으나 1997년 말 아시아 외환위기를 계기로 폭락세로 접어들었다.

이에 자극받은 OPEC 회원국들은 원유 생산량을 감축하기로 합의함으로써 1999년에 들어와 국제유가는 상승추세로 반전되어 2000년 말까지 30달러의 고유가가 지속되었다.

그 후 2003년 중반 이후 등락을 거듭하며 상승 추세 지속하다가 2004년 8월 사상 최고치를 경신하였다.

○ 1981년 4월 이후 23년 3개월 만에 최고치 기록, 전년동기대비(2004년 8월 시점에서) 배럴당 $12~$17 상승

2002년 이후 2005년도까지의 국제유가 추이는 다음과 같다.

[표 6-1] 국제유가 추이[50)]

(단위 : $/b)

유종	2002	2003	2004 (A)	2005					전년비 (B-A)
				1/4	2/4	3/4	4/4	평균(B)	
Dubai	23.81	26.79	33.64	41.24	47.89	55.45	52.90	49.37	15.73
Brent	25.15	28.70	38.18	47.59	51.17	61.62	56.83	54.30	16.12
WTI	26.09	31.11	41.43	49.69	53.08	63.08	60.00	56.46	15.03

1, 2차 오일쇼크 당시와 비교하여 가격 상승폭과 실질가격은 낮은 수준이었다.

○ 2004년 8월 기준 유가는 2003년 평균유가 대비(배럴당 25.8 달러) 약 60% 상승했는데, 과거보다 상승폭이 작음.

- 즉, 1차 위기 때는 배럴당 2.6달러(73.1)에서 11.7달러(73.10)로 4.5배, 2차 위기 시는 12.7달러(78.12)에서 37.0달러(80.10)로 3배 상승

○ 그리고 2004년 8월 기준유가를 물가상승률을 감안하여 1980년 가격으로 환산하면 배럴당 21달러이며, 이는 1980년 10월의 37달러에 비해 크게 낮은 것임.[51)]

---

50) 산업자원백서(2005) 참조.
51) 오승구 외(2004) 참조.

3. 유가 급등의 주요 요인

3.1 수급불안

(1) 수요측면

2004년 세계경제의 회복으로 미국과 중국의 석유수요가 급증(특히, 2003년 하반기 이후 중국의 석유수요 증가가 세계 전체 수요증가분의 40% 이상을 차지)하였고, 미국을 비롯한 주요 석유소비국의 상업용 석유재고는 감소(석유산업계의 경영합리화로 인해)하였다.

(2) 공급측면

OPEC의 여유생산능력의 감소(실질증산 의구심과 정제설비 능력의 제약으로 인해)와 베네수엘라, 러시아 등의 정치적 갈등으로 인한 석유공급 차질이 우려되었다.

3.2 국제정세 불안

이라크 사태 장기화, 사우디의 테러발생 가능성이 국제정세 불안으로 이어졌다.

3.3 투기자본 유입[52)]

세계적인 저금리와 달러 약세로 투기자금들이 석유시장에 유입(원유 선물 투기 수요 증가)되었다.

---

52) OPEC의 추가생산능력이 한계에 이른 상태를 틈타 이때다 싶게 선물시장을 휘젓고 있는 투기자본도 유가 급등을 이끌고 있음.

4. 유가전망

4.1 개 관

(1) 기본적으로 수급불안 상황 지속

○ 세계 석유수요 증가세가 지속되는 반면, 석유공급이 이를 충족시키지 못해 당분간 유가하락을 기대하기 힘든 상황(반대의 상황도 있을 수 있음)

(2) 3차 오일쇼크 가능성에 대한 일반적 견해

○ 테러발생 가능성, 오일쇼크의 경제적 영향력은 약화

○ 세계경제의 에너지 소비 감소추세, 경제구조의 변화, 수입국의 전략비축 원유 확보 등

○ 우발적 사태의 결과로 단기적 쇼크발생의 가능성 존재하지만 파급효과는 과거보다 작을 전망

(3) 단기 전망

○ 주요 석유관련 연구기관들의 전망은 다음과 같음.

[표 6-2] 주요 기관들의 유가전망(두바이유 기준)

(달러/배럴)

기관명	2004년 하반기	2004년 평균	2005년 평균
미에너지정보청(EIA)	35.89	34.36	34.00
캠브리지에너지연구소(CERA)	35.15	33.27	31.81
세계에너지연구센터(CGES)	35.95	33.80	37.90
미에너지안보분석사(ESAI)	33.17	31.52	-

주 : 전망시점은 2004년 8월(CGES는 7월)

향후 국제유가는 세계정세와 중동정세 향방에 달려 있다.

○ 국제기구의 유가전망에 따르면, 당시 고유가 상황은 2005년까지 지속될 전망

○ 이후 경쟁시장의 출현과 소비감소, 그리고 공급물량의 확대 등으로 약세로 전환할 것으로 예상

○ 국제유가 장기전망과 관련하여 2002년 기준으로 EIA(미국의 국제에너지정보국 혹은 에너지정보청) : 2010년(배럴당 24.17$), 2015년(25.07), 2020년(26.02), 2025년(27.00), IEA(국제에너지기구) : 2010년(배럴당 21.75$), 2015년(23.82), 2020년(25.89)

4.2 공급측 요인

(1) 비관적 견해

산유국의 원유 잉여생산능력 최소화 전략과 산유국의 균형적인 산업발전 전략을 들 수 있다.

○ 투자부담의 경감과 유가하락을 방지하기 위해 잉여생산능력의 최소화 전략을 펼 것으로 보임.

○ 그리고 석유산업의 비중을 감소시키고 다른 산업을 육성하려고 하고 있음.

중동 산유국들은 공급과잉을 걱정하면서 원유산업 투자를 엄격히 제한하였다.

○ 1970년대 유가파동 이후 유전개발을 지나치게 많이 한 결과, 한 동안 과잉생산에 따른 저유가 현상을 경험했기 때문

○ 그러나 이후 산유국의 자세도 바뀌고 있음.

(2) 낙관적 견해

신규 유전개발 여지가 충분하며 유사원유도 경제성이 있다.

○ 기술발전에 따라 석유발견 및 개발비용이 하락하고 가채율(채굴 또는 채취가 가능한 비율)도 지속적으로 높아져 수요증가분을 충족

4.3 수요측 요인

(1) 비관적 견해

석유수요의 지속적인 증대와 세계 석유시장에서의 개도국 비중 증대를 들 수 있는데, 개도국의 경우 비상시 대응능력(예로서 석유비축, 석유개발, 석유수요 억제능력 등)이 취약하다.

(2) 낙관적 견해

석유소비에 대한 중장기 추세 전망은 다음과 같다.

○ 기후변화의 영향으로 선진국의 온실가스 배출저감정책의 강화로 인해 석유대체 가속화, 기술진보로 수송·산업 부문의 소비증가율도 둔화, 개도국의 경우 하이테크 기술 분야의 투자유치 선호, 소비국의 석유제품 고율세금 부과로 절약 유도

5. 신에너지정책의 추진 필요성

그동안 효율적인 전력 및 가스공급 시스템의 확충, 석유비축의 확대[53] 등 에너지 공급 인프라를 적기에 구축한 성과는 있었다.

○ 그러나 에너지효율의 향상, 해외 자원개발, 신·재생에너지의 보급 등은 저조하여 구조적 취약성을 내포

○ 실례로 국제유가가 고공행진을 지속하면서 에너지 절감에 대한 관심이 높아지고 있으나 이를 실천하려는 기업에 대한 정부 지원책이 겉돌고 있음.

- 고유가에 따른 비용 부담을 줄이기 위해 에너지절감 설비에 대한 투자를 확대하려는 기업이 늘고 있지만, 그에 대한 정부 지원금이 소진돼 해당 기업들의 투자의욕을 꺾고 있다고 함.
- 대표적 사례로 정부 예산을 2003년보다 적게 책정하여 이미 5월에 소진[54]

이에 따라 에너지정책 기조의 전환을 추진하여야 한다.

○ 에너지 이용 합리화 시책의 지속적 추진과 에너지 저소비형 신산업의 성장 등으로 1990년대 후반 이후 에너지소비의 안정화 추세가 보이고 있음.

---

53) 석유비축은 각종 석유수급 위기에 대비하기 위하여 일정물량의 원유 또는 석유제품을 비축하는 석유수급 안정대책의 하나임. 전세계 공급물량의 45%를 차지하는 중동지역의 정세불안 등 석유위기는 항상 잠재하고 있어 석유비축은 반드시 필요한 국책사업이라 할 것임. 더욱이 우리나라의 경우 중동의존도가 높고, 자주개발원유 확보율이 미미한 실정이기 때문에 그 필요성은 더욱 증대된다고 하겠음. 우리나라는 1973년과 1979년 두 차례에 걸친 석유파동으로 심각한 석유공급 부족사태와 이에 따른 국민경제의 급격한 위축(경제성장률 : 1979년 6.4% → 1980년 -5.7%)을 경험한 바 있어 1980년부터 석유비축사업을 시작하여 추진 중에 있음. 2006년 3월말 기준 정부는 7,253만 배럴의 비축유(52일분)을 확보하고 있으며, 민간은 7,354만 배럴(57일분)을 확보하고 있어 총 109일분의 비축유를 확보하고 있는데, 이는 국제에너지기구(IEA)의 권고 기준인 90일분을 초과하는 물량임. 그러나 미국, 일본, 독일 등이 우리나라보다 많은 비축 물량을 확보하고 있을뿐더러, 특히 지리적으로 가까운 곳에 위치하고 산업구조 또한 유사한 일본의 경우 2005년 12월 기준 약 136일분의 비축유를 보유하고 있는 실정이며, 언제 있을지 모르는 석유위기 상황에 대비하여 우리나라의 비축유 추가확보 필요성은 매우 크다고 하겠음.

<각국의 석유비축 현황(2005년 12월 기준)>

구분	한국	일본	미국	독일
지속일수	109일	136일	114일	117일

54) 매일경제(2004.08.23.) 참조.

- 즉, 에너지 다소비업종의 비중이 1997년에 33.8%에서 2003년에 25.9%로 감소
- 그러나 1인당 에너지 소비는 2001년 기준으로 볼 때 소득수준이 2~3배 높은 선진국(일본, 영국, 독일)과 비슷

○ 에너지 다변화 노력으로 석유의존도는 2002년부터 50% 이하로 하락
- 원자력 비중은 증대하였으나 신재생에너지의 비중은 미약
- 당분간 화석연료 비중의 상당한 감소는 쉽지 않음.
- 환경 및 안전 등에 대한 우려로 원자력부문의 성장은 사회적 수용성 확보가 관건[55)]
- 반면, 신재생에너지는 기술수준 및 시장기반 조성이 미흡하여 현실적 대안으로서 부족하나 보급 확대에는 정부의 지원정책이 중요

○ 석유는 전세계적으로 주종 에너지원으로서의 위치를 유지할 전망이므로, 당분간 석유의존의 불가피성을 냉철히 인식하고 이에 대한 안정적 · 경제적 확보 방안을 강구할 필요성이 있음.

---

55) 정부의 대체에너지 개발 노력과 관련하여 국민의 이해와 협조가 절실히 필요하다는 점을 우리는 방폐장 선정의 사례를 통해 알 수 있었음. 원자력발전과 폐기물이 혐오시설로 님비(NIMBY · Not In My Back Yard)의 대상이 되었던 것은 비단 우리나라에서만 일어나는 현상은 아님. 그러나 우리보다 안전을 훨씬 더 중시하는 프랑스·일본·미국 등 선진국들도 원활한 원자력발전과 안전한 수거물 관리 차원에서 수거물관리 시설을 설치, 운영하고 있음. 정부의 꾸준한 노력과 주민의 이해가 뒷받침되었기 때문임. 그러나 우리의 경우 1986년 이후 여러 차례에 걸친 부지 확보 노력이 무산되었고 참여정부 이후 자자체가 참여하는 자율유치 노력도 부안군 사태라는 불상사로 막을 내리고 말았음. 이어 2004년 2월 다시 신규공고를 내 9월15일까지 부지유치 신청을 받았음. 다행히 10개 지역에서 유치청원이 제출됐지만 정작 지자체장이 예비신청 의사를 표명한 곳은 단 한 곳도 없었음. 환경단체의 눈치를 보느라 나서는 지자체가 없었던 것임. 님비에 이어 '내 임기 중에는 안 된다'는 님트(NIMT · Not In My Term)라는 신조어가 나오기도 하였음. 이러한 논란 속에서 19년을 표류해 온 국가적 난제였던 중저준위방사성폐기물처분장(방폐장) 후보지로 경북 경주시가 최종 선정되었음. 정부는 1986년부터 9차례에 걸쳐 방폐장 후보지 물색에 나섰지만 번번이 실패하였는바 앞서 언급된 바와 같이 이 과정에서 부안사태와 같은 엄청난 폭력시위를 불렀고 낙마한 장관도 3명에 이르렀음. 결국 2005년 11월2일 치러진 주민투표에서 경주시가 89.5%의 찬성률로 치열하게 경합했던 전북 군산과 경북영덕, 포항시를 눌렀음. 방폐장 결정 이후 논란이 완전히 해소된 상태는 아니지만 이번 결정 방식은 주민 반대가 심한 국책사업 추진에 새로운 모델을 제시했다는 평가를 받고 있음. 해외의 경우 대표적 사례로 프랑스를 들 수 있음. 프랑스는 원자력 발전소 유치를 반기는 분위기라고 함. 이 덕택에 한국과 비슷한 자원빈국인 프랑스의 에너지 자립도는 2004년 기준 50%를 넘어섰음(매경 2004년 9월30일자). → 원자력 없이는 기후변화에 대처할 수 없다(국제원자력기구인 IAEA 사무차장의 말). 원자력 없이는 교토의정서를 지킬 수 없다(영국 토니블레어 총리의 말).

최근 저유가 기조 하에서 석유비축 정책의 전환이 시도[56] 중이다.

○ 정부가 에너지와 산업 안보를 위해 비축하던 석유의 양을 처음으로 줄이기로 했음.
- 산유국들의 과잉생산으로 국제유가가 낮아지고 공급이 원활해진 면도 있지만, 우리 경제의 더딘 성장에다 신재생에너지 확대 등으로 대규모 석유비축의 필요성이 갈수록 떨어지고 있기 때문임.

○ 2017년 1월 11일 산업통상자원부와 한국석유공사에 따르면 2017년 1·4분기에 제4차 석유비축계획을 수정해 발표할 방침인데, 산업부 관계자는 "계획된 석유 비축량을 줄이는 방향으로 검토하고 있다"고 전했음.
- 석유비축은 산유국에서 발생한 테러로 외부로부터 석유공급이 끊겨 국내 산업과 가계가 혼란을 겪거나 국가 전시상황을 대비해 비상대비자원관리법과 석유 및 석유대체연료법, 한국석유공사법 등을 제정해 강제로 시행하고 있음.
- 석유 수급이나 경제상황이 현저하게 변동될 때 정부가 비축 석유를 풀어 국가의 안정을 유지하기 위해서임.

○ 석유비축의 역사
- 우리나라는 지난 1980년부터 석유비축을 시작
- 1970년대 중동에서 전쟁과 감산 등으로 두 차례 석유파동을 겪은 후 비축의 필요성을 절감
- 1차(1980~1989년) 계획에서는 약 3,800만 배럴을 목표로 잡았고, 경제성장률이 10%까지 뛰기도 했던 2차(1990~2003년)에는 1차의 두 배 이상인 8,790만 배럴을 비축목표량으로 정했음.
- 2차 계획을 추진할 당시 가파른 경제성장으로 연간 석유소비 증가율은 예상치(2.9%)를 뛰어넘어 연 4.2%까지 치솟았음.
- • 이 때문에 정부는 2차 계획을 중단하고 1995년 비축량을 2013년 1억70만 배럴까지 늘리는 내용을 담은 3차 계획을 수립하기도 했음.
- 2014년 4차 계획 때도 정부는 비축량을 오는 2025년까지 1억700만 배럴로 늘렸음.

56) 서울경제(2017.01.11.) 참조.

- 2016년 말 기준 우리나라가 보유한 석유량은 9,400만 배럴로 국가가 107일간 사용할 수 있는 양임.
- 이는 국제에너지기구(IEA) 권고 기준(90일)보다 17일 더 많음.

- 하지만, 3%대로 잡았던 우리의 경제성장률이 2%대를 유지하기도 버거울 정도로 떨어졌고 수출부진과 글로벌 경쟁력 악화로 에너지를 많이 소비하는 산업 부문의 석유 수요도 갈수록 줄어들고 있음.
- 여기에 신재생에너지 확대와 에너지효율 제고로 석유 소비가 앞으로 더 줄어들 가능성이 높아 정부는 석유비축계획을 수립한 지 37년 만에 비축량을 줄일 전망임.

○ 4차 계획을 수정하는 배경에는 비축량이 늘어날수록 재정부담의 증가 상황도 고려되었음.

- IEA가 2013년 내놓은 보고서에 따르면 지상독립시설에 석유 1배럴을 저장하고 유지하는 데 연간 최대 3달러의 비용이 듬.
- 9,400만 배럴이면 1년에 약 3,200억 원(환율 1,150원 가정) 규모의 유지비가 드는 셈임.

- 세계 시장에서 석유가 남아도는데다 충분한 비축을 한 상황에서 굳이 목표량(1억700만 배럴)을 채우려면 천문학적인 비용이 또 들어가게 됨.
- 반면, 700만 배럴만 비축량을 줄여도 연간 240억 원의 유지비용을 아낄 수 있음.

○ 다만, 앞으로 또 변할 수 있는 국제 에너지 시장을 대비해 비축량 조정은 신중해야 한다는 지적도 나옴.

- 강승진 한국산업기술대 교수는 "재고관리 비용과 수요예측도 중요하지만 석유비축은 국가 안보와 직결되기 때문에 계획을 조정할 때는 많은 논의를 거쳐야 한다"고 언급

제 7 장

유가 급등 사태에 따른 대내외 경제여건 변화

1. 국제유가 추이 및 전망

유가가 2008년 7월 11일 배럴당 147달러 이상으로 치솟은 뒤, 단 며칠 만에 20달러 이상 하락하였다.

○ 앞으로 유가가 배럴당 100달러 혹은 그 이하로 떨어질 수 있을까?

1.1 급등 후 급락 양상을 보이고 있는 유가

(1) 유가 급등

국제유가가 급등세를 지속하면서 배럴당 100달러를 돌파하였다.

[표 7-1] 국제유가 추이

(단위 : 달러/배럴)

기말가격	2006	2007				2008		
		1/4	2/4	3/4	4/4	1/4	5월	6월 12일
WTI	61.05	65.87	70.68	81.66	96.00	101.58	127.35	136.76
Dubai	56.71	63.12	66.42	76.64	89.06	97.81	119.91	130.16

자료 : 한국석유공사

삼성경제연구소가 '유가상승의 요인별 분석 모형' 을 이용해 추정한 결과, 당시 유가 급등에 투기자금이 가장 크게 영향을 미친 것으로 분석[57]하였다.

○ 원유 선물시장으로 유입되고 있는 투기자금의 유가상승에 대한 기여율이 40.3%인 것으로 추정

- WTI유 월평균 가격의 2007년 1월 대비[58] 2008년 5월 상승분(배럴당 71.21달러) 기준임.

57) 이지훈(2008) 참조.

58) 2007년 1월 WTI유의 평균가격은 이상난동에 따른 난방유 수요 감소로 배럴당 54.21달러를 나타내면서 2005년 5월(49.91달러) 이후 20개월 만에 최저수준을 기록하였음.

○ 지정학적 리스크의 기여율은 39.7%로 나타났으며, 달러화 약세와 석유수급 상황의 기여율은 각각 4.5%와 1.8%로 추정

[표 7-2] 유가상승의 요인별 기여율

(%, 달러/배럴)

	유가 상승분	투기자금	지정학적 리스크	달러화 약세	수급	기타
기여율 (기여분)	100.0 (71.21)	40.3 (28.71)	39.7 (28.25)	4.5 (3.21)	1.8 (1.30)	13.7 (9.74)

주 : WTI유 월평균 가격의 2007년 1월 대비 2008년 5월 상승분 기준

○ 타이트한 수급상황(중국 등 신흥개도국의 수요 증가), 달러화 약세(미국의 추가적인 금리 인하) 등으로 유가상승에 대한 기대감이 커지면서 과잉유동성 자금이 원유 선물시장으로 대거 유입

○ 각종 지정학적 불안요인(나이지리아 정정사태, 이란 핵문제 등)이 악화되면서 공급차질에 대한 우려가 확산

○ 非OPEC 산유국들의 원유 공급량 감소

(2) 유가 급락[59)]

2008년 7월 11일 배럴당 147달러로 고점을 찍었던 국제유가가 서부텍사스산 원유(WTI) 9월 인도분이 뉴욕상업거래서(NYMEX)에서 8월 12일 113.01달러로 떨어졌다.

○ 한 달 만에 무려 34달러가량 빠지는 급락세를 보인 것임.

국제에너지기구(IEA)는 2008년 8월 12일 발표한 보고서에서 석유수출국기구(OPEC)의 원유 생산량 확대와 미국 등 세계 경기 둔화 및 고유가 지속에 따른 원유 수요 감소, 달러화 강세, 헤지펀드 등 투기자본의 원유시장 이탈 등이 유가를 끌어내리고 있다고 분석하였다.

그러나 유가 급락세가 언제까지 지속될지는 누구도 장담할 수 없다.

59) 매일경제(2008.08.14.) 참조.

○ OPEC의 이란 대표 모하마드 알리 하티비가 "당시 원유시장은 하루 평균 130만 배럴 공급과잉 상태로 2008년 9월 9일 회담에서 감산해야 한다"고 주장한 점도 OPEC가 당시 유가 급락세에 대한 제동을 걸겠다는 뜻으로 풀이됨.[60)]

○ 또한, 세계 2위 원유 소비국인 중국이 베이징올림픽이 끝난 뒤 공해 규제 등을 풀게 되면서 석유 수요가 반등해 유가가 상승세로 돌아설 가능성도 없지 않음.

1.2 유가전망

2008년 하반기에 초고유가 추세가 완화되면서 국제유가의 상고하저 흐름이 나타날 것으로 예상하였다.

○ 달러화 약세와 투기수요가 하반기로 갈수록 둔화

과거 1970년대 석유파동 당시의 자원위기가 지정학적 불안에 따른 '공급 차질' 때문이었다면, 앞으로 진행될 자원위기는 '공급제약' 이 될 것이라는 점이 다르다는 것에 주목할 필요가 없다.

○ 실질가격 측면에서 아직 2차 석유파동 당시에 미치지 않고 있지만, 2008년 5월 시점에서 바라본 유가상승 추세가 투기적인 수요, 지정학적 요인 등에 의한 일시적인 교란이라기 보다는 구조적으로 공급이 수요 증가를 따라가지 못하는 상황에서 발생한 만큼 유가의 강세는 앞으로도 상당기간 지속될 것으로 예상[61)]

국제유가의 초강세가 가속화될 가능성도 배제하기 어려운 상황이다.

○ 지정학적 불안요인의 악화, 기상이변, 투기수요 급증 등으로 두바이유 가격이 일시적으로 배럴당 150달러 이상까지 치솟을 가능성이 존재

---

60) OPEC의 대응이 유가 추이에 상당한 영향을 주고 있음은 주지의 사실임. 과거 국제유가의 급등세를 진정시키기 위해 사우디, 쿠웨이트, UAE 등 3국의 석유장관들이 일제히 증산 약속을 내놓은 바 있음. 장기적으로 자국경제에 좋지 않은 영향을 줄 것으로 보기 때문임.

61) 경제연구실(2008b) 참조.

(1) 해외기관 전망(WTI 기준)62)

[표 7-3] 주요 기관별 2008년 하반기 유가전망

구분	CERA(7/28)	EIA(8/12)	메릴린치(8/18)	골드만삭스(8/20)
전망치($/b)	115	127	80～90	연말 149

* 메릴린치 : 유가 100달러는 소비자에게 부담, 소비감소 전망
* 골드만삭스 : 개도국 석유수요 확대, 수요 감소 인정 → 공급 감소 초래 → 유가상승

(2) 국내기관 전망

○ 배럴당 105～120 달러 수준

○ 기본적으로 수급상황 개선(공급확대, 수요감소), 달러화 강세에 따른 투기자금 유출 등의 영향으로 하향안정 전망

○ 다만, OPEC 감산, 미국경기 불안 지속 등에 따른 달러화 약세 재반전 등이 유가 대폭하락의 저지선이 될 것으로 예상

(3) 유가 급락 가능성 전망 대두63)

○ 미국발 금융위기로 세계 경제가 경기후퇴 국면에 빠질 경우 석유 소비가 줄어들어 국제유가가 50달러 이하로 떨어질 수 있다는 전망
- 미국의 저명한 에너지컨설팅 회사 'PK 벌리거'의 필립 벌리거(Verleger) 대표는 "세계의 경기후퇴가 심각해지면 국제유가는 배럴당 50달러 이하로 내려갈 수 있다"고 언급
- 미국의 투자은행인 메릴린치도 2008년 10월 2일 보고서에서 "최악의 경우 금융위기로 인해 실물경기 둔화 추세가 경기후퇴 수준까지 악화되면 유가가 2009년에 배럴당 50달러 수준으로 하락할 수 있다"고 전망

○ 미국의 에너지부에 따르면, 세계 최대 석유 소비국인 미국의 2008년 9월 석유 수요는 1년 전에 비해 7.1%나 하락

62) 국제무역연구원 동향분석실(2008.09.) 참조.
63) 조선일보(2008.10.04.) 참조.

- 경기침체 우려감으로 석유 · 원자재 수요가 줄어들 것으로 예상되고, 달러도 강세를 보이면서 원자재에 들어가 있던 글로벌 투자자금이 빠져 나오고 있기 때문

2. 3차 오일쇼크 가능성 진단

현대경제연구원의 2008년 보고서64)를 중심으로 당시 오일쇼크 가능성 여부를 진단해 보고자 한다.

2.1 유가수준

(1) 명목유가 및 실질유가

○ 2008년 1/4분기의 평균 명목 및 실질 두바이 유가는 배럴당 99.5 달러, 2008년 6월 당시 기준 실질유가 수준은 2차 오일쇼크의 1.5배 수준에 달하는 것으로 평가

○ 2차 오일쇼크 시기인 1981년 명목유가는 배럴당 32.4달러이며, 이를 미국 경제분석국 NIPA의 내수구매물가지수(Price Indexes for Gross Domestic Purchases)를 이용하여 2008년 1/4분기 기준 가치로 환산할 경우 66.5달러에 불과

2.2 연간 유가상승률

2008년 1/4분기의 국제유가 상승률은 2차 오일쇼크 시기의 연간 상승률 수준을 상회하였다.

64) 한상완 외(2008) 참조.

○ 2차 오일쇼크가 시작된 1980년의 유가상승률은 전년대비 약 66.0%이며, 2008년 1/4분기의 전년동기대비 유가상승률은 79.2%에 달함.

2.3 유가 급등 지속기간

1차 및 2차 오일쇼크가 발생했을 당시 누적 원유 수입물가지수 상승률을 기준으로 살펴보면, 오일쇼크가 발생하기 위해서는 유가 급등 지속기간이 1년 이상의 기간이 필요한 것으로 판단된다.

○ 1차 오일쇼크의 경우, 1년이 되는 시점에서 유가가 급등세를 보인 이후 2년이 되는 시점에서 재상승하는 모습을 나타냄.

○ 2차 오일쇼크의 경우, 유가상승이 약 2년여 정도 지속되는 모습을 보이고 있으며 이후에는 안정된 모습을 나타냄.

○ 따라서 2008년 당시의 유가상승 추세를 2006년 12월 기점으로 할 경우, 과거 1차 및 2차 오일쇼크 지속기간의 절반 정도에 불과한 것으로 판단

2.4 세계경제의 원유의존도

한국을 포함하여 오일쇼크 당시 스태그플레이션을 경험했던 많은 국가들이 석유의존도 축소에 주력하였으나 2008년 들어 원유가격 폭등으로 세계경제의 원유의존도(원유소비액/명목GDP)가 크게 높아짐.

○ 2000년 이후 유가가 상승세로 반전되고 중국 등 신흥공업국들의 빠른 산업화로 세계경제의 원유의존도가 크게 증가하여 2008년에는 2차 오일쇼크 시기인 1980년 수준과 비슷한 6.6%에 달할 것으로 전망
○ 한편, 최근의 상황을 살펴보기 위해 에너지통계월보(2017.07.)에 따르면, 국내의 석유의존도는 52.0%(2000년), 44.4%(2005년), 39.5%(2010년), 38.1%(2015년)로 나타나 감소 추세를 보이고 있음.

한국의 경우 2008년 1/4분기 기준 명목GDP에서 차지하는 원유수입액 비중은

8.9%로 2차 오일쇼크 시기인 1981년과 동일한 수준을 기록하였으며, 원유수입이 총 수입액에서 차지하는 비중은 2008년 1월~5월 기준 약 20% 내외를 기록(2차오일쇼크 당시 25%보다는 다소 낮은 수준)하였다.

○ 참고로 2000년대 이후 국내의 명목GDP 대비 원유수입액 비중의 추이를 살펴보면, 14.02%(2000년), 9.27%(2005년), 6.89%(2010년), 6.50%(2015년)이었음.[65)]

2.5 가능성 진단

2008년의 유가수준이 과거 1차 및 2차 오일쇼크의 경우처럼 세계경제와 한국경 제에 큰 타격을 입힐 수준인지에 대한 판단은 여러 다양한 여건들을 고려해야만 한다.

○ 정량화가 어려운 변수를 고려하지 않고서 앞서 제시된 결과만으로 3차 오일쇼크 여부를 결론짓는 것은 한계가 존재

그럼에도 불구하고 정량화가 가능한 부문만을 고려하여 볼 때에는 다음과 같은 진단을 내려 볼 수 있다.

○ 2008년 기준까지의 유가 급등만으로는 오일쇼크가 발생하지 않을 것으로 판단

○ 국제유가 수준이 2008년 하반기까지 추가 상승세를 지속할 경우 오일쇼크 발생 가능성이 크게 증대될 것으로 예상

65) 저자가 에너지통계월보와 한국은행 국민소득 통계자료를 토대로 산정

3. 에너지 확보를 둘러싼 신국제질서[66)]

3.1 에너지 확보 경쟁의 심화

국제유가가 고유가 기조로 전환됨에 따라 미국, 중국, 일본 등 거대 에너지 소비국들의 지속적인 경제성장 및 삶의 질을 유지하기 위한 에너지 자원 확보 경쟁이 불가피해졌다.

○ 미국은 장기 에너지 수요 전망을 토대로 석유·천연가스의 생산지역 및 공급루트를 안정적으로 확보하기 위해 에너지 동맹질서의 재편을 추진

○ 중국은 에너지 소비가 급증하는 반면, 국내 생산이 한계에 직면한 가운데 독자적인 에너지 확보에 주력

○ 자원소국 일본은 석유의 중동의존도를 낮추기 위해 자원생산국에 대한 전방위 외교를 강화

3.2 에너지를 둘러싼 국제질서의 변화

향후 에너지 확보 경쟁을 둘러싸고 국제질서에 거대 변화가 예상[67)]된다.

○ 공급국가 측면에서는 기존의 최대 자원 공급지인 중동지역의 정치적 불안정성이 심화되면서 제2의 자원공급지로 러시아가 급부상하고 있음.
- 향후 증가하는 천연가스에 대한 수요도 자원시장에서 세계 1위의 천연가스 매장량 보유국이자 생산국인 러시아에 막대한 힘을 줄 것으로 예상

○ 수요국가 측면에서는 미국, 중국, 일본 등 거대 에너지 소비국들이 에너지 확보를 둘러싸고 새로운 에너지 동맹관계를 형성하고 있음.

---

66) 김현진(2004) 참조.

67) 시베리아 에너지 자원을 확보하기 위한 중국과 일본의 물밀경쟁은 '21세기판 중일전쟁'으로 불릴 만큼 치열함. 이와 관련하여 매일경제(2004.10.01.) 참조.

- 미국은 중동지역의 불안정성, 북해 유전의 고갈에 따른 석유시장의 리스크를 보완하기 위해 러시아와의 에너지 동맹을 가속화하고 있으며, 사우디를 견제하기 위해 이라크의 석유개발 및 증산을 도모하고 있음.
- 한편, 1993년 석유 순수입국으로 전환하고 2002년 세계 2위의 석유 소비국으로 부상한 중국은 석유공급안보에 대한 우려가 증폭되면서 에너지 확보를 위한 대내외적 대책을 적극적으로 추진하고 있음.
- 일본 역시 동시베리아 유전 개발 및 파이프라인 건설을 둘러싸고 중국과 치열한 경합을 벌이고 있는 상황

3.3 국가차원의 에너지 안보 전략 모색 필요

에너지 위기 발생 요인이 복합화 됨에 따라 국가 에너지 안보 개념을 재정의하는 것이 필요하다.

○ 전통적인 수급안보 차원을 넘어 경제안보 및 국가안보를 포함하는 복합적인 에너지 안보개념으로의 재정의가 필요

○ 에너지 경제안보를 위한 체질개선 필요, 다시 말해 에너지효율 제고 및 에너지 절약형 산업구조로의 전환이 필수적이며 에너지 위기관리 시스템을 강화할 필요도 있음.

○ 에너지 안보 차원에서 에너지원의 포트폴리오를 재구성할 필요성이 있음.
- 즉, 석유를 대체할 미래의 에너지원으로 천연가스에 주목

○ 지나친 중동지역 의존도[68]를 개선하고 에너지 공급지역의 포트폴리오를 재

---

68) 2차 석유파동 이후 적극적인 도입선 다변화 시책으로 1980년에 98.9%까지 이르렀던 중동의존도가 1985년 57%까지 낮아졌으나, 1986년 이후 중동 산유국의 시장점유율 확대를 위한 증산경쟁 등으로 인한 물동량 증가로 중동의존도는 점차 증가하여 2003년에는 79.5%, 2004년도는 78.1%, 2005년도에는 81.7%의 높은 중동의존도를 나타내고 있음. 향후에도 동남아지역의 자체수요 증가로 인한 수출여력 감소, 아프리카 및 남미지역의 원거리 수송에 따른 수송비 증가 부담으로 중동지역의 원유도입 의존율은 여전히 높은 수준을 유지할 것으로 전망됨. 2005년 국가별 원유도입 현황을 보면 사우디로부터 국내 전체도입 물량의 31.1%를 도입하여 전년에 이어 가장 많은 물량을 도입하였으며, 그 다음이 UAE(17.9%), 쿠웨이트(11.0%), 이란(8.4%), 카타르(6.3%) 순으로 상위 5개국 의존도가 전체 원유도입의 74.7%를 차지하는 것으로 나타났음. 향후에도 세계 석유공급구조가 몇몇 중동 산유국에 편중될 수밖에 없다는 점을 감안, 이들 국가와의 석유협력 강화 및 국내외 유전개발을 통한 안정적 원유도입정책의 추진이 요망되고 있음. 2010년 이후 수치는 에너지통계월보(2017.07.)를 토대로 저자가 직

구성하기 위해 러시아를 주목

- 각주 68)의 표를 통해 지역별 원유도입 추이를 살펴보면, 2010년 전후를 비교해 볼 때 여전히 중동지역 의존도가 높은 것으로 나타나고 있으며 미주·유럽지역의 원유도입 비중이 최근에 다시 증가 추세를 보이고 있음.
- 또한, 각주 68)의 표를 통해 국가별 도입 순위를 살펴보면, 사우디아라비아가 여전히 1위를 차지하고 있으며 최근 이란의 경제제재 조치 해제로 인해 이란의 도입량이 급증한 반면, UAE의 비중은 감소하였음.

○ 자원공급지역의 정치적 상황 및 주도권 변화, 거대 에너지 소비국들의 확보경쟁 심화 등 에너지를 둘러싼 세계 질서 변화에 주목

○ 미국의 세계 에너지 전략 및 에너지 동맹 재편과정을 면밀히 분석하여 외교정책을 수립해야 할 것이며, 기후변화협약의 전개과정, 에너지 신기술 개발

접 산정한 것임.

<지역별 원유도입 추이>

(단위 : %)

구 분	1985	1990	1995	2000	2001	2002	2003	2004	2005
중동	57.0	74.3	77.9	76.8	77.0	73.4	79.5	78.1	81.7
아시아	24.2	20.3	13.1	12.6	15.1	17.3	12.8	14.1	13.3
미주·유럽	12.8	2.3	3.0	3.0	3.3	4.8	3.7	2.6	0.9
아프리카	6.0	3.1	6.0	7.6	4.6	4.5	4.0	5.2	4.1

구 분	2010	2011	2012	2013	2014	2015	2016(잠정치)
중동	81.8	87.2	85.1	86.0	84.0	82.3	85.9
아시아	17.5	11.7	9.3	10.6	9.6	10.4	6.8
미주·유럽	0.21	0.9	4.6	2.5	3.7	4.7	4.5
아프리카	0.53	0.3	1.0	0.9	2.7	2.6	2.8

<중동국가별 도입순위>

(단위 : %)

구 분	2001	2002	2003	2004	2005
1위	사우디(29.7)	사우디(30.5)	사우디(31.1)	사우디(32.1)	사우디(31.1)
2위	UAE(14.9)	UAE(13.5)	UAE(17.3)	UAE(17.6)	UAE(17.9)
3위	이란(9.4)	쿠웨이트(7.2)	쿠웨이트(8.2)	쿠웨이트(9.2)	쿠웨이트(11.0)
4위	쿠웨이트(7.5)	이란(6.5)	이란(7.9)	이란(7.9)	이란(8.4)
5위	오만(6.2)	인니(5.4)	카타르(5.8)	카타르(5.5)	카타르(6.3)
총도입국	30개국	33개국	30개국	29개국	26개국

구 분	2012	2013	2014	2015	2016(잠정치)
1위	사우디(32.0)	사우디(31.3)	사우디(31.6)	사우디(29.8)	사우디(30.1)
2위	쿠웨이트(14.5)	쿠웨이트(15.3)	쿠웨이트(14.7)	쿠웨이트(13.8)	쿠웨이트(14.8)
3위	카타르(11.0)	UAE(12.1)	UAE(11.7)	카타르(12.0)	이란(10.4)
4위	UAE(9.1)	카타르(9.4)	카타르(10.8)	UAE(9.7)	카타르(8.2)
5위	이란(5.9)	이란(5.3)	이란(4.8)	이란(4.1)	UAE(8.1)
6위	오만(0.9)	오만(0.4)	오만(0.7)	오만(0.3)	오만(1.5)

동향 등 에너지에 구조적인 변화를 가져올 트렌드 변화에 주목

○ 에너지 전담부서, 전문인력, 기업의 에너지 확보 역량 강화 등 에너지 안보 전략을 추진 할 수 있는 인프라의 구축이 시급

4. 신자원민족주의의 등장

4.1 신자원민족주의란[69)]

(1) 정 의

○ 자원민족주의란 자원분야 경제활동에 대한 국가의 개입 확대 정책을 지칭하며, 나아가 대외 관계에서 국가이익을 증진시키기 위해 자원을 정치적 무기로 활용하는 자원무기화 정책까지를 포괄하는 용어로 사용되고 있음.

– 국가이익으로 통칭되는 다양한 정치적 · 경제적 · 외교적 목적을 달성하기 위해 정부가 천연자원의 소유 · 탐사 · 개발 · 생산 · 저장 · 운송 · 정제 · 판매 및 그에 따른 소득흐름에 대해 개입을 확대하는 정책이 곧 자원민족주의임.

○ 중국, 인도 등 석유수요가 급증하고 있는 신흥국에서 나타나는 국가가 주도하는 공세적인 해외 석유자원 개발 정책을 소비국 자원민족주의[70)]로 규정하는 연구들도 있으나, 일반적으로 자원민족주의라 함은 생산국 자원민족주의의 관점에서 논의되고 있음.

○ 풍부한 자본과 기술을 지닌 선진국으로부터 경제적 독립을 달성하기 위해 상대적으로 자원이 풍부한 후진국은 자원을 전략적 무기로 이용하게 되었으며, 이러한 기조를 자원민족주의라고 함.

69) 임상수(2008) 참조.
70) 대개 석유 공급 안정성 확보 차원에서 전개되고 있는 모든 대외정책을 지칭함.

2000년대 초반까지 퇴조를 보이던 자원민족주의[71]는 2005년 이후 원유 및 원자재 가격 급등에 따라 다시 대두되기 시작했으며, 이전과의 구분을 위해 이를 신자원민족주의라 칭한다.

○ 과거 자원민족주의가 선진국으로부터 경제적 독립을 원하는 개도국의 입장을 반영한 것이라면, 신자원민족주의는 국부를 축적하기 위한 수단으로 원유 및 원자재 자원을 활용하는 것을 의미

4.2 신자원민족주의의 대두[72]

저유가 기조가 유지되어 온 2000년대 초반까지만 해도 남미와 러시아 등 산유국들은 생존을 위해 석유산업을 개방하고 석유메이저기업의 투자유치에 열을 올렸다. 그러나 지난 3년간(2005년~2007년) 유가 상승세가 지속됨에 따라 이들은 해외자본에 대한 기존의 우호적 입장을 바꾸기 시작했으며 석유메이저기업들이 가지고 있던 유전을 인수하고 국내 국영석유기업에게 석유공급의 독점적 지위를 부여하는 등 자원민족주의 색채를 나타내기 시작했다.

○ 신자원민족주의의 목적은 고유가에 따른 경제적 이익을 극대화하려는 데 있음.

- 따라서 과거에 나타났던 자산몰수, 강제 국유화 등의 과격한 진행과정은 나타나지 않으며 유전에 대한 산유국의 정부 지분 확대, 석유산업에 대한 각종 세율 인상, 외국계 석유회사와의 재계약 거절 및 계약조건 강화 등 경제적 수단을 활용한 통제에 주력하고 있음.

○ 또한, 각 산유국들은 석유자원에 대한 통제를 강화하면서도 첨단기술이 필요한 심해유전 및 노후유전 개발, 중질유(重質油) 분해, 천연가스 액화 등에서는 여전히 외국계 석유회사의 참여를 환영하고 있어 외국자본에 대한 무조건적인 배척을 추구했던 1970년대의 자원민족주의와는 다른 모습을 보이고 있음.

---

71) 2001~2002년부터 자원민족주의가 재등장했다고 보는 견해도 만만치 않음.
72) 이광우(2008) 참조.

이러한 자원민족주의는 인도와 중국 등 신흥개발도상국의 석유수요 급증에 따라 고유가가 지속되고 유전개발 경쟁이 치열해지면서 남미와 러시아에서 발생하였다.

○ 베네수엘라, 볼리비아 등 사회주의 성향을 지닌 정부와 신흥 산유국들 중 개발독재정부가 유전개발과 원유수출에 대한 정부 통제를 강화하고 확대된 이익을 국민에게 나눠주는 정책을 추진하기 시작

○ 자원민족주의의 재등장은 외국기업의 유전개발 비용을 상승시킴으로써 고유가의 주요 원인으로 작용

또한, 이러한 신자원민족주의의 대두와 확산은 소비국에서도 국가의 자원산업 개입 확대라는 새로운 자원민족주의를 낳고 있다.

○ 유전개발에 대한 접근이 어려워지자 생산국에서만 나타났던 과거와 달리 전세계 석유소비의 10%를 차지하는 중국과 3%를 차지하는 인도 등 석유소비국에서도 자원민족주의 움직임이 감지

○ 소비국의 자원민족주의는 석유수급을 안보적 차원에서 접근하려는 정부로부터 막대한 재정 지원과 외교적 지원을 받은 국영석유기업들이 해외유전 개발 프로젝트에서 낮은 수익성을 감수하거나 시장가격보다 터무니없이 높은 가격으로 유전을 인수하는 등 해외유전 개발에 전념하는 경우를 뜻함.

지난 1970년대에 고양된 자원민족주의는 1980년대에 들어서 유가하락과 함께 급속히 약화된 경험이 있다.

따라서 2005년 이후 산유국 전반으로 확대되고 있는 신자원민족주의의 향후 전망은 고유가의 고착, 독자적인 유전개발 능력 보유여부 등에 따라 좌우될 것으로 보인다.

○ 먼저, 고유가의 지속 가능성 고조는 유가상승의 혜택을 국부창출로 연결시키려는 산유국들로 하여금 신자원민족주의에 집착하게 만들 것으로 예상됨.
- 신흥개도국의 경제성장세 유지 및 석유수요 급증에 따른 국제유가의 상승세가 당분간 지속되고 수급불안의 주요 결정요인인 이란과 나이지리아 등에서의 지정학적 위험, 달러화 약세 움직임, 투기자본의 유입 등도 쉽게 해결

되진 않을 전망이기 때문임.

- 더욱이 세계 석유공급의 42%를 담당하는 OPEC의 소극적인 증산의지는 유가의 고공행진을 부채질할 것으로 보임.

○ OPEC 회원국 간 감산협조가 과거에 비해 잘 이루어지고 있고 세계 석유공급의 43%를 차지하고 비OPEC 산유국의 석유생산이 2002년 이후 감소세를 보이고 있으며 구소련 산유국들의 석유생산 증가세도 점차 둔화되고 있어 OPEC의 감산정책은 더욱 탄력을 받을 것으로 예상

○ 또한, 산유국의 유전개발 능력 향상 역시 외국계 석유회사를 배제하고 자원독점을 유지하려는 신자원민족주의의 버팀목으로 작용할 가능성이 높음.

- 그동안 산유국들은 고유가를 통해 벌어들인 자본을 국영석유기업에 투자해 대형화를 이룩하였고, 석유메이저기업과의 합작회사를 통해 유전개발 기술을 습득하였음.
- 그 결과 산유국들의 국영석유기업은 규모의 대형화와 독자적인 유전개발 기술을 보유하게 되었음.
- 물론, 노후유전 증산이나 심해유전 개발 등과 같은 첨단기술이 필요한 분야에서는 여전히 석유메이저기업들이 우위를 유지하고 있지만 국영석유기업들이 대규모 자금을 바탕으로 인수·합병을 통한 첨단기술 습득에 노력을 기울이고 있어 기술수준 격차는 점차 줄어들 것으로 예상됨.
- 아직까지 상대적으로 크게 뒤쳐져 있는 아프리카와 아시아 지역 국영석유기업들의 유전개발 기술 역시 산유국 간 유전개발 협력이 늘어남에 따라 점차 향상될 것으로 보임.

4.3 신자원민족주의의 유형

(1) 4가지 유형

○ 배경과 목표, 수단[73]에 따라 크게 4가지 유형으로 구분

---

73) 목적별 정책수단과 관련하여 어떤 수단을 동원하든 기존에 민간자본, 외국자본과 맺은 계약을 변경해야 하는데, 정부가 일방적으로 단행할 수도 있고("새로운 계약조건을 받아들이거나 떠나라"), 사전 협상을 통해 조율할 수도 있음. 흔하지는 않지만 민간자본과 외국자본이 보유한 자산과 지분을 강제로 유상(또는 무상) 몰수하기도 함. 일례로 2006년 에콰도르는 미국계 국제석유기업 소유의 석유자산을

[표 7-4] 신자원민족주의의 유형

구분	신자원민족주의			구자원민족주의의 지속
	급진적 자원민족주의	경제적 자원민족주의	연성 자원민족주의	유산 자원민족주의
배경	사회적, 정치적 격변, 고유가	고유가	고유가	외국인 투자에 대한 내재화된 거부감
목표	자원통제권, 재정수입 (자원무기화)	재정수입	재정수입, 자원 남용 방지	-
수단	국유화, 세금 인상, 규제 강화, 일방적 계약 변경	제한적 지분 확대, 세금 인상, 규제강화, 일방적 계약변경	세금 인상, 규제 강화	외국인 투자 금지
주요 사례	러시아, 베네수엘라, 볼리비아, 에콰도르	카자흐스탄, 알제리, 몽골	브라질과 OECD (특히 영국, 호주)	사우디아라비아 등 상당수 중동 산유국, 멕시코

○ 급진적 자원민족주의

- 1990년대를 풍미했던 신자유주의적 발전전략을 대체하는 새로운 발전전략
- 1990년대 신자유주의 개혁기에 외국자본이나 민간자본이 갖고 있던 자원통제권을 정부가 다시 확보하는 데 초점을 두고 기존 계약을 일방적으로 변경해 정부 지분을 인위적으로 증가시키는 경향이 있음.
- 세금 인상 등을 통해 재정수입을 확대하는 것도 중요하지만, 그것은 새로운 국가 발전비전을 실현하기 위한 수단으로서의 의미가 강함.
- 베네수엘라, 볼리비아 등 일부 라틴아메리카 좌파정권과 푸틴 시대 러시아가 해당됨.

○ 경제적 자원민족주의와 연성 자원민족주의

국유화하기 위해 군대를 투입하였음. 목적별 정책수단의 사례는 다음과 같음. 첫째 자원통제력 확보가 목적인 경우에는 자원 관련 프로젝트에서 정부(국영석유기업) 지분을 51~100%까지 확대하여 국유화하는 수단을 사용, 둘째 재정수입 확대가 목적인 경우에는 반드시 정부 지분 확대나 국유화를 동반할 필요는 없음. 물론 정부가 많은 지분을 차지할수록 자원 판매수익에서 재정으로 환수되는 부분이 커지겠지만, 이 경우 기존에 지분을 보유하고 있던 민간자본이나 외국자본, 그리고 국제사회의 거센 저항에 직면할 가능성이 높음. 따라서 온건한 재정수입 확대만을 꾀할 때는 지분 확대나 국유화보다는 세금이나 로열티를 인상하는 방법을 쓸 수 있음. 셋째 미래 자원 확보를 위해 현재의 자원 남용을 막기 위한 것이 목적인 경우에는 자원 개발이나 수출에서 물량 쿼터(제한)를 정하는 방법도 사용할 수 있음.

- 기존 발전전략과의 단절이라는 혁명적 목적이 아니라 경제적 동기에서 출발
- 자원에 대한 정부 통제권 확보보다는 세금 인상 등을 통한 재정수입 확대를 목적으로함.
- 다만, 그 수단에 있어서 카자흐스탄, 일제리 등 개발도상국에서 나타나는 경제적 자원민족주의는 일방적인 계약 변경을 동반하는 사례가 많지만, 영국과 호주 등 선진국과 브라질에서 나타나는 연성 자원민족주의는 그렇지 않음.
- 연성 자원민족주의와 달리 경제적 자원민족주의는 정부 지분 확대를 추진하기도 하지만 자원 통제권 확보보다는 재정수입 확대가 주목적임.

○ 유산으로서의 자원민족주의
- 국민 정서상 천연자원에 대한 외국인 투자 자체가 매우 어려운 경우로서 사우디아라비아를 비롯한 상당수 중동 산유국과 멕시코에서 나타나고 있음.
- 새로운 현상이 아니라 1930～1970년대에 형성된 자원민족주의가 문화적·제도적으로 굳어져 강력한 관성을 발휘하고 있는 경우임.

(2) 유형 구분이 함의하는 시사점

○ 자원민족주의가 단순히 고유가 혜택을 향유하기 위한 정책이나 고유가에 기생하는 정책만은 아니라는 점임.

○ 고유가가 자원민족주의 재부상의 직접적인 배경이긴 하지만, 라틴아메리카와 러시아, 중동 같은 소위 '문제 지역'에서는 자원민족주의가 국내의 정치적·사회적·문화적 구조에 뿌리를 내리고 있어 유가 변동과 무관하게 끈질긴 생명력을 발휘하고 있음.
- 또한, 이들 지역에 존재하는 자원무기화에 대한 지속적인 유혹 역시 자원민족주의의 생명력을 유지시키는 요인임.

4.4 신자원민족주의의 지속에 따른 국제석유시장의 변화 전망

신자원민족주의의 장기화는 석유수급 불균형의 만성화와 석유생산 비용 증가를 유발하면서 유가의 추가상승 가능성을 높일 것으로 전망된다.

○ 신자원민족주의를 고수하고 있는 산유국들은 신속한 유전개발과 시설증대를 통한 생산 확대보다는 개발 시기를 조절하여 이익 극대화를 추구하겠다는 전략을 가지고 있음.
- 따라서 이들이 생산능력 확충에 적극적으로 나서지 않음에 따라 국영석유기업들의 생산확대를 위한 재투자 저조로 석유생산 증가 폭이 점차 감소

○ 고유가 기조 고착에 대비해 미국, 일본, 프랑스 등 선진국들과 중국, 인도 등 신흥개도국들이 대체에너지 개발과 에너지 효율성 제고에 관심을 가지고 노력하고 있으나 단기에 큰 성과가 나타날 가능성은 낮음.
- 당분간은 유가에 대한 수요탄력성이 낮은 수준에 머무를 것으로 보이기 때문에 석유수급의 불균형은 중단기적으로 지속될 것으로 예상

○ 또한, 신자원민족주의는 유전개발 및 생산 비용을 상승시켜 유가상승에 영향을 미칠 것으로 예상

○ 산유국들은 유전개발 접근제한을 통해 해외 개발자에게 시장가격보다 높은 유전 매입가격, 사회간접자본 건설 지원 등을 요구하고 있어 유전개발 비용을 과도하게 발생시키고 있음.
- 그리고 유전개발 접근 제한은 석유메이저기업들을 심해유전, 오일샌드 등의 자원개발로 몰아내고 있어 탐사, 채굴, 수송, 정제 등에서 생산비용이 급격히 상승하고 있음.
- 따라서 신자원민족주의의 확산은 산유국의 유전개발 비용과 석유메이저기업의 생산비용을 증가시키는 요인으로 작용하면서 유가상승에 영향을 미칠 것으로 예상

한편, 2008년 기준으로 신자원민족주의 산유국에서 석유소비가 급증함에 따라 석유수출량 감소에 대한 우려도 제기된다.

○ 세계 석유수요에서 이미 큰 비중을 차지하고 있는 산유국들은 고유가 시대에도 내수시장에 저가로 석유를 공급하고 있어 에너지 절약과는 거리가 멈.

○ 또한, 좌파정부와 개발독재 정부가 국민들의 변함없는 지지를 유도하기 위해 석유가격 인상을 꺼리고 있으며, 인접 국가와의 관계 향상을 위해 국제유

가보다 싼 수출가격으로 주변국에게 석유를 공급

○ 더욱이 석유가격이 싼 산유국에서 국민들의 소득증가는 자동차 구입으로 이어지고 있어 향후 석유수요는 더욱 빠르게 증가할 것으로 예상

신자원민족주의가 계속 확산되면서 산유국 국영석유회사 간의 유전개발 협력도 확대될 것으로 보임에 따라 비산유국의 해외유전 개발 참여는 상대적으로 더욱 어려워질 전망이다.

○ 신흥 산유국들은 석유메이저기업과 상업적 관계를 구축함과 동시에 개도국의 국영석유회사와는 전략적 관계 구축을 원하고 있음.
- 신자원민족주의를 표방하는 산유국들은 유전개발에 있어서 산업개발, 복지개선, 인프라 확충 등 석유개발과 상관없는 부문까지도 요구하고 있는 것임.
- 그러나 석유메이저기업들은 이익극대화 추구 고수로 이러한 산유국들의 요구를 충족시켜주지 못하고 있음.
- 게다가 장기적 고유가를 희망하는 산유국은 소비국 입장을 대변하는 민간석유회사 보다 이해관계가 같은 타 산유국의 국영석유회사를 선호하는 측면이 있음.

○ 그 결과 비교적 유전개발 기술 수준이 낮은 신흥 산유국들은 경험이 있고 자금력이 뒷받침되면서 서로의 입장을 수월히 이해하여 높은 리스크와 낮은 수익률을 감수할 수 있는 다른 산유국 국영석유기업과의 유전개발 협력을 선호

○ 2008년 당시에는 경제적, 정치적, 군사적 협력을 추진하면서 산유국 간 결속이 더욱 강화되었고 해외유전 개발 참여 범위가 기업적 차원에서 범국가적 차원으로 확대되었음.
- 향후 산유국 국가 간 동맹관계가 강화될 것으로 예상되기 때문에 산유국의 국영석유기업 간 유전개발 협력은 더욱 늘어날 것으로 전망

4.5 고유가와 신자원민족주의 사이의 상관성을 바라보는 시각

2008년 하반기 글로벌 금융위기의 여파로 유가가 급락하면서 자원민족주의는 일시적으로 누그러지는 듯했으나, 세계경제의 회복과 중동사태로 인해 유가가 급등하면서 다시 우려가 커지고 있다.

○ 향후 고유가와 자원민족주의 사이에 악순환 고리가 형성되어 글로벌 석유수급에 장기간에 걸친 악영향을 초래할 수 있다는 점을 유념할 필요가 있음.[74)]

(1) 신자원민족주의의 특징

목적과 수단에 있어 매우 실용적인 면모를 보여주고 있다.

○ 1960~1970년대 자원민족주의는 다분히 정치적이고 이념적인 지향의 산물, 즉 개별 국가차원의 경제적 현상이라기보다는 구질서를 신질서로 대체하려는 국제정치적 현상이었음.[75)]

○ 반면, 2005년 이후 2008년 기준으로 주요 산유국들에서 나타나고 있는 석유자원에 대한 정부 통제 강화 경향은 현 석유 질서의 혁명적 재편이 아니라 현 질서의 유지를 전제로 좀 더 많은 이익을 누리기 위한 실용주의적 경향으로 파악할 필요가 있음.[76)]

실용적 국유화와 제한적 투자 개방은 다음과 같다.

○ 1970년대 국유화는 외국계 기업을 추방하고 자산을 몰수하여 국유화한 후 외국인 투자를 금지하는 방법으로 이루어졌음.

○ 그러나 2005년 이후에는 자산 몰수보다는 법률 개정 및 기존 계약조건 변경을 통해 석유 자원에 대한 정부 지분을 확대하고 세금 인상을 통해 추가

---

74) 이하 내용은 임수호(2011.07.) 참조.

75) 중동, 아프리카, 라틴아메리카 산유국들의 급진적인 석유자산 국유화는 단기적인 경제적 이익보다는 본질적으로 강대국과 국제석유기업에 대한 종속을 탈피하여 경제적 자기 결정권과 진정한 독립을 성취하려는 정치적 목적에서 추진되었음. 또한 이들 국가는 석유자산 국유화를 바탕으로 유가 인상, 생산량 감축, 수출 금지 등 집단행동을 조직화하여 그간 거대 국제석유기업이 조정해 온 국제 석유질서를 OPEC 중심으로 재편하였음. 나아가 이 시기 자원민족주의는 보다 큰 국제 연대운동의 일환이기도 하였음. 그 결과 유엔총회를 무대로 신국제경제질서 형성 운동을 전개했는데, 이 운동이 낳은 주요 성과 중 하나가 바로 자원에 대한 주권적 통제권의 확립이었음. 이에 따라 자원 국유화가 국제적으로 정당성을 획득하게 되었음.

76) 과거와 달리 2005년 이후에는 더 이상 전복할 '구질서'가 존재하지 않음. 이미 세계 석유자원의 대부분을 주요 산유국들이 국유화하였고, 무엇보다 OPEC 자체가 현 국제 석유질서로부터 가장 큰 혜택을 받고 있는 '질서 주관자'이기 때문임. 1970년대 석유자원 국유화 물결이 본격화되기 전까지만 하더라도 세계 석유 매장량의 75%와 생산량의 80%를 국제석유기업이 통제하고 있었으나, 2009년 기준 세계 석유 매장량의 88%와 생산량의 52%를 국영석유기업이 통제하고 있음. 특히, 세계 석유 매장량의 70%와 생산량의 41%를 OPEC 산유국의 국영석유기업들이 통제하고 있음.

이익을 확보하는 방식으로 전개되었음.

○ 특히, 석유자원 개발 프로젝트에서 타국의 국영석유기업이나 국제석유기업의 투자를 금지하기보다는 정부의 통제권을 유지하는 한도 내에서 오히려 장려하는 것이 특징

- 급진적 자원민족주의의 대표 국가인 볼리비아와 베네수엘라의 사례가 해당됨.
- 유산으로서의 자원민족주의 국가들(쿠웨이트와 이란) 역시 자국 석유자원 개발에서 제한적이나마 외국인 투자를 장려[77]

○ 자원민족주의 조류의 재등장에도 불구하고 석유자원 개발에서 국제석유기업이 참여할 수 있는 공간이 크게 감소한 것은 아니라는 점을 알 수 있음.

국영석유기업의 국제화는 다음과 같다.

○ 국내 석유자원에 대한 국영석유기업 지분의 '온건한' 증가와 함께 신자원민족주의의 실용적 특성을 보여주는 또 하나의 지표는 국내외 석유자원 탐사 · 개발 · 생산(상류부문), 저장 · 수송(중류부문), 정제 · 판매(하류부문)에서 국영석유기업이 타국 국영석유기업이나 국제석유기업과 공동으로 사업을 전개하는 사례가 크게 증가하고 있다는 사실임.[78]

○ 국영석유기업의 국제화와 관련하여 문제점 중 하나로 지적되는 것이 국영석유기업 간 유착현상인데, 이는 국내외 석유자원 개발에서 '제3세계' 국영석유기업끼리만 협력하고 국제석유기업은 배척하는 경향을 지칭함.

---

77) 그간 외국인 투자 부재로 생산능력이 지속적으로 감소한 상황에서 유가상승에 따라 증산 필요성을 절감하고 있기 때문임. 그러나 쿠웨이트와 마찬가지로 이란도 외국계 석유기업이 유전 지분을 보유하는 것은 허용하지 않고 있기 때문에 국제석유기업들에게는 투자 매력이 떨어짐. 이 때문에 이란 석유자원에 대한 외국인 투자는 주로 중국 등 경제적 동기보다는 자원안보 차원에서 접근하는 나라의 국영석유기업이 주도하고 있음.

78) 주요 산유국의 국영석유기업과 산유국이면서 주요 석유소비국인 나라의 국영석유기업의 행동 패턴에는 분명히 일정한 차이가 있음. 주요 산유국 국영석유기업은 해외 상류부문 진출보다는 국내 생산능력 확충에 초점을 두고, 국내 자원 개발의 경우 자본이나 기술적 제약으로 불가피한 때에만 제한적으로 외국인 투자를 장려하고 있음. 그러나 중류와 하류 부문에서는 자원 수출의 부가가치를 제고하고 해외 판매처를 확보하기 위해 다양한 방식으로 적극적으로 해외진출을 꾀하고 있음. 반면, 산유국인 동시에 주요 석유소비국인 국가의 국영석유기업은 상류부문과 하류부문을 가리지 않고 적극적으로 해외진출을 꾀하는 것이 특징임.

○ 국영석유기업 간 유착현상이 나타나는 이유는 다양

- 국제석유기업 입장에서 보면 주요 산유국의 투자 제한과 규제 강화로 인해 투자 매력이 떨어진 것이 원인일 것임.[79)]
- 산유국 정부들이 국제석유기업보다는 국영석유기업, 특히 신흥국 국영석유기업과의 합작을 선호하는 것도 주요 원인인데, 이들 신흥국 국영기업은 단기적인 이윤보다는 장기적인 공급선 확보 차원에서 해외 석유자원에 투자하기 때문에 산유국 정부에게 다양한 혜택을 제공함.[80)]
- 또한, 선진국계 국제석유기업이나 국영석유기업은 자국의 군사력, 경제력, 외교력을 등에 업고 산유국 정부를 압박할 수 있지만, 신흥국은 그럴 여력이 없다는 것도 이들을 선호하게 만드는 요인 중 하나임.

○ 그러나 이와 함께 국영석유기업과 국제석유기업과의 공동 프로젝트 역시 지난 10년간(1997년과 2007년의 자료 비교) 약 2배가량 증가했으며, 특히 국영석유기업과 국가와 민간기업이 지분을 모두 갖고 있는 Hybrid 소유형태 석유기업 간의 공동 프로젝트 역시 10배 이상 증가한 것을 알 수 있는데, 이는 국영석유기업의 자원민족주의적 경향과 국제화 경향이 동시에 진행되고 있음을 보여주는 지표라고 하겠음.

○ 결론적으로 국영석유기업의 국제화는 다면적 모습으로 전개되고 있음.

- 국영석유기업 간 유착은 분명한 추세이지만, 국영석유기업과 국제석유기업 간 상호의존 역시 증가하고 있으며 이를 통해 국영석유기업이 과거에 비해 글로벌 경제 네트워크 속으로 보다 깊숙이 편입되고 있는 것도 분명한 사실임.
- 이러한 양면적 흐름이 경제적 남북(선진국-개발도상국) 간 협력증진에 기여할지, 아니면 또 다른 남북대립으로 귀결될지는 아직 미확정이라고 보는 것이 타당할 것임.

---

79) 베네수엘라와 볼리비아의 사례에서 보듯이 산유국 정부들은 언제든 국제석유기업의 투자지분을 회수할 수 있어 투자 위험도가 증대하였고, 또한 고율의 세금과 로열티가 새로 부과되어 그만큼 수익률이 하락하였음.

80) 중국은 해외 석유자원을 확보하기 위해 해당 국가의 인프라 확충을 포함한 다양한 개발 패키지를 제공함. 여기에는 장기 개발차관도 포함되는데, 2009~2010년의 2년간 중국이 해외 석유·천연가스 자원 확보를 위해 앙골라, 볼리비아, 브라질, 에콰도르, 가나, 카자흐스탄, 러시아, 투르크메니스탄, 베네수엘라 등 9개 국가에 제공한 장기 차관만 770억 달러에 달함. 이와 관련하여 Jiang,J.&Sinton, J.(2011) 참조.

자원무기화와 집단행동의 딜레마는 다음과 같다.

○ 자원무기화 역시 1970년대에는 OPEC을 중심으로 집단행동 양상으로 전개되었으나, 이번에는 특정 국가에서 제한적으로만 나타나고 있음.
- 2000년대 들어 석유자원 무기화를 공공연히 위협하거나 실행한 나라는 베네수엘라, 이란, 이라크 등임.[81)]
- 그러나 베네수엘라나 이란의 수출중단 위협만이 아니라 이라크의 실제 수출중단 역시 국제유가에는 거의 아무런 영향을 미치지 못하였음.

○ 1970년대와 달리 이번에 자원무기화 정책이 효과를 발휘하지 못하는 이유는 주요 산유국들이 집단행동에 동조하지 않고 있기 때문[82)]

(2) 고유가시대의 자원민족주의

지금까지의 현황과 특징을 종합해 보면, 아직은 新남북대립을 이야기하기는 이른 시점이며 가장 우려되는 자원무기화 역시 집단행동이 나타날 가능성은 높지 않은 것으로 판단된다.

문제의 핵심은 앞으로 장기 고유가시대가 전개된다는 데 있다.

○ 고유가는 자원민족주의를 격화시키고, 자원민족주의는 고유가를 고착시킴.
- 양자 사이에 악순환 고리가 형성되면 폭발적으로 분출하였다 스스로 자멸한 구자원민족주의에 비해 세계경제에 더 영속적인 상처를 남길 수 있음.

---

81) 물론, 자원무기화를 가장 노골적으로 추구한 나라는 푸틴 시대 러시아지만, 러시아의 경우 석유자원이 아니라 '가스자원'을 무기화하였고, 파이프 수송의 특성상 그 파급 효과가 중앙아시아와 유럽 지역에 국한되었기 때문에 여기에서는 제외함.

82) 과거와 달리 산유국들의 집단행동이 발생하지 않는 이유는 다음과 같음. 먼저 집단행동을 가능케 하는 이념적 공통분모가 없기 때문임. 1970년대 산유국들의 집단행동은 '남북 대립'이라는 이데올로기적 균열과 경제적 종속 탈피 및 신국제경제질서 형성이라는 발전모델 공유에 기반하고 있었으나 이번에는 이러한 분명한 균열과 이념적 지향이 존재하지 않음. 물론 1990년대 중, 후반에 경제위기를 겪으면서 개발도상국에서 신자유주의 발전모델이 퇴조하고, 그 대안으로 자원민족주의가 부상한 것은 사실이나 아직 이념적 지향으로서의 자원민족주의는 러시아와 라틴아메리카에 국한되어 있고, 그나마 이념성 자체도 1970년대에 비하면 많이 약화되었음. 다음으로 과거로부터의 학습효과 역시 산유국들의 집단행동을 가로막고 있음. 즉, 1970년대 OPEC의 집단행동은 글로벌 석유수요를 감소시켜 장기 저유가 시대를 초래했고, 그 피해는 OPEC 회원국들 스스로가 감내해야 했던 경험을 공유하고 있는 것임. 또한 1970년대와 달리 주요 석유 수입국들은 전략 비축유제도 등을 통해 산유국의 집단행동을 완충할 장치를 마련해 놓았음. 그렇지 않아도 기후변화 문제 때문에 화석연료를 원자력이나 신재생에너지로 대체하려는 움직임이 활발해지고 있는 상황에서 산유국들의 자원무기화는 이러한 경향을 더욱 촉진시킬 것으로 예상되기 때문에 집단행동을 실행에 옮기기란 쉽지 않음.

장기 고유가시대의 도래는 다음과 같다.

○ 글로벌 석유시장은 이미 2000년대 초반부터 장기 고유가 국면으로 진입하였음.

○ 이는 공급증가가 수요증가를 따라가지 못하는 펀더멘털 차원의 변화를 반영하는 것이기 때문에 투기나 일시적인 경기변동, 지정학적 불안정 등에 따라 단기적으로 유가가 등락 할 수는 있어도 장기 고유가 추세 자체는 지속될 것으로 전망됨.[83)]

○ 향후 세계 각국이 화석연료 의존도를 감소시키고 대체에너지 개발에 지속적으로 노력하더라도 중국, 인도를 비롯한 신흥국과 개발도상국의 경제 발전에 따라 세계 석유수요는 더욱 커질 것이며, 중동과 아프리카, 라틴아메리카 등 OPEC에 대한 의존도 역시 더욱 증가할 것으로 전망됨.[84)]

○ 그런데 이러한 수급 균형을 맞추기 위해서는 2010～2035년까지 매년 3,100억 달러, 총 8조 달러(2009년 실질가격 기준)의 신규 투자가 필요할 것으로 추정되고 있음.

○ 다시 말해서 이 정도 규모의 투자가 이루어지지 않으면 공급 차질이 발생하여 공급이 수요를 밑도는 상황이 발생할 가능성이 높아지고, 그러면 수급 균형을 전제로 예측된 유가는 훨씬 높은 수준으로 상승할 것임.

○ 문제는 이러한 투자가 이루어질 수 있을지 여부가 매우 불확실하다는 사실임.[85)]

글로벌 석유수급에 미치는 영향은 다음과 같다.

○ 고유가는 산유국 정부의 자원민족주의 정책을 활성화시키는 가장 중요한 배경임.

---

83) IMF(2011) 참조.
84) IEA(2010) 참조.
85) IEA(2010) 참조.

- 고유가가 자원민족주의의 근본 원인인지에 대해서는 이견이 있지만, 양자가 매우 강한 상관관계를 가지고 있다는 것은 이미 역사적으로 증명된 사실임.

○ 문제는 자원민족주의가 고유가에 기생할 뿐 아니라 고유가 자체를 고착화시키고 장기화시킨다는 데 있음.[86)]

○ 자원민족주의가 생산에 미치는 영향

- 국제석유기업은 단기 이윤 논리에 따라 움직이기 때문에 유가가 상승하면 고유가 혜택을 향유하기 위해 증산을 실시하고, 그 결과 유가는 하락함.
- 국영석유기업은 정부의 장기적인 전략적 계산에 따라 증산 여부를 결정하기 때문에 고유가가 반드시 증산으로 이어지지는 않음.
- 증산은 결국 유가하락을 가져오기 때문에 고유가 혜택을 장기간 향유하기 위해서는 증산을 억제해야 함.
- 반면, 증산이 이루어지지 않아 고유가 국면이 장기화되면 석유수요가 감소하여 장기 저유가 국면이 도래함.
- 따라서 OPEC의 생산량 정책은 항상 양자 사이에 '적절한' 균형을 맞추는 방식으로 이루어짐.

- OPEC內 사우디아라비아의 행동은 어디까지나 '적정 고유가'를 장기적으로 유지하기 위한 정책일 뿐임.
- 고유가 국면이 전개될 경우, 자원 무기화를 시도하는 국가들(증산 자체를 반대하거나 오히려 감산을 실행하는 국가들)이 나타나면 사우디아라비아는 증산을 통해 이를 저지하며, 단기적인 초과 지대를 향유하기 위해 할당량 이상의 증산을 실행하는 나라들이 나타나면 사우디아라비아는 감산계획을 발표하여 유가를 안정시키거나 반대로 더 큰규모의 증산을 통해 유가를 하락시킴으로써 이들의 증산계획을 좌절시킴.
- 이 경우 사우디아라비아 역시 피해를 입기는 하지만, 유가의 장기 하락을 막고 석유 질서를 유지한다는 장기적인 이익을 위해 단기적 비용을 부담하는 것임.[87)]

---

86) 유가를 하락시키기 위해서는 생산이 증가하든 수요가 감소하든 둘 중 하나가 필요함. 그런데 생산이 증가하기 위해서는 단기적으로는 기존 생산능력 하에서 증산이 이루어져야 하고, 장기적으로는 상류부문에 대한 투자가 증가하여 생산능력 자체를 끌어올려야 함.

87) 1990년대 중반 베네수엘라가 할당량 이상으로 생산량을 늘리자 사우디아라비아는 증산을 통해 유가를 하락시켜 베네수엘라의 생산량 감축을 유도하였음. 이와 관련하여 최성희(2006) 참조.

- 글로벌 석유시장의 견지에서 볼 때 자원민족주의는 석유공급에서 국영석유기업의 영향력이 증대하는 현상이며, 이는 사우디아라비아의 조정을 통해 OPEC의 인위적인 가격결정능력 증가로 귀결됨.
- 따라서 각국의 석유 생산에서 국영석유기업의 비중이 증가하고 이에 비례하여 국제석유 기업의 비중이 감소할수록 세계시장에서 석유공급의 가격탄력성은 감소하며, 그 결과 고유가는 장기화되고 고유가는 다시 자원민족주의를 부추김.
- 이에 따라 자원민족주의와 고유가의 악순환 고리가 형성될 가능성이 높음.

○ 자원민족주의가 투자에 미치는 영향
- 장기적인 생산능력이 증가하기 위해서는 상류부문에 대한 투자가 증가해야 하는데, 자원민족주의는 지분 제한, 각종 규제, 세금 인상 등을 통해 자국 석유자원에 대한 외국인 투자를 제한함.
- 자원민족주의가 발호한 나라들은 주로 석유 매장량이 풍부하고 생산단가가 낮은 나라들임.
- 따라서 국제석유기업의 투자는 점점 더 생산단가가 높은 지역으로 몰리게 되고 그 결과 장기적으로 글로벌 차원에서 생산능력이 위축되고 평균 생산단가가 상승하여 이중의 유가상승 압력을 창출함.
- 이러한 압력은 자원민족주의가 세계 각국으로 점점 더 많이 확산될수록 증가할 것임.
- 특히, 고유가 국면에서는 산유국 정부의 재정수입이 확대되기 때문에 외국인 투자에 의존할 필요성이 감소하여 이는 다시 외국인 투자를 차별하는 자원민족주의 정책을 강화시킴.
- 물론 외국인 투자, 특히 국제석유기업의 투자가 감소하더라도 자국 국영석유기업의 투자가 감소분 이상으로 증가하면 문제는 없음.
- 특히, 고유가 국면에서는 국영석유기업의 이윤이 증가하므로 투자여력도 그만큼 커질 것이라고 예상할 수 있음.
- 그러나 국영석유기업은 이윤 창출과 함께 정부의 다양한 정책적 목표에 기여해야 한다는 이중 목표에 노출되어 있기 때문에 이윤은 석유 생산능력의 유지와 확대만이 아니라 다양한 정부시책을 위해 전용될 소지가 다분함.
- 더욱이 국영석유기업은 정부가 할당한 수익목표를 채우기 위해 생산능력 확충을 위한 투자보다는 기존 생산능력을 최대한 활용하는 데 매달리는 경향이 있으며, 이것이 투자 여력을 더욱 감소시킴.

- 자원민족주의는 대외적으로는 민족주의적 성향을 띠지만, 대내적으로는 소득재분배에 대한 평등주의적 압력을 강화시킴.
- 따라서 국영석유기업 이윤의 상당 부분은 사회보장성 프로그램에 투여되거나 국민소득을 직간접적으로 보전하는 데 이용됨(투자여력이 크지 않음을 의미).

○ 자원민족주의가 소비에 미치는 영향
- 자원민족주의는 가격에 대한 수요탄력성을 제약하여 고유가에 따른 수요 감소를 지연시킴.
- 자원민족주의 하에서 평등주의적 압력은 국영석유기업의 이윤을 사회보장성 프로그램에 투여하는 방식으로 해소되기도 하지만, 보다 보편적인 것은 석유보조금 지급임.
• 즉, 국내 산업과 국민들에게 값싼 혹은 심지어 원가 이하의 석유를 제공하여 정치적·사회적 불만을 무마하는 것임.
- 이는 국내 석유소비를 인위적으로 증가시키고, 그 결과 수출물량을 감소시켜 결국 유가 상승의 이중압력을 창출함.[88]

자원민족주의의 미래는 다음과 같다.

○ 구자원민족주의는 1951년 이란의 석유자원 국유화에서 시작되어 1979년 2차 오일쇼크에서 절정에 도달하기까지 29년의 시간이 소요되었음.
- 29년의 기간 중에서 실제 세계경제에 대혼란을 초래한 것은 마지막 6년이었고, 나머지 23년은 폭발적 분출을 준비하는 숙성 기간이었음.

○ 신자원민족주의는 길게 잡아도 당시 시점으로 막 10년을 경과하고 있을 뿐임.

○ 장기 고유가시대와 더불어 자원민족주의는 앞으로도 오랫동안 지속될 전망임.

○ 자원민족주의의 미래와 관련하여 단기적으로 가장 우려되는 부분은 물론 중동지역의 지정학적 불안정임.

---

88) 2000년대 초반 베네수엘라의 1갤런당 국내 휘발유 가격은 0.11달러, 이란은 0.21달러, 사우디아라비아는 0.64달러를 기록하였음. 이는 OECD 국가 중에서 가장 낮은 휘발유 가격을 유지하고 있는 미국(2.10달러)보다 현저히 낮음. 이와 관련하여 Jaffe, A. M.(2007) 참조.

○ 지금까지 신자원민족주의가 세계경제에 별다른 악영향을 주지 못한 것은 중동지역이 이에 편승하지 않고 오히려 완충역할을 했기 때문이나, 중동사태를 감안할 때 안심할 수 있는 상황은 아닌 듯함.

- 1990년대 신자유주의 개혁기 동안 다른 지역에서는 자원민족주의 정책이 폐기되었지만 중동지역에서는 단지 잠복했을 뿐이라는 점을 유념할 필요가 있음.
- 중동 민주화시위가 확산되어 아랍 민족주의에 대한 대중의 압력이 커질 경우 자원민족주의가 다시 발호할 가능성은 매우 높음.

○ 중동정세가 다시 안정되더라도 자원민족주의가 '찻잔 속 태풍'으로 끝나지는 않을 것 같음.

- 오히려 장기적인 관점에서 볼 때 자원민족주의가 성장할 수 있는 더 비옥하고, 더 구조적인 자양분은 아시아에서 올 가능성이 높음.
- 중국과 인도 등 아시아 신흥국 경제가 빠르게 성장하면서 세계 석유수요 증가를 견인하고, 그 결과 세계적으로 석유 수급구조가 매우 타이트해질 것으로 예상되고 있음.

고유가와 자원민족주의 간의 상관관계는 다음과 같다.

○ 산유국의 정정불안이나 자연재해가 없더라도 수급 펀더멘털이 타이트해지면서 장기 고유가시대가 전개될 것이라는 전망임.

○ 고유가는 자원민족주의를 확산시키고 격화시킴과 동시에 역으로 자원민족주의는 생산, 투자, 소비의 가격탄력성을 제약함으로써 고유가 국면을 고착시키고 장기화시킴.

- 향후 고유가와 자원민족주의가 악순환 고리에 빠져들 가능성을 예감케 하는 부분임.

5. 정책패러다임의 전환

5.1 뒷북만 쳐대는 에너지정책[89)]

(1) 일본의 에너지정책

○ 일본은 오일쇼크 직후 신에너지 연구개발을 목표로 '선샤인 계획(1974년)'을 내놓았음.
- 태양광 · 지열뿐만 아니라 당시 세계 많은 나라가 관심조차 갖지 않았던 석탄 액화기술과 수소에너지에도 수억 엔의 연구개발비를 투자하기 시작

○ 1978년부터는 에너지 수요 전반을 구조조정하는 '문라이트 계획' 이, 1993년엔 '뉴선샤인 계획' 이 탄생해 신에너지 개발과 환경문제 해결을 아우르는 에너지 대계가 완성되었음.

○ 이들 세 가지 계획을 진행하면서 정부가 투자한 돈은 1조 3443억 엔에 이름.

○ 일본이 우리보다 나았던 것은 에너지에 대한 선견지명이나 기민한 스타트만이 아니라 질려버릴 정도로 끈질긴 추진력이 그 핵심

○ 이미 에너지효율 최고 국가로 거듭난 일본은 2030년을 내다본 '신 국가에너지전략' 을 업데이트했음.
- 지난 30년간 에너지효율을 37%나 높였지만 앞으로도 추가로 효율을 30% 더 높일 것이며, 석유의존도도 40% 이하로 끌어내리겠다는 것이 목표

한국에도 열관리법, 에너지이용합리화법, 1 · 2차 국가에너지기본계획, 에너지기본법 등 비슷한 대책은 있었으나 정책 간 상하관계가 복잡했고, 30년간 에너지 정책만을 연구해 온 달인과 같은 사람이 부재한 실정이다.

○ '2030년 국가에너지 기본계획' 을 발표하면서 대통령은 "건국 이래 처음 내

89) 매일경제(2008.09.09.) 참조.

놓는 에너지 장기계획"이라며 의미를 부여했지만 의미를 부각할수록 탄식이 터져 나오는 것은 왜일까?
- 재원조달 방법에 대한 정부 대책부터 신뢰 저하

○ 구체적이며 실천 가능한 전략 하에 실효성 있고 지속가능한 일관된 에너지 정책의 수립 및 추진이 절실
- '2030년 국가에너지 기본계획'이 차질 없이 계획대로 추진되길 기대

5.2 정책 대응의 방향성[90)]

글로벌 자원위기에 대처하기 위해서는 정책 패러다임의 전환이 이루어져야 한다.

○ 당시의 고유가 위기 상황은 1970년대 오일쇼크와 같은 기존의 단기적 자원위기 상황과는 근본적으로 다름.
- 구조적이고 장기적인 자원 부족 시기로 전환되고 있다고 할 수 있음.

○ 이를 감안할 때 정책 대응은 다음과 같은 세 가지 방향 전환에 바탕을 두어야 할 것임.

(1) 산업의 자원효율성 제고[91)]

무엇보다 먼저 제조업 보호를 위해 가격 메커니즘을 왜곡하는 정책에서 벗어나 자원효율적인 산업구조를 조성하는데 역점을 둬야 할 것이다.

○ 과거에는 산업용 전력요금 안정이나 에너지·환경 규제 정책 측면에서 기업의 충격을 완화하는 방식으로 산업을 '보호'하는 정책이 주종을 이루었음.

○ 일시적인 위기 대처나 공업화 초기에 유효했던 이와 같은 정책은 장기적으로 경제적 자원배분을 왜곡하는 위험성이 있음.

---

90) 경제연구실(2008a) 참조.
91) 자원효율성 측면에서 선진국 수준으로 크게 개선되지 않는다면 우리 경제는 산업경쟁력 상실 위기에 노출될 가능성이 있음. 지금 우리 산업이 새롭게 변신하지 않으면 과거보다 더 심한 넛크래커(Nut-Cracker) 상황에 빠질 수 있음. 이와 관련하여 경제연구실(2008b) 참조.

○ 세계적인 에너지 수급 및 그에 따른 에너지 가격 흐름에 대해 과도한 정책 버퍼를 제공함으로써 우리 경제의 체질을 취약하게 만든 것임.

○ 에너지 위기 발발 시 우리나라가 다른 나라에 비해 큰 충격을 받는 것은 이러한 취약한 체질과 관련이 깊음.

○ 앞으로는 자원 가격의 상승을 적극적으로 반영하여 가격의 시그널링 효과를 제고하는 정책이 필요함과 아울러 자원 효율적 산업구조로의 전환을 위한 노력이 필요

- 우리의 산업용 전력 요금은 OECD 평균 수준보다 훨씬 낮음.
  - 우리 요금을 100으로 했을 때 OECD 평균은 189.5로 나타나고 있어, 미국 등 일부 국가를 제외할 경우 우리의 산업용 전력 가격이 가장 저렴함.
- 국내 전력 가격도 점차 OECD 평균 수준으로 높여갈 것이라는 시그널을 장기적으로 제공하여 기업들이 에너지를 더 효율적으로 사용하도록 촉구할 필요가 있음.
- 에너지 가격을 현실화하는 과정에서 추가적으로 확보된 세수를 자원 절약 및 신재생에너지 기술 개발 지원을 위한 재원으로 활용하는 방안을 검토할 필요가 있음.
- 아울러 가계의 에너지 절감을 위한 정책적 고민도 있어야 할 것임.[92]
  - 일례로 가정용 전력 요금에 대한 누진세는 지속적으로 유지 · 강화할 필요가 있음.
  - 이를 통해 확보된 자금으로는 정책 취지를 살리기 위해 가정의 단열 창호 등 단열설비 확충에 대한 지원이나 자원가격 상승에 취약한 계층을 위한 생계용 에너지나 저소득층 난방요금 지원 등에 활용하는 것이 바람직
  - 일례로 에너지원 간 상대적인 가격차로 초래된 소비구조 왜곡으로 연간 1조원에 육박하는 국가적 손실이 발생하는 것으로 나타났음.[93]
  - 2008년 8월 8일 한국전력은 내부 보고서를 통해 경유, 등유와 같은 1차 에너지 가격급등으로 2차 에너지인 전력 · 도시가스로 수요가 몰리며 초래된 손실이 연간 9000억 원에 달한다고 분석
- 한전은 이에 대해 "지난 30여 년 동안 저가 전기요금 정책이 산업 부문의 에너지 과소비를 조장하는 결과를 초래했다"고 주장

---

92) 무절제한 전기 사용을 막기 위해서는 기존의 전기요금 체계를 바꿔야 한다는 지적이 많음.
93) 이하 내용은 매일경제(2008.08.09.) 참조.

- 값싸고 안정적인 전기 공급이 산업 발전에 밑바탕이 된 것은 사실이지만, 에너지효율 개선에 대한 노력을 소홀히 하게 됐다는 것이 한전측 주장임.
- 한전 보고서는 온실가스 감축 의무국 지정에 미리 대비하기 위해서도 에너지 가격 현실화가 필요하다고 주장했음.
- 전력(발전, 34.3%)과 산업부문(31.5%)이 온실가스 배출 기여도에서 매우 높기 때문

우리 경제 전반의 자원효율성 제고를 위한 규제와 지원도 필요하다.

○ 자원효율성 제고를 위한 정책 외에 철도 이용도 제고나 자가용 차량의 도심 지역 진입규제와 같은 정책이 수송 분야의 자원 절감을 위한 대안으로 고려할 수 있음.

○ 공공조명과 같은 부분에서 효율적인 조명기구의 설치 유도와 같은 방식에 의한 자원 절감 방안도 모색되어야 함.

(2) 탈 화석연료 시대 개척

그동안 화석연료 중심의 정책으로 인해 신재생에너지에 대한 정책적 대응이 미흡하였다.

○ 그 결과 우리 기업들의 대응이 지연되어 신재생에너지 분야에서 선진국과의 기술 격차가 크게 벌어져 있음.
- 자원 대체 기술이나 신재생에너지 분야를 우리의 성장엔진으로 활용하기 위한 적극적인 노력이 절실한 상황임.

○ 시장이 급팽창하고 있는 에너지 절감 및 화석에너지 대체 기술개발에 박차를 가할 필요가 있음.

○ 우리나라만의 특징을 살린 차세대 에너지 기술에 대한 지원 및 투자도 절실함.
- 화석연료를 대체하는 신재생에너지는 국가의 지형이나 기후조건에 부합해야 되기 때문임.
- 예를 들면 바람이 많은 제주도의 경우 풍력발전의 잠재력이 크므로 이를 활용할 필요가 있음.

○ 신재생에너지 정책의 경우 독일이나 프랑스와 같은 사례에서 발견되는 강력한 수요 드라이브 정책의 도입을 적극 검토할 만함.

- 독일의 경우 신재생에너지 전력 비중을 2012년 12.5%, 2020년 20%, 2050년 50% 등으로 끌어 올릴 계획임.

• 이를 위해 풍력은 1kWh[94]당 5~14 센트, 태양에너지 45.7~62.4 센트 등의 보조금을 지급하고 있음.

- 원자력 발전 비중이 78.4%에 이르는 프랑스의 경우에도 전력 독점기업인 EdF에게 자국 내에서 생산된 신재생에너지를 전량 구매하도록 강제하고 있음.

• 또한, 신재생에너지 1kWh에 대한 보조금을 바이오매스 14센트, 지열 에너지 12~15센트, 해상 풍력발전 13 센트씩 지급하는 등 강력한 지원 정책을 실시하고 있음.

- 그 결과 IEA 발표 자료에 따르면, 신재생에너지가 전체 국내 소비 에너지 중에서 차지하는 비중이 2008년 기준 독일은 4.9%, 프랑스 6.0%에 이르러 한국의 1.2% 보다 월등히 높게 나타났음.

○ 이러한 시장 조성 지원책은 기술개발 지원과 더불어 우리 경제의 환경기술 경쟁력을 향상시켜 신성장산업 육성 효과도 갖게 될 것임.

- 환경산업은 제조업의 기술을 기반으로 서비스업으로 확장되는 성격을 띠고 있어 의외로 큰 고용창출 효과를 기대할 수 있는 분야로 각광받고 있음

○ 그동안 신성장산업에 대한 우리 정부의 정책에서 가장 큰 문제점으로 꼽히는 것이 'Stop & Go' 정책임.

- 대체에너지와 같은 차세대 산업에서 성과를 내는 데는 일관성 있는 정책의 꾸준한 시행이 필요조건임.

(3) 외부충격 흡수를 위한 자원 확보

정부는 그동안 시장 중심의 자원 구매를 추진하여 왔다.

○ 그 결과 자주개발 비율(해외 유전개발을 통한 원유 및 가스 조달 비율)은 상당히 낮은 상황임.

94) 킬로와트시(kilowatt hour) : 일・열량 및 전력량 등의 에너지 단위임. 기호는 kWh이며 전력량, 특히 전력요금 산정에 쓰임. 1와트(W)의 비율로 1시간에 변환 또는 소비되는 에너지(전력량 등)를 1와트시(Wh)라 하고, 이것의 1,000배를 1kWh로 나타냄.

자원위기 시기에 외부 충격을 흡수하기 위해서는 단순한 시장구매에 대한 절대적 의존에서 벗어나 장기계약이나 자원 보유국으로부터의 직구매를 포함한 소싱 능력의 제고, 자주개발의 확대 등의 방법을 병행하여 안정성을 제고할 필요가 있다.

○ 원유, 광물 등에서 가격이 상승함에 따라 2000년 이전에는 주목을 받지 못했던 자원개발에 대해 관심과 참여가 늘어나기 시작했음.
- 인도와 중국 등 거대 개도국들은 안정적인 자원 확보를 위해 자원 탐사와 개발에 적극 참여하고 있음.
- 또한, 선진국의 메이저 기업들과 개도국의 국영기업들 간의 참여경쟁이 치열해지면서 남미, 러시아, 중앙아시아, 아프리카 등의 자원 보유국에서는 광구 단가를 높이면서도 자원개발과 무관한 국내의 복지 및 인프라 개발에도 참여를 요구하는 신자원민족주의가 대두하고 있음.
- 수요와 공급 양 측면에서 자원개발 참여 비용이 높아지고 있는 것임.

○ 해외 자원개발은 우리 기업들의 기술력과 자금력을 고려한 접근이 필요함.
- 기술 수준이 비교적 우리 기업들보다 낮고 자금력이 부족한 신흥개도국인 중앙아시아와 아프리카 등 지역의 경우 한국형 경제개발 노하우 전수, 교통 등 인프라 건설, 원유 정재나 석유제품 생산을 위한 화학플랜트 건설 등을 결합한 패키지형 자원개발 진출이 효과적임.
- 그러나 이러한 신흥 개도국들은 정치적으로 불안정한 곳이 많고 안정적인 사업계약 이행이 어려운 단점이 있음.
- 이 때문에 캐나다와 호주 등 자원 보유 선진국에서의 자원개발에도 지속적인 관심을 가질 필요가 있음.
• 이들 선진국은 신흥 개도국들에 비해 자원 조달 비용이 더 많이 들지만 상대적으로 자원 공급의 안정성이 높기 때문에 안정적인 자원 확보 차원에서 진출을 고려

○ 지속적이고 안정적인 자원공급을 위해서는 해외 자원개발과 함께 공급 측면에서의 소싱(sourcing) 능력 제고에 초점을 맞춰야 할 것임.
- 이를 위해 자원개발에만 집착하지 말고 유사시에 대비한 물량 확보 능력을 강화하는 데도 관심을 기울여야 할 것임.
- 수익성을 어느 정도 희생한 국가 차원의 자원 확보전략에 민간 차원의 자원개발 비즈니스를 연계해 자원에 대한 자주개발 비율을 높여야 할 시점임.

- 원유 및 가스 자주개발 비율의 경우 일본은 2007년 기준 9.8%인데, 2030년 정부 목표치가 40%임.
- 한국은 2008년 기준 4.2%로서 2012년 정부 목표치는 18.1%이었음.

5.3 MB정부의 녹색성장 액션플랜[95)]

MB정부가 녹색성장을 위한 '그린에너지 산업발전전략'을 발표하였다.

○ 이 전략은 녹색성장의 첫 번째 세부 실천계획으로서 에너지절약은 물론 신재생에너지 산업을 성장동력화하고 수출산업화하는 새로운 전기를 마련하겠다는 취지

우리나라가 기존 에너지를 대체하는 새로운 에너지원을 개발하고 보급하는 것은 국가경제의 견실성 유지라는 측면에서 우선 중요하다.

○ 나아가 인류의 공통 과제인 온실가스 배출 억제와 지구온난화 방지를 위해서도 친환경적인 그린에너지 산업을 발전시키는 것은 시급한 과제

정부는 출발이 늦은 만큼 '선택과 집중'을 통한 산업 육성을 강조하였다.

○ 즉, 동 분야에 향후 5년간 3조원이 연구개발(R&D) 자금으로 우선 투자됨.
- 주요 대기업들 역시 8조원 규모의 투자계획을 밝혔으며, 이에 맞춰 관련 규제도 대폭 정비될 예정

○ 그러나 태양광, 풍력, 수소연료전지 등 신재생에너지를 개발하고 보급하는 게 그리 쉬운 일이 아님.
- 2008년 기준의 세계적인 기술 수준으로 볼 때 막대한 자금이 소요될 뿐만 아니라 에너지의 효율성 측면에서도 가야 할 길이 멀기 때문임.
- 더구나 우리나라는 그린에너지 기술 수준이 아직 태동단계에 불과하기 때문에 이를 성장동력화, 수출산업화하려면 엄청난 노력과 비용을 투입해야 함.

---

95) 매일경제(2008.09.12.) 참조.

○ 따라서 신재생에너지 비중을 2030년까지 11%(2008년 기준 2.45%)로 높이겠다는 정부 목표에 대해 의구심이 들기도 함.

○ 또한, 정부와 대기업 주도의 에너지 정책이 자칫 시장왜곡과 각종 부작용을 초래할 수 있다는 점과 사회 전체를 자원절약형 구조로 만드는 큰 그림을 그린 뒤에 분야별 미시적 발전 방안을 짜는 게 맞는 순서라는 지적도 있음.

제 8 장

유가 급등에 따른 기업과 정부의 대응

1. 기업의 대응[96)]

수익성 악화에 대응한 비상경영체제 구축은 다음과 같다.

○ 유가 급등으로 인한 생산원가 상승에 대비하여 유가수준 단계별 비상계획의 수립과 부서의 실행 능력 점검, 또한 위기관리 시스템의 구축과 전사적(全社的) 사내 비용절감 캠페인 실시 등과 같은 긴축경영 노력이 필요

원자재가 변동 리스크 축소를 위한 원자재 구매의 효율성을 확보해야 한다.

○ 유가상승은 원자재 가격의 상승으로 이어질 것이기 때문에 제품 생산에 많은 비중을 차지하는 원자재의 선물시장을 통한 헷지 전략의 실천이 요구됨.

○ 또한, 주요 원자재에 대한 중장기 조달계획의 수립, 원자재 구매 시 장기공급계약 확대 등이 요구됨.

세계 경기 침체에 선제적으로 대응하기 위해 해외 마케팅 능력을 제고해야 한다.

○ 동남아 신흥공업국, 중앙아시아 산유국 등에 대한 적극적인 해외진출이 필요함과 동시에 주요 해외시장 현지 부서의 분석 및 마케팅 능력을 보다 증대시켜야 함.

시장 수요 위축에 대비한 제품의 비가격경쟁력을 강화해야 한다.

○ 경영여건 악화 시에도 고부가가치제품 개발을 위한 R&D 투자 확대가 필요함과 동시에 선진업체와의 기술제휴, 전문 부품업체의 육성 지원, 글로벌 판매 · 연구개발 체제 구축 등으로 핵심 기술을 확보하는 노력이 요구됨.

효율적인 에너지 이용방법 모색, 대체원료 개발, 에너지 절약 등 전통적인 대응책들과 더불어 신재생에너지와 청정개발체제 개발 등에 대한 노력이 필요하다.

---

96) 한상완 외(2008) 참조.

해외유전 개발에 있어서 석유매장이 불분명한 탐사광구의 비중이 전체 해외유전 개발 사업의 84%를 차지하고 있고 개발과 생산광구는 각각 7%, 9%에 그치기 때문에 안정성 높은 포트폴리오 구성이 요구된다.

○ 또한, 우리 기업들의 탐사성공률이 서구 메이저의 1/3 수준인 10%대에 불과하기 때문에 저조한 탐사 성공률의 요인을 찾아 개선하는 노력이 필요

2. 정부의 대응

2.1 안정적인 경제운용

○ 경제성장률 급락을 막기 위한 내수 경기 급랭 방지

○ 경제 심리 침체 방지를 위한 국내 물가 안정

(1) 에너지 이용 효율성제고[97]를 위한 경제 및 산업구조 개선

○ 산업구조 개선과 관련하여 첫째, 산업 내 구조전환이 시급
- 자원 다소비형 산업이라고 모두 문제가 있는 것은 아님.
- 글로벌 우량기업들처럼 에너지 절감 설비 확충과 지속적인 R&D 투자를 통해 기술집약형 고부가가치 제품의 비중을 확대하여 높은 부가가치를 창출하는 방향으로 변신해야함.
- 필요하다면 자원개발부터 가공, 최종 판매까지 가치사슬(Value Chain)체계를 효과적으로 개선하여 높은 부가가치를 창출하여야 함.

97) 에너지 공급 확장만으로는 에너지 고갈과 온난화 대응에 한계가 있음. 에너지 사용 효율화를 통하여 에너지 수요의 약 50%까지 절감 가능. 또한, 효율화를 통해 온실가스 저감 목표의 78% 달성이 가능한 것으로 보고됨. 이와 관련하여 이원희(2008) 참조.

○ 둘째, 산업 간 구조전환이 필요
- 자원 다소비 업종 비중이 높은 우리 경제를 금융, 소프트웨어 등 자원 소비가 적고 지식기반 중심의 고부가가치 서비스업으로 고도화해야 함.[98)]

(2) 신재생 대체에너지 개발사업 확대[99)]

○ 화석연료의 고갈에 대비하는 지속적인 대체에너지 개발 추진과 기업과의 공동 연구 확대, 관련 연구 인력의 확충

○ 국가가 대체에너지 개발 프로젝트를 주도
- MB정부의 녹색성장 액션플랜

(3) 고유가 대안으로 셰일가스(Shale gas : 암반층 천연가스)[100)] 개발 주목[101)]

○ 채굴기술이 발달하지 않은 1990년대까지만 해도 외면 받았지만, 2000년대 들어 시추 기술이 좋아지면서 개발이 본격화
- 셰일가스 붐은 기술력과 자본력에서 앞선 미국이 이끌고 있으며, 셰일가스 시추가 늘어 나면서 유가하락으로 이어질 것이란 기대를 하고 있음.
- 셰일가스 생산이 늘면서 미국은 2009년 이후 러시아를 제치고 천연가스 세계 1위 생산국으로 올라섰음.
- 중국 · 캐나다 · 폴란드도 개발을 위한 출사표 던져

---

98) 우리 산업의 문제점은 첫째, 자원을 많이 소비하는 산업의 비중이 높다는 것임. 화학, 철강과 같은 자원 다소비형 산업의 비중이 높다는 것 자체가 문제는 아님. 자원을 많이 쓰더라도 높은 부가가치를 창출할 수만 있다면 오히려 우리의 장점이 될 수 있음. 둘째, 2006년 말 일본의 경단련에서 발표한 자료에 따르면, 우리나라의 물량 기준 에너지효율은 선진국과 대등한 수준까지 올라왔음. 문제는 같은 자원을 투입해서 창출하는 부가가치가 선진국에 비해 상대적으로 낮다는 것임. 철강 및 화학 산업의 경우 동일한 자원 투입으로 창출해 내는 부가가치가 선진국의 절반 수준에 불과함. 2000년대 들어 우리의 주력산업으로 부상하고 있는 전기전자, 자동차 산업 등도 선진국에 비해 자원 투입이 많은 것으로 분석되었음. 셋째, 우리 산업이 자원위기에 취약한 구조를 가지고 있음에도 불구하고 자원의존도를 줄이는 노력은 부족한 상황임. 특히, 2006~2007년 중 제조업 투자에서 생산능력 확장을 위한 투자가 72% 이상을 차지한 반면, 에너지 절약 투자 비중은 0.7%에 불과함. 에너지 절약에 대한 R&D와 시설투자가 부진하다보니 우리의 에너지 기술수준은 선진국의 60% 정도에 불과한 것으로 나타났음. 특히, 정부에서 발표한 에너지기술 개발 로드맵(2006년)에 따르면 전력은 57%, 에너지효율 향상 기술은 60% 수준임. 이와 관련하여 경제연구실(2008b) 참조.

99) 천연가스 매장량 세계 1위, 석유매장량 세계 3위를 자랑하는 자원부국 러시아에서도 대체에너지 개발이 한창임.

100) 오랜 세월 모래 · 진흙이 쌓여 단단하게 굳은 암석의 미세한 틈새에 넓게 분포돼 있는 가스임. 난방 · 발전용으로 쓰이는 메탄 70~90%, 석유화학 원료인 에탄 5%, LPG 제조에 쓰이는 콘덴세이트 5~25%로 구성돼 화학적 성질은 기존 가스와 동일함.

101) 조선일보(2012.05.18.) 참조.

○ 우리 정부도 민관 합동 셰일가스 전담 조직을 만들고 지원 방안 모색
- 한국가스공사가 미국 에너지업체서 2017년부터 350만t 공급받기로 했는데, 수송 · 액화 비용 등을 포함하면 가격이 비싸져 실제 국내 가스 가격 인하 및 국내 유가 인하로 이어지려면 시간이 걸릴 것으로 관측(2017년 이후)

해외유전, 심해 유전 등의 탐사 및 개발 사업에 적극 참여한다.

대체에너지의 경제성에 의문이 제기되고 있는 점을 반영하여 그 해법으로 세계적으로 '하이브리드(잡종) 경제'에 대한 관심이 커지고 있다.

○ 하이브리드 경제는 석유를 적게, 그리고 보다 효율적으로 쓰며 에너지원을 다양화하는 것으로 설명할 수 있음.

경제안보 차원에서 자원부국과의 외교를 강화(수입선 다변화[102])해야 하며, 특히 세계 석유시장에서 막대한 영향력을 가지고 있는 미국과 긴밀하게 협력해야 한다.

○ 국제 에너지 질서가 미국 주도로 전환될 경우 최대 압력을 받을 지역은 한중일 동북아 3국일 가능성이 다대함.

○ 대외의존도가 큰 한국은 중국과 일본 틈새에서 물량 확보마저 어려울 가능성이 있음.

동북아(한 · 중 · 일 등) 에너지 협력체제의 구축 또는 동북아 에너지기구의 설립을 주도적으로 추진(미국을 주요 당사국으로 포함시키는 것이 타당)할 필요가 있다.

○ 석유공동비축 및 융통시스템의 정비, 즉 석유의 안정적인 공급을 위해 일본, 중국 등 주변국과 석유공동비축 및 융통시스템을 정비하는 것이 필요
- 긴급상황 시에 개별국가의 석유 비축분을 상호간에 빌려 쓸 수 있는 시스템을 정비하고 구체적인 가이드라인을 마련할 필요가 있음.

○ 동북아시아판 IEA의 창설도 적극적으로 고려할 필요가 있음.

---

102) 우리나라는 2007년 기준으로 원유를 중동지역에서 전체 물량의 약 81%를 충당하고, 나머지는 동남아에서 15%, 서아프리카에서 4.1%, 미주에서 0.2%를 조달하고 있음. 이와 관련하여 김병유 외(2008.04.) 참조.

- 즉, 동북아지역의 에너지 비상사태시에 에너지 긴급공급, 평시에는 기술지원 및 정책협조를 통한 수요조절을 위해 동북아시아판 IEA의 창설을 적극적으로 추진
- OECD 국가들은 제1차 석유위기 직후인 1974년 OPEC 산유국에 대응하기 위해 IEA를 창설한 바 있음.

○ 따라서 석유수입이 급증하고 있는 동북아시아 국가들도 이와 유사한 기구를 창설하여 석유공급의 안정성을 확보하고 아시안 프리미엄(원유도입 고가격 구조)을 해결해 나가는 등 적극적인 노력이 필요

신자원민족주의로 어려워진 해외유전 개발 참여를 확대하기 위해서는 기업들만의 노력뿐만 아니라 정부의 경제발전 경험 전수 등 자원외교 강화, 산유국의 인프라 개발을 위한 건설업체와의 동반진출, 국부펀드 등 각종 펀드를 통한 자금력 강화, 자원 확보를 위한 주요 산유국과의 FTA 추진 등 다각적인 접근도 필요하다.

3. 자원 확보전략[103]

3.1 자원 확보정책

2000년대 초반까지 정부의 자원정책은 국제유가의 향방에 따라서 정책기조가 변동하는 등 일관성이 부족했다는 것이 중론이다.

해외자원개발사업도 정부의 정책기조와 경제상황에 따라 진퇴를 반복했다.

○ 1977～1997년
- 제1, 2차 오일쇼크를 계기로 자원개발사업에 적극적

103) 김득갑 외(2008) 참조.

○ 반면, 1998~2002년
- 외환위기와 저유가 추세에 따른 자원개발사업의 침체기(26개 개발사업을 해외에 매각, 투자 규모도 1997년 7.6억 달러에서 2002년 5억 달러로 축소)

○ 2004년부터 참여정부는 해외자원확보를 위한 자원외교를 적극 추진하고 지원책도 강화

○ 이명박 정부도 에너지 자원외교를 핵심 국정과제로 설정
- 2012년 원유·가스 자주개발률 목표를 18.1%로 설정(2008년 목표치 5.7%), 러시아·중앙아시아·아프리카·중남미 등을 중점 진출대상으로 정하고 정상급 자원외교를 적극 추진
- 지식경제부는 2008년 3월 구체적인 실행방안으로서 '해외자원개발 세부 추진전략' 을 발표하였음.

3.2 자원개발기업 현황

1977년[104] 해외자원개발사업이 시작된 이래 2005년 처음으로 투자액이 10억 달러를 넘어섰으며 이후 투자규모가 매년 약 10억 달러씩 증가하였다.

○ 2007년 국내기업의 해외자원개발사업 투자규모는 31.9억 달러

○ 2007년 말 기준 187개 기업이 53개국 286개 사업에 진출

○ 대규모 투자를 필요로 하는 사업특성상 합작을 통한 투자방식이 주류

○ 해외자원개발사업의 수익성과 기술력은 미흡
- 1977~2007년간 455개 사업(종료사업 169개 포함)에 대한 누적투자액은 135.7억 달러인데 반해, 회수액은 110.5억 달러(투자회수율 81.4%)

○ 해외자원개발사업을 주도해 오던 공기업(한국석유공사, 한국가스공사, 대한

104) 1977년 한국전력공사의 파라과이 우라늄광 조사사업으로 해외자원개발사업이 시작되었으며, 해외석유개발은 1981년 코데코에너지가 인도네시아 마두라 유전에 진출한 것이 최초

광업진흥공사 등)과 더불어 민간기업의 참여가 확대되는 추세

3.3 평가

정부정책의 일관성 부족 등의 이유로 인해 한국의 해외자원개발사업은 2005년 기준으로 아직 걸음마 단계이다.

[표 8-1] 국별 해외 유전개발 투자비(2005년)

(단위: 억달러)

한국	중국	프랑스	일본
9.5	177	65	64

자료 : 정우진 외, "동북아 에너지협력 연구", 에너지경제연구원(2006.12.)

○ 상대적으로 유전개발에 전문성을 갖춘 것으로 평가받는 한국석유공사도 글로벌 석유 메이저와 비교하면 규모와 수익 면에서 미미함.

[표 8-2] 대표적 에너지기업의 성과 비교(2007년)

(단위: 억달러)

구분	한국석유공사	엑슨모빌	로열더치셀
매출액	11.8	3,903	3,558
당기순이익	2.2	406.1	313.3

자료 : 각사 연차보고서

○ 민간기업의 경우 자원개발사업에 의욕을 보이고는 있지만, 아직 非주력부문인 탓에 글로벌 경쟁력을 보유하지 못했다는 것이 객관적인 평가

3.4 정책제언

적극적인 자원 확보정책을 일관되게 추진할 필요가 있다.

민간기업이 자원개발을 주도하되 정부가 지원을 아끼지 않는 일본식 접근방식이 효율적일 듯하다.

○ 자원 확보 경쟁에서 뒤처지지 않으려면 '정부(개발원조자금 확대 및 노하우 공여 등) - 자원개발기업(외국 메이저와의 전략적 제휴나 자원기업 M&A 등을 통해 글로벌 경쟁력 확보) - 자원실수요기업(재활용 확대 및 대체재 개발 등)' 간의 긴밀한 협력이 필요

○ 글로벌경쟁이 가능한 규모와 경쟁력을 구비한 자원개발 전문기업 육성

자원개발사업에 대해서는 국가에 따라 선택과 집중을 통한 차별화 전략이 바람직하다는 것이 정설이다.

○ 원유 매장량이 많지만 경쟁강도가 강한 산유대국(메이저들의 旣진출, 자원보유국의 국영기업 육성과 높은 자원무기화 성향 등)의 경우 지분 참여를 통한 진출이 현실적인 대안(사우디, 쿠웨이트, UAE, 러시아, 베네수엘라 등이 해당), 원유 매장량이 많으면서 경쟁 강도가 약한 기타 산유대국과 매장량은 상대적으로 적지만 메이저들이 아직 관심을 기울이지 않는 서아프리카 등 신흥개발권 국가는 사업권 확보 위주로 진출(기타 산유대국은 이란, 이라크[105], 카스피해 등이, 서아프리카 등 신흥개발권 국가로는 앙골라, 이집트, 인도네시아 등이 해당)

○ 단순한 지분참여 방식보다는 자원개발, 건설 및 플랜트, 기간산업 및 정보통신을 함께 묶은 '패키지형 자원개발모델'을 적극 추진
- 후발 산유국들은 자원개발과 부족한 인프라(에너지, 도로, 통신 등) 확충을 패키지로 연계시킨 국가발전전략을 추구하는 경향

○ 따라서 제조 경쟁력이 뛰어난 한국 입장에서는 최적의 자원개발 사업 모델로 서로 Win-Win이 가능(성공사례로 나이지리아의 발전소 건설과 연계한 탐사광구 확보 등)

105) 이라크는 2008년 기준으로 석유매장량에서 세계 3위, 천연가스 매장량도 세계 10위권임.

제 9 장

해외의 자원 확보전략

1. 미국과 영국
2. 유럽 국가
3. 중 국
4. 일 본
5. 주요 원유 수입국의 국제공동비축 현황과 시사점

국가별로 자원을 확보함에 있어 사용하는 전략수단이나 활동주체가 서로 다른 독특한 전략을 구사하고 있다.

1. 미국과 영국

외교 및 군사적 지원을 베푸는 대가로 자원개발의 진출기반을 구축하려고 한다.

○ 반테러를 명분으로 감행된 아프가니스탄 및 이라크 전쟁도 실제로는 에너지 확보전략의 일환이라는 시각이 지배적

미국과 영국은 군사력과 정치력을 앞세워 전략적 요충지로 부상하는 중앙아시아 지역으로 진출했다.

○ 카자흐스탄, 아제르바이잔 등 카스피해 연안 산유국과 유대관계를 강화하며 파이프라인을 확보

○ 미국의 에너지 확보전략은 중동(석유) → 카스피해(석유 · 천연가스) → 시베리아(천연가스) 순서로 전개되는 것이 특징

R&D 투자를 제외하고는 자원개발기업에 대한 세제 및 금융지원은 없다.

○ 영미계 민간기업들은 정부의 금융지원 없이도 사모펀드나 헤지펀드 등 자본시장을 통해 자원개발에 필요한 자금을 자체적으로 조달할 수 있는 능력을 보유

○ 영미계 석유 메이저들은 타의 추종을 불허하는 자금 · 정보 · 기술력을 바탕으로 주요 전략지역의 유전을 선점

○ 엑슨모빌(미), BP(영), 로열더치셸(영), 쉐브론(미), 코노코필립스(미) 등 석유 메이저는 세계 원유 생산량의 32%, 매장량의 10% 이상을 점유(2005년 기준)

2. 유럽 국가

유럽은 러시아 및 아프리카에 대한 자원외교를 강화하고 있다.

○ 러시아와의 에너지 공동프로젝트 등 투자 확대를 통해 안정적인 공급선 구축, 중국의 자원 확보 공세를 경계하면서 아프리카에서 신규 가스공급원을 확보하기 위해 노력

유럽도 민간기업이 주축이 되어 자원개발사업을 추진하고 있다.

○ 토탈(프), 렙솔(스페인) 등 석유 메이저의 경우, 1990년대 초반까지는 국영기업이었으나 이후 민영화를 통해 민간기업으로 재탄생, 특히 토탈(프)의 경우 1992년 민영화 이후 세계 5위의 메이저로 급성장[106)]

106) 토탈의 공격적인 해외유전 확보에 힘입어 프랑스의 석유 자주개발률은 1998년 52%에서 2005년 95%로 급등

3. 중 국

1993년 석유수입국으로의 전환과 동시에 해외개발사업 전개를 시작했다.

주요 과거 사례는 다음과 같다.

○ 수단유전(1997년, 60억불)、카자흐유전(43억불) 매입, 수송로 요충지에 위치한 국가들과의 해군협력 총력의 일환으로 파키스탄과의 협력 강화(인도양 진출을 용이하게 하기 위함.)

○ 미얀마와의 긴밀한 협력관계 유지(말라카 해협[107] 진입로의 안정적 확보로 중국의 전진 기지화) 등

중국은 막대한 외환보유고를 앞세워 자원보유국을 집중 공략하고 있다.

○ 2006년 중국의 해외자원 투자는 180억 달러로 2004년(19억 달러) 대비 9.5배로 확대되었고, 2007년 9월에는 해외투자를 더욱 촉진하기 위해 국부펀드(중국투자공사)를 설립했을 정도였음.

○ 중동 이외에 아프리카 및 남미 등으로까지 자원외교의 범위를 확대

107) 원유 수송로와 관련하여 말라카 해협이 갖는 중요성을 언급하고자 함. 원유 가격이 오르는 것도 충격이지만 더 큰 비상사태는 원유 공급물량 축소 또는 중단임. 아무리 비싼 가격을 지불하고도 원유를 구할 수 없는 상황이 벌어지면 한국경제는 그야말로 쇼크에 빠져들게 됨. 물론, 2008년 기준 국내 비축유는 정부 비축분과 민간 재고분을 합쳐 113일분에 달함. 세계 석유 공급이 완전히 중단됐을 때도 약 넉달간은 버틸 수 있는 물량임. 그러나 우리나라의 주요 원유 도입처가 정세가 불안한 중동 지역인데, 산유국의 유전과 생산시설이 파괴될 경우 공급물량 절대 부족이라는 위기에 처할 수도 있음. 이와 관련해 한국·중국·일본으로의 중동산 원유 해상 수송로인 말라카 해협에서 분쟁이 터질 수 있다는 우려도 제기되고 있음. 말라카 해협은 페르시아만 호르무즈 해협과 더불어 2대 해상 병목지점으로 불리는데, 해적의 선박 절도가 해마다 수백건 발생하고 있고 테러조직의 테러 위험도 계속 증가하고 있음. 이 수송로는 미국의 군사력이 지켜주고 있으며, 중국은 미군의 말라카해협 주둔에 큰 위기감을 느끼고 있음. SK경영경제연구소 김세진 연구원은 "미-중 관계가 악화돼 말라카 해협 주둔 미군이 이 해협을 며칠간 막아버리거나 유조선 통과를 지연시킬 경우 아시아 지역 원유 수급에 엄청난 차질이 빚어질 수 있다"며 "이 와중에 괜히 우리나라가 돌을 맞아 원유 공급에 큰 타격을 받을 우려도 있다"고 말한 바 있음.

- 중국의 對아프리카 석유 수입의존도가 2003년 24%에서 2007년 31%로 증가

○ 자원 확보를 위해서는 SOC 건설 등 경제적 지원은 물론이고, 반미성향 정부와의 정치적 이해관계까지도 적극 활용

- 아프리카 국가들을 상대로 부채탕감, 차관제공, 원조확대 등 다양한 경제외교를 전개

중국의 경우 국영석유회사들이 정부의 외교적 지원을 배경으로 삼아 해외자원개발을 주도하는 것이 큰 특징이다.

○ 중국석유천연가스그룹(CNPC), 중국해양석유총공사(CNOOC) 및 중국석유화공(SINOPEC)[108] 등 3대 국영기업이 대표적

- CNPC는 1949년에 설립된 중국 최대의 국영석유회사로 중국 전체 석유생산량의 58%, 가스생산량의 75.5%를 차지, CNOOC는 카자흐스탄, 인도네시아, 호주 등 10여개국에서 유전 및 가스전을 잇달아 인수, SINOPEC는 2007년 12월 이란의 야다바란 유전개발에 20억 달러 투자

○ 중국정부는 자원개발을 주도하는 국영기업에게 강력한 금융지원과 독점적 지위를 제공

108) CNPC(China National Petroleum Corporation), CNOOC(China National Offshore Oil Corporation), SINOPEC(China Petroleum and Chemical Corporation)

4. 일 본

세계 2대 석유 소비국으로서 원유 도입량 가운데 중동의존도가 90.2%(2005년 기준), 83%(2015년 기준) 차지하고 있다.

주요 과거 사례는 다음과 같다.

○ 미국의 반대를 무릅쓰고 미국의 적대국인 이란과 유전개발 계약을 맺음으로써 對이란 협력 강화(아자데 간 유전개발), 對사우디 협력 강화(2004년 7월, 중동 혼란 시 일-사우디 간 30만 배럴 최우선 공급권 보장계약 체결), 말라카 해협의 체증에 대비하여 태국에 운하 건설(20억불) 등

중국에 자극받아 2004년부터 본격적인 해외자원개발에 착수한 일본은 원유의 자주개발률[109]을 2030년까지 40%로 높일 계획(2005년 기준 15%)[110]이다.

○ 공적개발원조(ODA; Official Development Assistance)를 전략적으로 활용하고, 자원보유 국과의 FTA체결을 추진하는 등 자원보유국에 대한 원조외교

---

109) 자주개발률이란 에너지 수입량 중 자국이 해외에서 직접 생산하는 비율을 뜻함.

110) 자주개발률 수치 상승을 위한 조작과 기만이 얼마든지 가능하다는 지적이 제시된 바 있음. 일례로 우리나라의 경우 참여정부 시절 5년 동안 자주개발률이 2%에서 4%로 불과 2%포인트 늘어났는데 반해, 이명박 정부 시절에는 2008년 5.7% 수준에서 2012년까지 25%로 끌어올린다는 야심찬 계획을 발표한 바 있음. 이를 위해 반입을 못하는 석유를 포함시킨다든지, 자주개발률을 계산할 때 기준점으로 쓰던 날수(365일)를 실조업일수로 바꿔 수치를 상승시키는 등의 방법을 동원한 사례가 있었음. 한편, 자주개발률의 급격한 상승은 커다란 부작용을 불러왔음. 공사들은 장기적인 안목으로 탐사를 통해 자원을 새롭게 개발하는 게 아니라, 자원 사업체를 인수·합병(M&A)하는 쪽으로 내달렸음. 캐나다 하베스트처럼 이미 개발돼 생산중인 광구를 인수하는 데 주력했고, 사비아페루와 같이 해당 국가원수의 거래 만류도 무시되었음. 필요한 자원을 장기적이고 안정적으로 확보하며 비상시에 국내로 반입될 수 있도록 해야 한다는 해외자원개발 취지와는 맞지 않았지만, 그 누구도 브레이크를 걸지 못했음. 자주개발률은 세계적으로 우리나라와 일본밖에 쓰지 않는데, 두 나라는 산업 발달에 견주어 부존자원량이 부족하다는 공통점을 갖고 있음. 그러나 일본은 2000년대 초반 약 6년 동안 자주개발률 항목을 폐지한 바 있고, 2015년 이후 자주개발률을 참고 자료로만 쓰고 있음. 우리나라보다 상대적으로 자주개발률에 의미를 적게 두고 있는 것임. 우리 정부도 2014년 초 자주개발률을 '자원개발률'로 이름을 바꾸고, 장기 정책지표로 활용하기로 하였음. 공공기관에 당근과 채찍 구실을 했던 경영평가 항목에서도 제외했음. 대신 정부는 세계 주요 자원개발기업이 경영 효율성 지표로 활용하는 '신규 자원 확보 매장량'을 에너지 공기업의 새 평가지표로 사용하기로 하였는데, 이는 자주개발률의 의미를 한층 낮춘 것이라 할 수 있음. 이와 관련하여 한겨레(2015.01.20.) 참조.

를 강화

○ 산업다각화와 고도화를 원하는 자원보유국의 니즈에 맞춰 수자원개발, 교육 및 의료 등 사회 인프라 관련 각종 프로젝트를 추진하고, 첨단과학기술을 활용한 경제협력을 당근으로 활용

○ 해외자원개발 촉진을 위한 재정·금융 및 기술 지원책도 실시

일본의 해외자원개발은 민간기업이 주도하되 정부는 재정·기술을 지원하는 방식으로 진행하고 있다.

○ 일본 내 1, 2위 업체인 인펙스[111]와 新일본석유가 전체 생산량의 80%를 차지하며 자원 개발을 주도, 미쓰비시, 미쓰이물산, 이토추, 스미토모, 마루베니 등 5대 종합상사는 세계 25개국의 자원개발에 참여해 순이익의 절반을 자원사업에서 확보

5. 주요 원유 수입국의 국제공동비축 현황과 시사점[112]

5.1 도 입

세계 주요 원유수입국들은 공급 차질 시 발생할 수 있는 위험에 대비하고 석유 공급의 안정성을 제고하고자 비축을 시행하고 있으며, 석유비축은 국제 석유시장의 각종 공급불안 요소에 대비하는 수단 중에서 가장 효과적이면서도 널리 사용되는 방안으로 판단되고 있다.[113]

---

111) 인펙스의 2004년 일일생산량은 약 33만 배럴로 미국의 유노칼(42.5만배럴)과 중국해양석유총공사(38.1만배럴)와 대등한 규모로 성장
112) 신상윤(2017.01.23.) 참조.
113) IEA(2014) 참조.

○ 그러나 주요 석유수입국이 비축설비 구축 · 운영에 소요되는 막대한 비용으로 석유비축을 활용하는데 어려움에 봉착하고 있으며, 이를 해소하기 위하여 다국가 또는 2개국 이상의 국가 · 기업이 석유비축의 경제적 효율성을 제고하기 위한 국제공동비축사업을 추진하고 있음.

공동비축은 2개 이상의 석유비축 주체(국가 또는 기업)가 비축을 통한 공급안정성 확보 및 경제적 편익을 목적으로 석유비축 관련 제반 협력활동을 전개하는 것을 의미하며, 비축주체가 다국적으로 구성될 경우, 이는 통상적으로 국제공동 비축으로 간주된다.

○ 국제공동비축은 우선 참여국가의 특성에 따라 소비국 간 공동비축과 소비국과 산유국 간 공동비축으로 구분

○ 또한, 공동비축은 석유공급 불안을 대비하는 목적의 전략비축과 국제 유가 변동에 대비하여 경제적 이익을 목표로 하는 상업비축으로 구분되기도 함.
- 국제에너지기구(IEA)는 참여하는 모든 비축주체가 전략적 비축 목적을 가지고 참여하는 경우에 한해서만 전략적 공동비축으로 인정하고 있음.

국제공동비축은 단독비축에 비해 비용이 절감된다는 장점이 있으나, 비축油에 대한 비축주체의 통제 가능성이 감축될 수 있다는 것이 가장 큰 약점으로 지적된다.

○ 국제공동비축은 비축주체 당사자 간에 단독비축을 실행할 경우보다 설비 건설 · 운영, 비축油의 구매 · 관리 등에서 전반적으로 규모의 경제가 작용하면서 소요되는 비용절감 효과를 누리게 됨.
- 비용절감은 물류에서의 유연성 확보와 위험 분산 등의 형태로 나타나기도 하며, 공동 대응을 통해서 안보 강화의 효과가 발생하고, 참여하는 주체 사이에서 신뢰가 형성되는 이점이 존재함.

○ 국제공동비축은 국가 간 또는 국가와 기업 간 계약 체결을 통해 계약주체 상호 간에 비축유 활용에 대한 권리보장(계약에 근거한 신뢰)을 기반으로 하고 있으나, 전쟁과 같은 위급 상황이 발생한 경우에 계약조건이 준수되지 않을 가능성도 존재함.
- 서로 다른 국가들 또는 다른 국적의 기업들 간의 협력환경(법제도, 관행,

문화적 요소 등)으로 인하여 유발되는 공동비축 비용이 수반될 수 있음.

이제 소비국 중심의 국제공동비축 사례인 유럽국가 국제공동비축 사례와 소비국·산유국이 함께 참여하는 방식(운영 또는 예정)인 일본, 중국, 인도의 국제공동비축 활동을 점검하고, 국제공동비축의 정책적 시사점을 살펴보고자 한다.

5.2 유럽 국가들의 국제공동비축

유럽 국가들 사이의 국제공동비축은 소비국들만이 참여하는 공동비축의 대표적인 사례로서, 1968년 EU이사회에서 유럽 국가들의 석유공급안보 제고를 위하여 회원국들이 최소 65일[114] 동안의 자국 소비량을 비축토록 결정한 것이 효시를 이루고 있다.[115]

1973년 OPEC 중심의 산유국들에 의한 제1차 석유파동 발생을 계기로 당시 주요 석유소비국이었던 미국과 유럽 국가들은 1974년 IEA를 설립하였다.

○ 당시 IEA의 29개 창립회원국 중, 22개국이 유럽 국가들로 구성되었으며, 현재까지도 IEA가 중심이 되어 석유공급 위기에 공동으로 대처하는 활동을 전개하고 있음.

○ IEA 회원국들은 납사와 국제Bunkering용 연료를 제외한 모든 종류의 원유와 석유제품에 대해 순수입량 기준으로 90일 이상에 해당하는 물량을 비축해야 하는 의무를 가짐.[116]

○ 국제공동비축 관련 EU와 IEA 체제는 유럽 국가들에게 상충하기보다는 상호보완적인 기능을 수행[117]하고 있으며, 모두 일정량의 석유 비축에 대한 의무 규정을 두고 있음.

○ 또한, 원유와 석유제품 모두를 비축대상에 포함하고 있으며, 타 국가에 비축설비에 비축한 원유·제품을 자국의 비축량 산정에 포함하는 것을 허용하

114) 의무 비축규모는 1972년 90일 소비량으로 상향 조정되었음.
115) Willenborg et al.(2004)
116) IEA(2014) 참조.
117) Van de Linde and Lefeber(1988) 참조.

고 있음.

유럽 국가들은 자국이 신뢰할 수 있으면서 편익이 비용을 초과하는 경우, 다른 국가의 비축시설에 자국의 비축유를 저장함으로써 국제공동비축을 실행하고 있다.

- 유럽 국가 간 공동비축은 대부분(체코와 슬로바키아 제외) 티켓 시스템이라 불리는 방식으로 운영되고 있음.[118)]

- 국제공동비축을 시행중인 국가들은 비축지역 및 공동비축비율에 제약을 두지 않는 국가들(이탈리아, 에스토니아, 아일랜드, 스페인, 영국 등)이 있는 반면, 특정 장소(오스트리아 : 이탈리아 트리에스테 터미널, 그리스 : EU 국가)에서의 공동비축만을 허용하기도 함.

- 특히, 스위스와 헝가리는 공동비축을 허용하지 않고 있으며, 폴란드와 노르웨이는 제도적으로 금지되어 있지는 않으나, 현재 자국의 비축유를 타국에 저장하지 않고 있음.

- 전체 비축규모 중 공동비축을 허용하는 비율을 설정해 놓은 경우도 있음(벨기에 30%, 스웨덴 20%, 프랑스 10%, 독일 10% 등).

유럽 국가들 사이에서 국제공동비축은 매우 활발하다고 할 수 있으며, 이는 무엇보다 국가 간 신뢰를 바탕으로 하고 있다.

- 국제공동비축은 위급상황이 발생하였을 때 비축설비를 제공하는 국가가 비축유를 소유하고 있는 국가에 비축유 사용을 허용할 것이라는 신뢰에 기반하고 있으며, 이는 오랜 기간의 에너지협력 경험과 EU공동체의 정치·경제·사회적 연대로 구축된 것으로 판단됨.

- 영토 기준으로 소국인 국가들의 경우 타국 비축설비를 적극 활용(룩셈부르크 88%, 벨기에 46%, 에스토니아 32% 등)함으로써 자국의 비축능력을 향상

118) 원유의 실질적인 이동 없이 비축을 원하는 국가가 비축 시설이 위치한 국가로부터 비축유에 해당하는 원유를 구매한 뒤 소유권을 증명하는 티켓이라 불리는 증서를 받게 되고, 평상시 저장 시설 사용료를 지불하다가 비상 상황 등으로 인해 자국으로 해당 비축유의 반입을 요구할 경우 실행할 수 있는 권리를 보유

시키고 있음.[119)]

5.3 일본의 국제공동비축

일본은 1978년 석유공급 안정성 제고를 위한 석유비축제도 구축에 착수한 이후 법제도 및 비축사업 구조를 발전시켜 국제공동비축을 시행하기에 이르렀다.

○ 일본의 석유비축은 정부비축과 민간비축으로 양분되며, 정부 비축유와 비축설비는 모두 정부 자산으로 운용되고 있음.

○ 현재 JOGMEC (Japan Oil, Gas and Metals National Corporation)이 비축유를 관리하고 비축시설과 자산을 총괄적으로 관리하면서, 비축설비 운영은 민간기업에 위탁관리토록 하고 있음.[120)]

일본의 경우 정부비축과 민간비축 설비는 총 9억 배럴에 달하며, 비축량은 정부 및 민간 비축(의무비축 규모: 70일분 소비량)유를 합쳐 약 5.3억 배럴에 달하고 있다.[121)]

○ 정부비축은 약 3.2억, 민간비축은 약 2.1억 배럴에 달하며, 정부비축의 97%는 원유인 반면, 민간비축은 원유와 석유제품의 구성이 각각 50% 수준을 차지하고 있음.

일본은 정부비축 중에서 약 1,200만 배럴 이상을 국제공동비축의 형태로 운영하고 있으며, UAE의 국영기업 ADNOC와 사우디아라비아의 국영기업 Aramco가 국제공동비축 주체로 참여하고 있다.

○ ADNOC은 일본 남부 가고시마 현의 키이레(Kiire) 터미널에 630만 배럴 규모의 비축시설을 활용하고 있음.

---

119) Shin, Sang Yoon(2016)
120) 석유공사(2016)
121) Ministry of Economy, Trade, and Industry of Japan homepage, 2015년 4월 기준(검색일 : 2016.8.23.)

- 일본과 ADNOC은 2009년에 처음 공동비축 계약을 체결하여 운영에 들어갔으며, 5년 뒤인 2014년 계약을 연장하였음.
- JX Nippon Oil & Energy Corporation(민간기업)의 상업비축유 터미널에 원유를 비축하고 있으며, 공급위험 발생 시 먼저 일본에 원유를 공급하는 조건으로 운영하고 있음.
- 일본 정부는 JX Nippon Oil & Energy Corporation의 상업비축설비의 운영비용을 지원함으로써 비축유 우선활용 조건을 확보하고 있는 것으로 판단됨.

○ Aramco도 같은 규모인 약 630만 배럴 규모의 원유를 오키나와 섬에 위치한 터미널에 저장하여, 일본, 중국, 한국, 필리핀으로의 공급 기지로 활용하고 있음.
- 일본과 Aramco는 2010년 처음 계약을 맺은 뒤, 2013년과 2016년 두 차례에 걸쳐 계약을 연장하였으며, Aramco는 비축시설 이용료를 지불하지 않고 자유롭게 활용하다가, 공급 위험 발생 시 먼저 일본에 원유를 공급할 의무를 가짐.
- 2017년 4월, 일본측(JX Nippon Oil & Energy Corporation)과 Aramco는 오키나와 국제 공동비축기지에 약 200백만 배럴의 비축물량을 추가할 예정으로 알려지고 있음.[122)]

일본은 소비국인 뉴질랜드와도 공동비축을 시행하고 있으며, 자국의 비축시설에 뉴질랜드의 전략 비축유를 보관할 수 있도록 비축설비 용량을 대여하고 있다.

5.4 중국의 국제공동비축

중국은 세계 2위의 원유 수입국이자 석유제품 소비국으로 2003년부터 국가에너지국 산하에 비축담당조직을 신설하면서 본격적으로 비축사업을 추진하고 있다.

○ 중국은 Sinopec, CNPC, CNOOC, Sinochem 등 4개 국영석유기업이 국가의 위탁을 받아 비축기지 건설과 비축유 관리를 책임지고 있는 것이 특징이며,[123)] 이들 기업이 원유 공급의 대부분을 담당하고 있기 때문에, 민간비축

---

122) Reuter(2016); Aramco 홈페이지(검색일 : 2016.8.22.)

과 정부비축의 구분은 큰 의미가 없음.

○ 그러나 2015년부터 소규모 정유기업들에 의한 원유 수입이 허가되면서 국영석유기업이 아닌 민간기업에 의한 상업 비축 물량이 조금씩 확대될 것으로 예상되고 있음.

중국은 국제공동비축보다는 주로 단독비축을 중시하고 있으나, 최근 산유국과 협력을 강화하고 있는 것으로 알려지고 있다.

○ 이란 국영석유기업 NIOC가 중국 다롄 (Dalian)에 비축설비를 임차하여 중국, 인도, 한국으로 수송하는 기지로 활용하고 있다는 분석이 2014년 제기되었음.[124)]

○ 향후 중국과의 협력 확대를 기대하고 있는 산유국들의 이해가 중국의 정책과 결합된다면, 더욱 많은 국제공동비축 사업이 중국에서 추진될 것으로 보임.

중국은 3단계 전략 비축유 설비확장 계획을 수립 · 이행하고 있는데, 최근 저유가 상황을 활용하면서 공격적으로 전략 비축설비와 비축량을 확대하고 있다.

○ 1단계 계획은 2004~2008년 기간 동안 4개 지역에 약 1억 300만 배럴 규모의 비축설비가 건설 완료되어 운영 중에 있음.

○ 2단계 계획은 당초 2009~2013년 기간 동안 8개 지역에 약 2억 4,800만 배럴 규모의 시설을 건설하는 것이었으나,[125)] 현재 공사 지연과 비축 목표량 증가 등으로 인해 광둥성 등 3개 지역에 비축시설을 건설하는 방안이 추가되었고 목표 달성 시점 역시 2020년으로 변경되었음.[126)]

○ 3단계 계획은 1억 5천만 배럴에서 2억 배럴 규모의 비축설비를 건설하는 것이며, 2023년 완공을 예정하고 있으며, 3단계의 계획이 마무리되면 총 비축

123) 석유공사(2016)
124) Reuter(2014)
125) CNPC(2011)
126) Bloomberg(2016)

설비 용량은 5억 배럴에서 5억 5,000만 배럴로 증가할 것임.[127)]
- 그러나 3단계 계획에 대하여는 여전히 불확실성이 존재하며, 앞으로 중국의 원유수급과 유가변동에 따라 얼마든지 변경될 것이라고 예측되고 있음.[128)]

중국의 비축 시설은 1단계 계획까지는 모두 동부 해안 지역에 위치하고 있었으나, 2단계부터는 비축설비 위치가 중국 전역으로 확산되고 있다.

ㅇ 비축설비 구축이 동부 해안의 텐진(Tianjin) 부근에서 내륙의 간쑤(Gansu)성과 신장위구르(Xinjiang Uyghur) 자치구에 이르기까지 확산되고 있음.

5.5 인도의 국제공동비축

인도는 2014년 기준으로 세계 4위의 원유 수입국이자 석유제품 소비국이며, 막대한 인구와 빠른 경제성장으로 인해 석유공급 안전성 제고 차원에서 2000년대 부터 석유비축에 주목하기 시작하였다.

ㅇ 인도 정부는 비축설비를 확충하는 한편, 최근 국제유가의 낮은 기조를 활용하여 비축 규모를 적극적으로 확대하고 있음.

ㅇ 인도의 전략비축은 비축시설 건설과 운영에 이르기까지 석유가스부 산하의 석유산업개발 위원회가 소유하고 있는 특수목적법인인 Indian Strategic Petroleum Reserves Limited가 담당하고 있음.

인도는 석유전략비축계획을 통하여, 1단계로 3,800만 배럴, 2단계로 8,900만 배럴 규모의 비축설비를 건설하고 있다.[129)]

ㅇ 2016년 망갈로르(Mangalore)와 파두르(Padur) 비축설비 건설이 완공되어 1단계 계획이 완료되었으며, 원유 3,800백만 배럴(순수입량 기준 13일분)의 비축설비 용량을 확보하였음.

127) Wood Mackenzie(2015)
128) Bloomberg(2016)
129) EIA(2016)

○ 2단계 비축설비 구축 목표(8,900백만 배럴)는 비카너(Bikaner), 라지코트(Rajkot) 등의 지역에 신규 비축설비를 건설하여 2020년까지 완공할 예정임.[130)]

인도는 당초 UAE의 ADNOC와 첫 국제공동비축 사업을 망갈로르(Mangalore) 지역에서 추진할 예정이었으나, 비용부담 문제로 중단되었다.

○ 인도는 국제공동비축 방식이 아니라 단독 비축으로 이란으로부터 원유를 구매하여 해당 비축설비에 전략 비축유를 충유하는 방식으로 전환하여 추진하게 되었으며, 인도는 현재 국제공동비축은 시행하지 않고 있음.

○ 그러나 산유국과 소비국 모두에게 가져다주는 편익을 고려했을 때, 향후 인도 역시 국제 공동비축을 다시 추진할 가능성이 높은 것으로 여겨짐.

5.6 결론 및 시사점

유럽 국가, 일본 등은 일찍부터 석유공급 안정성 제고에 석유비축이 크게 기여한다는 판단 하에 석유비축 설비용량을 확대하고, 전략적·상업적 관점에서 비축 설비 운용능력을 제고하여 왔다.

○ 주요 석유 소비 국가들은 국제공동비축을 통해 얻게 되는 비용 경제성과 이용 편의성 확보를 위하여 국가와 기업을 모두 포괄하는 다자 및 양자 협력을 전개하고 있음.

○ 유럽 국가들은 석유에너지의 안정적 확보 추구라는, 소비국으로서의 경쟁관계에도 불구하고, 국가별 단독 비축 시스템에서 EU 및 IEA 체제 하의 국가간 협력 시스템으로 비축설비 및 비축유 운용 체제를 발전시킴으로써 석유공급 위기에 공동 대처하는 역량을 확보하였음.

○ 일본은 국제공동비축 활동으로 민간비축 활동을 전개하고 있으며, 석유 소

130) Ministry of Petroleum & Natural Gas of India(2016)

비 대국인 중국과 인도의 비축설비 역량과 운용능력은 본격적인 발전을 앞두고 있는 것으로 판단됨.

우리나라는 동북아지역 국가(중국, 일본, 러시아, 미국, 호주 등)의 원유 · 석유제품 수급변화에 능동적으로 대처하는데 물류(비축설비 운용, 수송, 물류 정보 제공 등) 측면에서 우위를 차지할 수 있는 조건을 보유하고 있다.

○ 그러나 중국, 일본 등이 국제공동비축 역량을 한층 더 강화할 경우, 우리나라의 비교우위 확보에 장애로 작용할 수 있음.

○ 따라서 우리나라는 석유 정제산업 역량과 물류산업, 정보 · 통신기술 등을 활용하여 석유 물류 부문에서의 비교우위를 구축할 수 있도록, 관련 역량을 조속히 제고하는 차원에서 국제공동비축을 활성화시키는 것이 요구됨.

제 10 장

저유가시대의 도래와 대응방안

1. 과거 유가하락 시기 분석
2. 최근 저유가의 요인 및 향후 동향
3. 저유가에 따른 주요 리스크 요인
4. 국제석유시장의 패러다임 변화 가능성
5. 저유가에 따른 경제 · 산업 파급영향
6. 저유가에 따른 한국경제의 득과 실
7. 저유가 시대의 석유자원 개발 전략
8. 저유가 시대의 대응방안

1. 과거 유가하락 시기 분석[131)]

1.1 유가하락 시기의 특징 및 요인

○ 1980년 $75/bbl[132)](2015 US$) 수준을 유지하였던 국제유가는 1998년 $20/bbl 수준으로 하락한 바 있으며, 2007년 $140/bbl 수준까지 급등한 후 $40/bbl대로 급락하는 변화를 시현하였음.

○ 1980년 이후 2016년까지 국제유가 하락기는 총 6회에 걸쳐 발생한 것으로 분석되었음.

- '유가하락기'는 월평균 WTI Cushing spot 가격이 10% 이상 하락하는 경우를 유가 급락으로 보고, 3개월 동안 2개월 이상의 유가 급락이 존재하는 시기로 정의하였음.
- 유가하락기의 시작점과 종료시점은 유가 급락 이전 최고 유가와 유가 급락 이후의 최저유가가 존재하는 월로 정의되었음.
- 유락하락기는 '1985~1986년 하락기'부터 '2014~2016년 하락기'에 이르기까지 총 6회가 발생했으며, 유가의 하락기간, 하락폭, 하락원인 등이 차별화되고 있음.

○ '1985~1986년 하락기'와 '2014~2016년 하락기'의 국제유가 변화 요인은 공급측면에서 발생하였고, 여타 다른 시기의 '유가하락기'는 수요측면의 요인에 의해서 유가 변화가 초래된 것으로 분석되고 있음.

- '1985~1986년 하락기'는 고유가 이후의 유가하락이라는 가격적인 측면 이외에도, 1986년 북해유전의 offshore기술 발전 등으로 인한 초과공급 측면에서 비롯된 유가하락이었다는 데에서 2014년의 유가하락과 공통점을 가지고 있음.
- 또한, 두 기간의 유가하락기 모두에서 OPEC의 시장점유율 확보를 위한 전략적 대응이 유가 급락의 한 요인으로 작용되는 특성을 보유하고 있음.

131) 이하 내용은 이태의(2016.10.) 참조.
132) bbl: 배럴(barrel)

[표 10-1] 1980년 이후 유가하락기 구분

구분	'85~'86	'90~'91	'97~'98	'00~'01	'08~'09	'14~'16
하락기간	8개월	6개월	14개월	13개월	8개월	20개월
최고유가	$30.71	$36.33	$21.26	$34.56	$133.96	$107.26
최저유가	$11.69	$19.86	$11.26	$19.32	$39.08	$26.21
하락률	61.9%	45.3%	47.0%	44.1%	70.8%	75.6%
유가 하락 이전 상황	고유가	저유가	저유가	저유가	고유가	고유가
유가급락 요인	공급측면 비OPEC의 증산(알래스카, 북해 등)	수요측면 걸프전, 이라크의 쿠웨이트 침공	수요측면 아시아 외환위기 러시아 디폴트	수요측면 글로벌 IT시장의 버블 붕괴, 9/11테러	수요측면 글로벌 금융위기	공급측면 북미 수평시추, 수압파쇄능력의 증가

2. 최근 저유가의 요인 및 향후 동향

2014년 상반기 이후 계속적으로 감소세를 보인 유가의 하락 요인은, 비전통석유의 개발로 원유 공급은 증가한 반면, 기존 산유국들이 점유율 유지 등을 목적으로 감산조치를 취하지 않으면서 발생한 것으로 분석된다.

○ 2010년 이후 미국이 셰일오일 생산량을 확대함에 따라 전세계 원유시장의 공급과잉을 초래하여 2014년 6월부터 유가 급락세가 시작됨.
- 셰일오일 생산기술의 발전으로 원가경쟁력을 확보한 미국은 고유가 수혜를 위하여 2010년 상반기부터 2015년 2월까지 생산[133]을 대폭 확대

133) 36만 b/d('10.5월) → 248만 b/d('13.1월) → 336만 b/d('14.1월) → 435만 b/d('16.2월)

- 2014~15년 중 2014년 4분기를 제외한 모든 기간에서 초과공급 상태가 지속되었으며 2015년에 들어 초과공급 폭이 더욱 확대됨.

○ OPEC[134] 감산합의 실패('14.11월 및 '15.12월)에 따른 기존 생산량('11.12월 합의한 3,000만 b/d[135]) 유지

- 2016년 2월 16일 사우디, 러시아, 베네수엘라, 카타르 등 4개국은 감산합의에 도달하지 못하여 1월 수준으로 동결하기로 잠정 합의

이러한 저유가 기조는 이란의 경제제재 해제에 따른 원유수출 재개 및 미국의 원유수출 금지 조치가 풀리면서 글로벌 오일 공급량이 증가함에 따라 장기화될 가능성이 있다.

○ 이란 경제제재 조치 해제('16.1월)로 인한 과잉공급 우려[136]

- 전세계 원유재고는 2014년 초부터 급증하였고, 2016년부터 이란 재고까지 시장에 유입되고 있어 재고소진이 2017년까지 이어질 전망임.

○ 미국의 셰일오일 수출 재개('15.12월)

- 미국은 1차 오일쇼크('73년) 이후 원유수출을 금지하였으나, 2015년 12월 자국 내 석유 기업들의 요구로 원유수출을 허가

유가 투기세력 매수세 급감 등도 유가회복의 걸림돌로 작용하고 있다.

○ ① 유가 투기자금 축소, ② 사우디아라비아(이하 '사우디') 등 OPEC과 비OPEC 간 시장점유율 경쟁, ③ 세계 2위 석유소비국인 중국 경기부진에 따른 원유수요 감소, ④ 태양광, 바이오연료 등 대체에너지 도입 및 연비기술 개선 등도 유가 회복을 저해하고 있음.

- WTI 순매수 포지션[137] 계약이 2014년 6월 43.8만에서 2016년 2월 17.5만으로 급감하고 동기간 WTI 선물유가도 105달러에서 28달러로 동반 급락

---

134) 2017년 기준으로 사우디, 이란, 이라크, 쿠웨이트, 베네수엘라, 카타르, 리비아, 아랍에미리트, 알제리, 나이지리아, 에콰도르, 가봉, 앙골라, 적도기니 등 총 14개 회원국으로 구성

135) b/d: barrels per day

136) 이란 정부는 원유 수출량을 130만 b/d에서 2016년 3월말까지 150만 b/d까지 확대하고 수개월 내에 200만 b/d에 이를 것으로 예상

137) 비상업용 매수포지션(투기자금)과 매도포지션의 차이로서 WTI선물유가에 대한 투기자금 규모를 파악하기 위해 활용

- 사우디는 저유가에도 불구, 생산을 지속하여 셰일오일 가격경쟁력을 저하시켜 미국 업체의 시장탈퇴를 유도하는 동시에, 비OPEC국가의 시장점유율을 하락시켜 원유시장 패권을 장악하고자 함.

한편, 유가가 2016년 초 20달러대까지 낮아지면서 작은 변화에도 반등하는 현상을 보이고 있다.

○ 2016년 3월에는 러시아 에너지장관이 OPEC과 비OPEC 산유국들 사이에 원유생산량 동결 합의에 대해 발표하자 유가가 40달러대로 반등하였으며, 전문기관들은 2016년 말까지 50달러대까지 상승할 것으로 예측하였음.

그러나 이러한 유가인상은 일시적인 현상이며, 산유국들 간에 동결·감산 협상이 이루어지지 않을 경우 저유가 기조가 계속 이어지겠지만, 한편으로는 낮아진 원유가격의 반등 가능성도 완전히 배제할 수는 없다.

3. 저유가에 따른 주요 리스크 요인138)

역(逆)오일쇼크로 인한 글로벌 금융시장의 불확실성이 확대되었다.

○ 국제유가는 2014년 하반기부터 가파른 하락세를 나타내기 시작하였음.
- 2015년 12월초 배럴당 40달러대까지 하락했던 국제유가는 12월 4일 OPEC 회원국들의 감산합의 실패와 12월 16일 미 연준의 기준금리 인상, 그리고 12월 17일 원유수출 재개법안의 미 의회 통과 등 일련의 유가 약세요인들이 잇따라 발표되면서 배럴당 30달러 초반까지 하락

○ 문제는 국제유가의 반등 기미가 좀처럼 보이지 않는다는 점에 있음.

유가 약세가 국내외 경제와 금융시장에 미친 영향들을 바탕으로 추가적인 유가

138) 이하 내용은 주로 최주혁(2016.02.)과 박종국·장은진(2016) 참조.

약세가 불러올 수 있는 주요 리스크 요인들에 대해 점검해보고자 한다.

3.1 국제유가 약세에 따른 주요 리스크 요인 : 글로벌

(1) 원자재 수출국들의 경기부진

국제유가 약세 장기화로 산유국들의 수출이 급감하면서 원유 수출국들의 경상수지가 악화되고, 정부 수입이 줄어들면서 재정수지 마저 악화되었다.

- ○ 대표적으로 걸프지역 6개 산유국 모임인 걸프협력회의(Gulf Cooperation Council: GCC)[139)]의 2013년과 2014년 GCC의 재정수지 흑자규모는 GDP 대비 각각 12.1%, 4.6%를 기록했지만 2015년에는 -7.9%까지 악화될 것으로 예상

- ○ 중동 산유국뿐만 아니라 캐나다, 노르웨이 등 선진국부터 러시아, 베네수엘라, 카자흐스탄, 말레이시아, 인도네시아 등 신흥국들에 이르기까지 원유의존도가 높은 국가들 대부분이 유가 약세로 인해 경제적으로 어려움을 겪고 있음.

- ○ 또한, 교역조건 악화에 따른 총국민소득(GNI) 감소로 이들 국가의 내수도 당분간 부진한 상황이 계속될 것으로 보임.

저유가 기조로 베네수엘라 등 산유국 부도위기가 가중[140)]되었다.

---

139) GCC는 사우디아라비아, 쿠웨이트, UAE, 카타르, 오만, 바레인 등 중동지역 주요 산유국 6개국을 회원국으로 함.

140) • 주요 산유국들의 석유생산 원가는 낮은 수준에 있음에도 불구하고 재정수지를 균형시킬 수 있는 유가는 배럴당 80달러에서 100달러를 넘는 수준(2015년 기준)에 있어 산유국경제의 어려움이 예상됨. ① 사우디아라비아의 경우 2015년도 예산안 적자액이 약 380억 달러 수준에 달할 것으로 예산이 편성되어 과거 수년 동안 축적했던 재정흑자 준비금을 활용할 방침임. → 사우디아라비아의 2015년 재정지출은 2014년 대비로 소폭 늘리는 등 공공투자를 지속하겠다는 것임. ② 카타르, 쿠웨이트, UAE의 경우 상대적으로 재정균형 국제유가 수준이 낮고 사우디아라비아처럼 준비금 규모가 크기 때문에 2015년에 크게 불안을 겪을 가능성은 낮음. ③ 사우디아라비아, UAE, 쿠웨이트 등 정부계투자펀드(SWF)의 자산 규모는 7,000억 달러를 초과해 상당기간 재정적자를 보전할 수 있을 것이라는 평가임(일본경제신문, 2014년 12월 28일 조간). → 사우디아라비아의 경우 2015년 적자규모를 기준으로 하면 20년 이상 적자가 계속되어야 SWF 기금이 고갈, ④ 이들 자금은 글로벌 금융시장의 중요한 투자주체이기도 하기 때문에 중동 SWF 자금의 본국회귀는 국제금융시장에도 각종 영향을 줄 가능성이 있으며, 산유국이 아닌 취약한 신흥국이나 고위험 자산에 뜻하지 않는 충격이 발생할 가능성이 존재, ⑤ 물론, 이들 국가의 경우도 배럴당 80달러를 밑도는 저유가 장기화될 경우 점차 재정적 충격이 누적될 리스크는 존재함.

○ ① 원유수출 수입 감소로 인한 재정난 심화, ② 미국 금리인상에 따른 이자부담 증가, ③ 환율상승 지속에 따른 외채부담 가중 등으로 산유국들의 부도위험 가능성이 증대되고 있음.
- 베네수엘라, 이라크 등은 이미 재정적자 비중이 20% 내외 수준으로 재정상태가 심각한 수준임.
- 또한, 이들 국가 대부분이 저성장 · 인플레 상황인 스태그플레이션에 직면해 있어 경제성장에도 적신호를 나타냄.

○ 한편, 저유가 지속에 따른 인프라 투자사업 취소 · 연기, 재정악화에 따른 복지혜택 축소 등도 산유국들의 사회불안을 야기

(2) 글로벌 에너지 기업들의 신용 리스크 확대

유가 약세로 인해 글로벌 에너지 기업들의 신용 리스크도 급격히 확대되었다.

○ 2015년 S&P500 에너지 부문에 속한 기업들의 상반기 매출액은 전년동기대비 33% 감소했고 순이익은 56% 급감하였음.
- 이미 2015년 세계 최대 원자재 중개기업인 글렌코어社의 부채 위기로 글로벌 금융시장의 불확실성이 크게 확대된 바 있으며, 2016년 초반 아시아 최대 원자재 중개기업인 노블그룹의 신용등급이 투기등급으로 강등(무디스, Baa3 → Ba1)되는 등 원자재 관련 기업들의 부실 가능성에 대한 우려는 최근까지도 계속되고 있음.
- 실제로 2015년 4분기 중 미국에서 9개의 석유·가스회사가 파산신청을 하는 등 에너지 기업들의 연쇄부도는 이미 진행 중임.

(3) 디플레이션 우려에 따른 주요국들의 완화적 통화정책 지속

유가 약세는 「유가 하락 → 디플레이션 우려 → 유로존 · 일본 등 주요국들의 완화적 통화정책 지속 → 미국과 주요국 간 상반된 통화정책 초래」 등을 통해 글로벌 금융시장의 불확실성을 확대시키는 요인으로도 작용하고 있다.

• 이들 여유 있는 산유국과 달리 이란, 이라크, 리비아, 나이지리아, 베네수엘라 등은 재정적인 여유가 없기 때문에 재정적자를 감수하면서도 각종 지출 감축에 보다 적극적으로 나설 것으로 보임. ① 이들 산유국의 복지지출이나 석유개발 프로젝트 투자가 억제될 것으로 보이며, 특히 어려움이 가중되고 있는 베네수엘라의 경우 디폴트 리스크가 더욱 확대, ② 물론 베네수엘라 등 만성 불안을 보이는 국가나 일부 소규모 신흥국이 금융위기에 빠져도 그 영향은 제한적일 것으로 보이나 이것이 러시아나 아시아 각국 등으로 확산될 경우는 충격이 커질 것으로 보임. 이와 관련하여 이지평 (2015.01.) 참조.

그 외에도 전세계 교역량 감소, 에너지 관련 설비투자 위축 등도 원유를 비롯한 국제 원자재 가격 급락에 따른 부정적 영향으로 볼 수 있다.

3.2 국제유가 약세에 따른 주요 리스크 요인 : 국내

(1) 조선 · 건설 · 철강 산업 등 국내 관련 산업의 실적 부진

중동 산유국과 시추업체들의 발주물량이 잇따라 취소되면서 국내 조선 · 건설사들의 실적 부진이 계속되고 있다.

○ 해외건설협회에 따르면 국내 건설사들이 2015년 11월까지 중동지역에서 수주한 건설 · 플랜트 금액은 2014년 같은 기간 기록했던 306억 달러의 절반에도 미치지 못하는 147억 달러에 그치고 있음.

- 더욱이 공사를 진행 중이거나 최근 준공시킨 해외 플랜트 사업에서 미수금이 지속적으로 발생하면서 국내 건설사들의 실적이 추가적으로 악화될 가능성을 배제할 수 없는 상황

○ 조선업계도 대형 해양 프로젝트 물량이 급감하면서 실적 타격이 불가피해 보임.

- 해양 플랜트는 2012년 대형 조선사 매출의 약 70%를 차지했던 사업 분야인데, 초저유가가 지속되면서 2015년 4분기 발주가 예정됐던 100억 달러 규모의 해양 프로젝트가 대부분 연기되었으며 향후에도 유가가 크게 반등하지 않는 이상 대형 해양 플랜트 발주는 거의 없을 것으로 예상됨.

○ 조선 · 건설 산업이 타격을 받으면서 선박 건조의 핵심소재인 후판과 원유 파이프용 강관을 생산하는 철강업계에까지 부정적 영향이 미치고 있음.

- 한국철강협회에 따르면 2015년 3분기까지 국내 철강 3사의 후판 판매량은 545만 톤으로 2014년 같은 기간보다 26만 톤이나 감소했음.

(2) 국내 수출입 규모 감소

국제유가가 큰 폭으로 하락하면서 2015년 우리나라의 수출입 규모도 2014년 대비 각각 7.9%, 16.9% 감소하였다.

○ 특히 對중동(-12.4%), 對CIS 국가[141](-49.8%)들로의 수출이 대폭 감소

산업통상자원부에 따르면 2015년 유가하락이 수출 감소분의 64%를 차지하며 유가하락의 영향을 제외할 경우 수출은 2.9%, 수입은 6.6% 감소에 그쳤을 정도로 유가하락이 국내 수출 부진의 핵심적인 요인이었던 것으로 분석하고 있다.

(3) 산유국 자금이탈 확대

산유국들의 경상수지와 재정수지 악화로 이들 국가들이 오일머니 회수에 나서면서 국내 금융시장의 변동성을 확대시키는 요인으로도 작용하고 있다.

○ 금융감독원에 따르면 2015년 1~11월까지 사우디아라비아계 자금은 국내 주식시장에서 총 3.9조 원 규모의 상장주식을 순매도하면서 순매도 규모 면에 있어 영국에 이어 2위를 차지했고, 전체 중동계 자금은 2015년 9월부터 11월까지 석 달간 총 33조 이상의 상장주식을 지속적으로 순매도하였음.[142]

○ 상장채권 순투자 규모에 있어서도 아시아 주요 산유국인 말레이시아계 자금이 3.4조원 순유출되면서 가장 큰 감소폭을 기록하였음.

3.3 향후 전망과 시사점

전통적인 관점에서 유가 약세는 생산비용을 절감시켜 총공급을 늘릴 뿐만 아니라 경제주체의 실질구매력을 증대시켜 총수요도 확대시키는 등 경제에 긍정적인 측면이 많은 것으로 인식되어 왔다.

그러나 초저유가 상황이 계속되면서 유가하락으로 인한 국내외 경제와 금융시장의 불확실성 확대는 이 같은 긍정적인 요인을 상쇄하면서 부정적인 영향으로 작용해 왔다.

○ 이미 미국 채권시장에서는 일부 투기등급 에너지 기업들이 발행한 회사채의

---

141) 독립국가연합(CIS ; Commonwealth of Independent States)을 말하며, 1991년 소련이 해체된 후 소련에 속해 있던 공화국 중 10개국이 결성한 국가연합체임.

142) 2015년 11월 상장주식 보유규모 증감률(2014년 말 대비)을 보면 사우디아라비아가 25.6%로 가장 큰 폭으로 감소하였고, 그 뒤를 이어 노르웨이(-9.0%), UAE(-8.4%) 등 산유국들의 상장주식 보유규모가 감소한 것으로 집계됨.

환매가 중단되는 등 금융시장의 혼란이 가중되고 있으며 S&P는 투기등급 에너지 회사채의 50%가 디폴트 위기에 직면해 있다고 경고한 바 있음.

- 특히, 미국 하이일드 채권펀드 자산의 20% 가량이 신흥국 자산에 투자되어 있어 최근과 같이 펀드 환매요청이 급증할 경우 신흥국으로 위기가 급격하게 전이될 수 있음.

특히, 2016년에는 이란뿐만 아니라 미국도 40년 만에 원유 수출을 재개할 것으로 예상되고 있고, 2015년 12월을 시작으로 미 연준이 기준금리 인상에 들어가는 등 유가상승을 제한하는 요인들이 상존하고 있다.

만약 국제유가가 추가적으로 하락할 경우에는 앞에서 살펴 본 유가하락의 부정적인 영향이 더욱 확대되고 일부 원자재 수출국과 에너지 기업들의 부실 우려가 현실화될 가능성도 배제할 수 없다.

○ 실제로 일부 IB[143)]들은 일련의 유가 약세 압력이 2016년 이후에도 계속되면서 국제유가가 배럴당 20달러대까지도 하락할 것으로 전망하고 있는 만큼, 국내 금융회사들을 비롯한 관련 기관들은 향후에도 국제유가와 글로벌 채권시장 등 관련 시장지표는 물론, 주요 산유국들의 경기상황에 대해서도 지속적인 모니터링을 할 필요가 있음.

4. 국제석유시장의 패러다임 변화 가능성[144)]

4.1 개 관

국제유가는 석유시장에 영향을 미치는 다양한 요인들의 영향력이 종합되어 결정되기 때문에 최근의 국제유가 움직임과 변동성 증대는 국제 석유시장에 근본적인 변화가 진행되고 있다는 신호로 해석할 수 있다.

143) IB : Investment Bank로 투자은행을 말함.

144) 정준환·도현재(2016.12.) 참조.

국제 석유시장 패러다임 변화의 움직임은 OPEC의 영향력 감소로 인한 석유공급 부문의 역학관계 변화와 석유기업 간 인수·합병을 통한 석유산업 구조의 개편에서 시작되고 있다.

○ 북미지역 석유생산 증가는 국제 석유시장에서 OPEC의 영향력을 약화시키고 있으며, 향후 국제 석유시장의 주요 생산국가의 역학관계를 재구성하는 요인으로 작용할 수 있음.

○ 이와 함께 저유가 상황의 지속은 석유기업의 구조조정을 야기하고 있는데, 재무상황이 악화된 독립계 자원개발기업들의 구조조정뿐 아니라 2015년에 발생한 Shell과 BG의 대형 M&A와 같이 국제 석유산업의 판도를 변화시키는 재편도 나타나고 있음.

또한, 이러한 국제 석유공급원 다양화에서 시작된 패러다임 변화에 따라 과거 석유의 주요 수입국이었던 미국이 석유수출국으로 전환되고 있으며 국제 석유시장의 교역구조에도 변화가 진행되고 있다.

국제석유시장 패러다임의 변화는 우리나라 경제전반에 중요한 영향을 미칠 수 있다.

○ 수출의존도가 높은 우리나라 정유 및 석유화학 산업의 경우에는 국제시장의 경쟁심화 정도에 따라 수익이 결정되는 모습을 보임.

○ 정유산업과 석유화학산업은 국제석유시장 변화에 따라 국제시장에서 경쟁이 심화될 것으로 전망됨.

○ 이와 같은 현상은 우리나라 정유 및 석유화학 산업의 경우 향후 안정적인 수익성 확보 및 장기적인 발전에 부정적인 요인으로 작용할 가능성이 높으며, 이러한 상황에 대한 우리나라 산업의 중장기 발전방안 마련이 필요함.

또한, 저유가로 인한 국제자원개발시장 환경변화에 따라 우리나라 자원개발 정책의 개선방안 마련도 필요하다.

4.2 향후 국제석유시장에 나타날 두 가지 변화

첫째, 국제석유시장의 저유가 상황이 중장기적으로 지속될 가능성이 높다는 것이다.

○ 저유가의 원인으로 지목되고 있는 석유공급원 다양화에 따라 국제유가가 상승하는 경우 원유생산량 증가도 단기간에 나타나 국제유가의 지속적인 상승은 제한될 것으로 전망됨.

○ 이와 같은 현상은 북미지역 셰일오일의 생산성 향상, OPEC의 카르텔 기능 약화와 같은 공급측 요인들과 에너지효율 향상, 기후변화협상에 따른 화석연료 사용 감소, 세계경제에 대한 불확실성 증대 등의 수요측 요인들에 기인하고 있음.

둘째, 국제유가 상승이 점진적으로 이루어지더라도 유가변동성이 증대되고 석유산업의 불확실성이 높아지게 될 것이라는 점이다.

○ 2000년대 중반 이후 나타난 석유거래의 금융화 현상은 지속되며, 원유생산주기가 짧은 비전통원유의 생산 증가도 국제유가 변동성을 증가시키는 요인으로 작용할 것임.

이와 같은 국제석유시장의 패러다임 변화는 석유관련 산업들의 경영환경을 변화시키고 있다.

먼저, 비전통원유의 생산 확대에 따른 석유시장 패러다임 변화는 자원개발산업에 부정적인 영향을 미칠 것으로 전망된다.

○ 저유가 상황의 지속으로 자원개발 프로젝트의 수익성 및 투자 환경이 악화되고, 포트폴리오 합리화 및 개발프로세스 효율화를 위한 기업 간 M&A를 통한 산업의 구조조정이 진행될 것으로 전망됨.

○ 또한, 석유자원 개발방식의 변화도 전망되는데, 석유시장의 불확실성 증대는 과거보다 자금 소요가 작고 단기간에 개발 및 생산이 가능한 단기투자 사이클 중심의 프로젝트 개발 비중을 높이며, 대규모 개발프로젝트는 기업의 장기성장 분야에 부합하는 주요 프로젝트만 선별적으로 진행될 것으로 예상됨.

한편, 저유가로 재정상황이 악화된 자원보유국들에서는 상류부문 개방을 확대하고 외국자본의 투자 촉진에 나서면서 일부 국가 및 지역에서는 자원개발 진출 환경이 개선되는 긍정적인 변화도 전망된다.

5. 저유가에 따른 경제 · 산업 파급영향145)

5.1 세계경제

저유가 장기화 시 개도국 경제에 더욱 부정적이다.

○ (선진국) 저유가 기조에 따른 부정적 영향은 미국, EU 등 선진국 경제에 크지 않을 것으로 예상됨.

- 다만, 저유가로 미국계 석유기업 실적 악화146), 투자사업 취소 · 연기, 파산신청147) 급증 등은 부담으로 작용하고 있음.

[그림 10-1] 저유가에 따른 파급영향

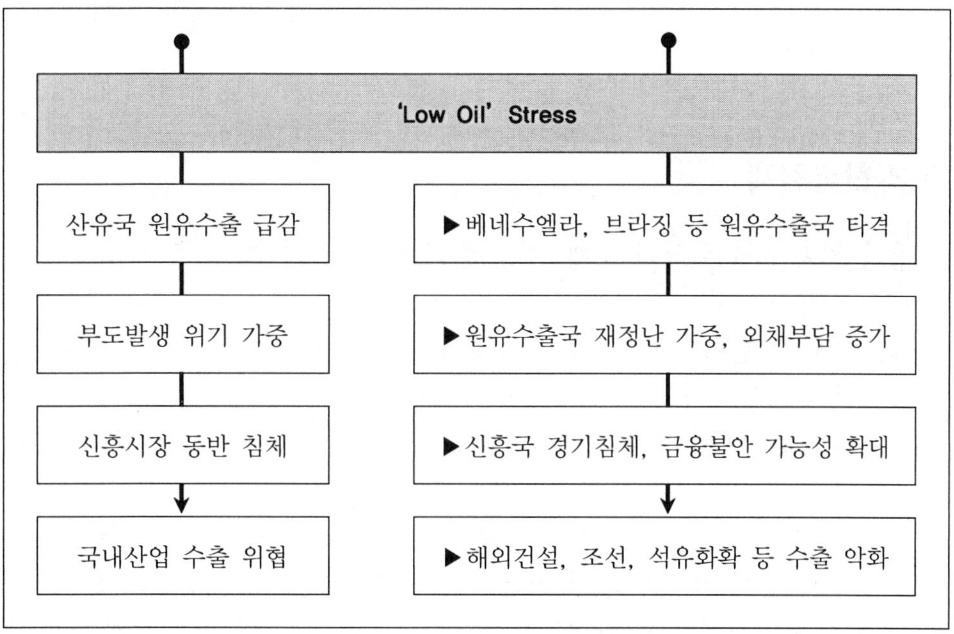

출처 : 한국수출입은행

145) 이하 내용은 주로 박종국·장은진(2016) 참조.

146) 미국 5대 독립계 석유기업의 '15년 3분기 생산량은 전반적으로 증가했으나 저유가로 이익이 대폭 낮아지면서 모두 적자로 전환

147) '15년 세계 58개 석유기업이 파산신청을 하였고, 이 중 40개가 미국 기업으로 추정

- S&P는 투기등급 B 이하 석유기업들이 지급불능 상태에 이르고, Fitch도 에너지기업의 부도율이 11%를 상회할 것으로 예상

○ (개도국) 베네수엘라 등 원유수출국은 부도위험 증대와 함께 경기침체도 심해질 것으로 보이나, 원유수입국의 경우 저유가가 경상수지 개선 등에 긍정적으로 작용할 것으로 보임.

- (원유수출국) 베네수엘라, 아제르바이잔은 국가부도에 직면할 가능성이 높으며, 브라질, 이라크, 알제리, 러시아 등 주요 산유국들의 재정난이 가중되는 등 저유가 스트레스(Low Oil Stress)가 더욱 심화될 것으로 보임.
- (원유수입국) 인도 등 아시아 개도국 경제는 저유가로 인해 경상수지 개선, 연료보조금부담 감소로 인한 재정적자폭 축소, 기업의 생산원가 절감, 물가하향 안정화 등의 수혜가 예상됨.
- 다만, 만약 베네수엘라 국가부도가 발생되고 주요 산유국 부도가 연쇄적으로 일어날 경우 투자심리 위축, 무역규모 감소 등으로 글로벌 금융위기 발생 가능성도 상존

5.2 한국경제

저유가 지속 시에는 국내 경제 · 산업에 타격이 예상된다

○ (성장률) 단기적으로는 저유가에 따른 교역조건 개선, 기업 생산비용 감소 등이 경제에 긍정적으로 작용할 것으로 보임.

- 유가 10% 하락 시 수입액 감소에 따른 교역조건 개선, 실질 구매력 향상, 소비 확대 등으로 GDP가 0.27%p 개선(현대경제연구원, ' 16.1월)되고, 제조업 생산비는 1.03%p 감소(기획재정부, ' 15.1월)하는 것으로 추정됨.
- 그러나 저유가 장기화에 따른 산유국 부도위험이 증대되고 부도가 현실화될 경우 전세계적 무역규모 감소, 신흥국 환율급등에 따른 금융불안 야기 등으로 국내 수출에 부담으로 작용할 전망임.[148)]

○ (국내산업) 정유 · 석유화학은 중립적, 자동차는 수혜가 기대되나 조선 · 해양플랜트, 해외건설, 일반기계 등은 부정적임.

---

148) '15년 수출액은 5,269억 달러로 전년 대비 8% 하락하였고, '16년 1월 수출액도 367억 달러로 전년동기 대비 18.5% 하락(산업통상자원부)

– (정유) 저유가에 따른 제품가격 하락으로 수출액이 감소[149]했으나, 수요 증가로 높은 제품 마진율을 기록

• 다만, 향후 중국 · 인도의 자급률 제고, 사우디 등의 산업구조 고도화로 수출과 수익성에 부정적임.

– (석유화학) 수출액은 급감[150]하였으나 원재료인 나프타 가격 하향안정화로 국내기업의 수익성이 개선

• 그러나 동 제품 수출의 50%를 차지하는 중국의 저성장과 자급률 상승 등이 부담으로 작용할 수 있음.

– (해외건설) 아시아 수주액이 증가하고 있으나, 전체 해외 수주의 50% 이상을 차지하는 중동 등 산유국의 채산성 악화와 재정수입 감소로 원유개발 계획이 취소되며 건설、플랜트 수주액[151]이 급감

• 이란 개방과 아시아 인프라 시장에 따른 수주 증가 기대감이 존재하나 저유가에 따른 중동 수주 감소분을 상쇄하기에는 역부족인 상황

– (조선 · 해양플랜트) 저유가 지속으로 친환경 · 고효율 선박인 에코십 수요가 위축되고 신조선 수주[152]도 급감

• 아울러 선주들의 해양플랜트 인도 거부 · 연기 요구 등으로 부진이 장기화될 수 있음.

– (일반기계) 국내 일반기계 최대 수출품인 건설광산기계가 해외건설업 부진으로 급감하였으며, 내연기관, 냉동공조, 공작기계 등도 5% 내외의 성장에 그치는 등 건설기계 부진이 기타 주력품목에도 영향을 줌.

• 미국, 유럽 등 선진국 시장 진출 증가가 예상되는 가운데, 중남미, 중국 등 아시아 지역 수출부진으로 향후 전체 증가율은 3% 내외로 제한적

– (자동차) 미국 · EU 등 선진국 시장을 중심으로 수출 회복세가 기대되나, 산유국 경기부진 우려로 수출 증가폭[153]은 크지 않을 것으로 보임.

149) '13년 수출액은 571억 달러였으나 '15년에는 전년 대비 36.9% 하락한 321억 달러 기록
150) '13년 수출액은 484억 달러였으나 '15년에는 전년 대비 21.6% 하락한 378억 달러 기록
151) 플랜트 수주액 추이: 396억 달러('13년) → 517억 달러('14년) → 265억 달러('15년)
152) 329억 달러('14년) → 218억 달러('15년) → 170억 달러('16년f)
153) 489억 달러('14년) → 458억 달러('15년) → 472억 달러('16년f)

6. 저유가에 따른 한국경제의 득과 실[154]

저유가 시대가 당분간 지속될 것으로 예상되면서 초기에는 우리나라 경제에 긍정적인 영향을 미칠 것이라는 전망이 득세했지만, 1980년대 '3低 시대'[155]와 달리 2015년 기준의 경제지표는 기대만큼 직접적 효과가 없을 뿐 아니라 장기적으로도 우호적이지 않다는 반론이 제기되고 있다.

[표 10-2] 1980년대 및 최근의 저유가 상황 비교

구분	1980년대 상황	최근 상황(2015년)
저유가 원인	■ 산유국 증산 경쟁, 신규 공급원 증가	■ 새로운 공급원(셰일) 출현, OPEC 시장점유율 정책
글로벌 상황	■ 고도성장 시대 ■ 아시아 신흥국 대두	■ 글로벌 경기침체, 변동성 확대 ■ 중동 외 뚜렷한 신흥국 없음
우리나라 상황	■ 높은 경제성장률 ■ 수출의존형 경제 * 주력산업 : 철강, 조선 등	■ 경제성장률 정체 ■ 수출경제+글로벌화+고도화 * 주력산업에 유가 중립적인 반도체, IT 등 추가

최근의 저유가 장기화 예측과 관련하여, 산업별로 우리 경제에 미치는 긍정적, 부정적 영향과 장기적인 측면에서의 효과적인 대응방향에 대해 부연 설명해 보고자 한다.

6.1 긍정적 영향

국내기업들의 원재료 비용 하락 및 국민들의 소비여력 증대로 인해 당초 정부는 저유가 상황에 대해 낙관적인 전망을 내놓았다.

154) 이하 내용은 주로 정찬신(2015.12.30.) 참조.

155) '3低 시대'란 저금리, 저달러, 저유가로 1980년대 한국 경제가 호황을 누린 것을 뜻하며, 최근에는 '新3低 시대'로 저성장, 저물가, 엔저를 원인으로 국내기업 성장성과 수익성에 걸림돌이 되는 요인을 의미함.

○ 특히, 유가하락으로 글로벌 경기가 살아나면 수출주도형인 우리나라가 큰 혜택을 볼 것으로 분석[156)]

유가하락이 국내경제에 전체적으로는 긍정적으로 작용할 것은 분명하나 부문별, 산업별로 상이한 효과를 드러내고 있다.

먼저, 거시적 측면에서 생산원가 절감, 물가하락, 가계 실질구매력 증대, 소비 증가 등으로 이어져 전반적으로 우리경제에 긍정적 영향을 가져온다.

○ 이를 통해 기업의 수익성이 개선되어 투자 및 생산의 확대를 유도하여 선순환의 구조를 지속하게 됨.

수출 측면에서 본다면, 저유가 시 선진국 및 신흥국 소비력 상승이 제품 수요의 증가로 이어지고 이는 수출 활성화를 통해 내수 소비가 진작되어 경제호황에 이르게 된다.

○ 이러한 선순환의 구조가 수출의존도가 높은 한국의 수혜를 예측하게 된 배경임.

물론, 세부적으로 살펴보면 한국경제의 구조나 배경이 달라져 고려해야 할 변수가 더욱 복잡해졌다.

○ 경제성장률의 경우에도 높은 성장률을 보였던 과거 저유가 시기(1985년~1986년, 1990년~1991년)와는 다르게, 산업구조가 변화한 최근에는 유가가 하락함에도 불구하고 경제성장률은 증가하지 않는 추세를 보이고 있음.[157)]

○ 산업별 영향을 살펴보면 대표적 저유가 수혜 산업으로 항공 · 해운업 · 운송업을 들 수 있지만, 이들 산업은 2015년 기준 우리나라의 주력 성장산업이 아니고 반도체, IT 등 유가에 가치중립적인 고부가가치 산업이 최근 우리나라 산업을 주도하고 있어 저유가의 긍정적 효과 확산에 제약이 되고 있음.

---

156) 실제 옥스퍼드 애널리티카(Oxford Analytica)와 시티그룹 등은 유가하락 지속 시 선진국 수요가 개선되어 한국경제에 긍정적 영향을 미칠 것으로 예상하기도 했음.

157) 1985년 : 7.7%, 1986년 : 11.2%, 1990년 : 9.8%, 1991년 : 10.4%, 2015년 : 2.6%

[표 10-3] 유가 영향에 따른 한국의 대표 산업 구분

구 분	대표 산업
직접 영향을 받는 산업	정유, 석유화학, 조선/플랜트, 자동차
간접 영향/중립적 산업	반도체, IT, 기계/철강, 건설

6.2 부정적 영향

전반적으로 저유가 추세는 단기적으로는 저물가 압력으로, 장기적으로는 산업경쟁력 약화로 이어질 가능성이 농후하다.

○ 즉, 공급과잉에서 비롯된 저유가 국면에서 수요가 예상만큼 늘어나지 않는 것이 가장 큰문제로 원자재 가격 하락으로 수출단가가 떨어진 가운데 경기침체로 신흥국 및 선진국의 소비여력이 개선되지 않아 우리나라 수출 규모는 크게 줄었음.

수출 부문의 경우 글로벌화 되어가는 우리 경제는 유로존의 디플레이션 확산, 산유국의 경기부진 등 저유가의 부정적 요인에 직접 노출되어 수출에 타격을 받게 될 수 있다.

또한, 디플레이션 상황에서는 실질소득 증가가 소비 및 투자로 즉시 이어지기가 어려워 유가하락 상황이 오히려 성장률 회복을 제약할 우려가 있다.

○ 저유가는 디플레이션 기대를 확대시키고 소비 및 투자심리를 악화시켜 경제 전반의 활력을 떨어뜨리는 요인으로 작용할 가능성이 있음.

○ 저유가 상황은 '싼 석유'의 단맛에 빠져 고부가가치, 신성장동력 산업 투자를 게을리 하거나 산업구조 개편의 적기를 놓치도록 할 우려가 있음.

○ 주력 성장산업의 경쟁력 상실, 단순 수출주도형 산업 및 저유가 기반 경제구조로의 복귀 시 커다란 혼란과 비용이 예상됨.

한국은 글로벌 경제에 편입되어 있어, 우리와 똑같거나 우리보다 저유가 혜택을

많이 누리는 경쟁국과의 치열한 경쟁에 노출되어 있으므로 단기적으로는 저유가의 이점을 누릴 수 있으나 저유가 상황이 장기적으로 일반화되면 더 이상 장점으로 작용하지 않고 부작용이 발생할 우려가 있으므로, 유가 자체 또는 유가수준과 관계없이 발전 가능한 신성장동력 산업에 꾸준한 투자가 필요하다.

○ 저유가로 인해 우리나라 4대 핵심 산업인 조선 · 플랜트, 정유, 석유화학, 자동차 산업의 직 · 간접적 타격이 예상되는바, 대규모 생산시설을 기반으로 한 우리나라의 수출주도형 중후장대(重厚張大)산업의 경쟁력이 약화될 우려가 있음.

[표 10-4] 2015년 말 저유가 산업별 분석

구 분	주요 내용	비 고
조선, 플랜트	▪ 유전 개발 수요 및 E&P 관련 해양 플랜트 수주 감소 ▪ 수익성 악화로 잇단 계약 취소	
정유 및 석유화학	▪ 제품 수요 증가 및 일시적 공급과잉 해소, 제품 마진 상승 ▪ 중동 발 석유화학제품 생산설비 증가 둔화 ▪ 유가 추가 하락 시 재고손실 발생 가능성 상존	석유제품은 제2의 수출품목158)
자동차	▪ 대산유국(중동, 러시아) 수출 감소 ▪ 저유가로 인한 수출 단가 감소 ▪ 마진 적은 소형차 수출 비중 증가	자동차 수출의 30%
해운	▪ 원가 내 유류비 비중 20% 이상 ▪ 공급과잉 및 글로벌 경기침체로 운임료 하락 ▪ 저유가로 운임료 하락 가속화로 마진 악화	
물류, 운송	▪ 글로벌 경기 둔화 및 내수경기 침체로 부진	
항공	▪ 원가 내 유류비 비중 40% ▪ 저유가로 원가 절감 및 여행 수요 증가로 유일한 수혜 산업	

또한, 산유국의 경기침체가 금융 불안을 야기할 경우, 이는 전세계 금융시스템의 불안정으로 이어져 해외충격에 취약한 국내 금융시장도 타격을 받게 된다.

158) 산업구조가 비교적 단순한 중국, 중동(양자 모두 신규정제 시설 급증) 등 신흥국이 저유가의 긍정적인 영향을 더 크게 받기 때문에 석유제품 등 핵심품목에서 가격경쟁 시 한국은 열위에 설 가능성이 큼.

6.3 결 론

소비 규모가 크고 석유의존도가 높은 우리나라에서 저유가 상황은 큰 이점을 제공하나, 과거와는 상황이 다르다는 점에 대한 인식이 필요하다.

○ 즉, 한국의 경제규모가 커지고 복합·고도화고 있음은 저유가의 혜택이 미치는 정도나 시간을 제약하고 있음.

한국의 경제는 갈수록 유가에 덜 탄력적인 경제구조로 변화하여 유가 영향력이 감소하고 있으며, 고유가에 적합한 구조로 이미 전환되었다고 평가된다.

○ 한국의 급속한 글로벌화로 인해 저유가 혜택은 우리만의 것이 아니며, 오히려 상대적으로 단순한 산업구조를 가진 경쟁국들에 유리함.

따라서 저유가가 도래했다고 좋아할 것이 아니라 동 상황이 장기화 된다는 가정하에 지속가능한 성장을 위한 경쟁력 확보방안을 모색해야 할 것이다.

○ 산업의 장기적인 미래는 보지 않고 저유가 혜택이 큰 산업에만 경도되면서 산업체질 개선이나 신성장산업 투자를 외면할 경우, 성장의 거시적인 동력을 상실할 우려가 큼.

○ 수출시장 다변화와 기술경쟁력 강화만이 저유가의 악순환을 이겨낼 수 있는데, 조선, 석유화학 등 대부분의 산업들은 고부가가치 제품과 기술 확보를 통해 중국 기업의 저가 공세를 이겨내고 안정적 수출 실적을 달성할 수 있을 것임.

○ 건설 역시 중동 국가에서 벗어나 동남아시아를 비롯해 유가의 영향을 덜 받는 시장을 새롭게 개척해야 할 것임.

○ 국내에서는 기술집약적 산업을 키우고, 글로벌 기업과의 합작을 통해 판매채널을 확보하는 것이 안정적으로 수출을 유지하는 방법이 될 수 있음.

현재의 저유가 상황을 바라보면서 앞으로는 단순히 고유가나 저유가에 민감히 반응할 게 아니라 장기적으로 유가의 변동성에 더 주목하여 대응해야 할 것이다.

○ 지금처럼 불확실성이 커진 경우, 국가재정 운영에도 큰 리스크가 발생하므로 이에 대한 한국경제의 체질 개선도 요청됨.

○ 즉, 우리나라 경제의 최적 성장에 적합한 균형 유가수준을 파악하고 편차가 생길 경우 산업별로 대응할 준비가 필요함.
- 산유국들의 사례를 보면 무조건적인 고유가가 아닌, 자국의 건실한 경제 운용과 지속가능한 성장을 위한 적정한 유가수준을 선호하는 경향을 보임.

한국의 지속가능한 성장을 위해서는 적정 유가수준에 대해 별도의 후속 연구가 필요하며, 결과적으로 유가수준과 관계없이 우리나라의 지속적인 경제성장에 필요한 핵심 성공요인을 발굴, 투자해야 급변하는 혼돈 속의 세계경제 상황에서 살아남을 수 있을 것이다.

7. 저유가 시대의 석유자원 개발 전략159)

7.1 개 관

에너지 자원 부족국인 우리나라는 1980년대부터 지속적으로 해외 석유자원 개발에 투자하여 왔으며, 2000년대 중반부터는 정부 차원에서 적극적으로 해외기업 등에 투자하며 자원 생산량 및 공급량을 증가시켜 왔다.

그러나 최근에는 저유가로 인하여 그 동안의 석유개발에 대한 수익이 악화되면서 투자 또한 줄어들고 있는 추세이다.

그 동안 우리나라는 석유자원 개발에 대한 지속적인 투자로 자원 생산량을 늘리고, 자주개발률 목표치에 도달할 수 있었으나, 아직까지 글로벌 석유기업들과 비교하면 규모나 투자가 작은 편이다.

159) 이하 내용은 김성진(2016.05.) 참조.

○ 주로 지분위주의 투자방식은 해외자원 개발을 이루는데 어느 정도 한계를 보였음.

7.2 저유가가 자원개발산업에 미치는 영향

유가와 미국, 한국 산업의 경기분석 데이터를 계량적 분석 모델에 대입한 결과, 한국(0.9246)과 미국(0.9460) 모두 중공업[160)]의 경기가 유가와 상관성이 높은 것으로 분석되었다.[161)]

하지만, 2010년을 기준으로 비교 분석했을 때 한국은 계속해서 높은 양의 관계(0.8848)를 유지하는데 비해, 미국은 높은 음의 관계(-0.8233)로 바뀌면서 오히려 역의 관계로 바뀌었다.

○ 이는 저유가 기조 가운데서도 미국은 중공업이 호황을 누리는데 비해, 한국은 직접적인 타격을 입은 것으로 분석됨.

○ 한국의 경우 중공업, 플랜트의 수요가 지금까지 중동을 중심으로 활발히 이루어졌지만, 최근 석유수출로 인한 재정수입 의존도가 높은 산유국들이 재정악화로 플랜트 발주 등을 취소하면서 국내 중공업에 직접적인 타격을 미치고 있음.

○ 반면, 미국은 셰일혁명의 발생지로 가스·오일 개발이 활발히 이루어지면서 석유자원 개발의 가치사슬 전반에 걸쳐 유관산업의 경기가 활성화되고 있음.
- 또 저유가의 상황에서도 셰일채굴 기술혁신 등으로 인해 지속적으로 셰일가스·오일 생산량은 증대하고 있는 것이 주목됨.

현재 저유가 기조가 지속되면서 글로벌 석유기업들은 설비투자 예산을 감축하고, 대규모 프로젝트 등을 취소하고 있다.

○ 글로벌 석유회사 120개의 전년(2015년)대비 투자 감축액은 약 1,280억 달러

160) 중공업을 비교 대상으로 삼은 이유는 석유자원개발 산업이 활성화될 경우 연관 산업(중공업)인 기계류의 소비가 전체 가치사슬 내에 증가하기 때문임.

161) 자료는 톰슨 로이터의 Datastream의 1997년 1월부터 2015년 8월까지 총 224개의 데이터를 분석하였으며, 분야는 석유산업을 대표하는 석유 및 화학 분야를 중심으로 분석하였음. 계량적 분석 모델은 장기 모델인 EMD(Empirical Mode Decomposition) 알고리즘을 활용하여 분석하였음. 절대값 1에 가까울수록 연관관계가 높으며, 0에 가까울수록 그 연관성이 낮은 것으로 분석됨.

이며, 북미 석유회사 파산신청은 총 36건임.

○ 또 재정위기에 처한 미국의 중소규모 셰일업체들은 M&A를 통하여 상류부문(채굴 및 개발)부터 하류부문(정유)을 다시 통합, 수직 계열화하여 규모의 경제를 이루고자 노력하고 있음.

반면, 일부 아시아 국가들은 저유가를 해외자산 인수의 기회로 활용하여 투자에 적극적으로 나서고 있다.

○ ONGC(인도 국영공사)는 향후 3년(2016~2018) 해외자산 취득에 100억~200억 달러를 투자할 예정임.

○ 일본 경제산업성은 2016년 해외석유개발 지원예산을 전년대비 54% 증액 요청하였음.

○ 중국 국영 CNPC사는 태국 TPP사의 해외자산 인수계획을 발표하여 활발히 해외자원 확보에 나서고 있음.

7.3 우리나라의 해외 석유자원 개발 현황 및 전략

(1) 해외 석유자원 개발 현황

우리나라는 자원 부족국가로 1984년에 예멘 마리브 사업(석유)을 시작으로 해외 석유개발 계획을 시작하였다.

그 동안 지속적인 투자 및 개발을 통하여 생산량 및 매장량은 크게 증가하여, 해외 석유·가스 생산량은 에너지 수입량 대비 10%에 도달하여 정부에서 목표로 한 자주개발률[162]에 도달하였다.

한편, 해외 석유개발 투자금액은 2006~2011년 사이에 90억 7,000만 달러 증가하였으나, 2014년에는 51억 5,000만 달러로 감소하였다.

○ 여기에는 최근 유가하락으로 석유개발사업의 수익이 악화된 영향도 포함됨.

162) 고유가, 원자재 자원시장 교란 상황에 대한 자원 확보의 안정성에 대한 지표(생산량×우리 기업 지분율)

한편, 우리나라 석유자원 개발 투자가 대부분은 2008년 이후 투자되어, 아직까지 개발사업의 초기단계로 파악할 수 있다.[163]

○ 2008년 이후 대규모 투자를 시행하였지만, 아직까지 에너지 수입액의 5.4%로 전체 수입액 대비 소규모 수준임.

최근 들어 유가하락 등의 영향으로 해외 자원개발 신규 사업 수는 2011년 71개에서 2014년 17개로 76% 급감하였다.

○ 동기간 투자액도 117억 1,600만 달러에서 67억 9,300만 달러로 42% 감소하였음.

또 석유공사와 같이 국내 에너지 공기업들은 2000년대 중반에는 해외 자원개발 사업규모 대형화를 추진하였으나, 아직까지 국제기업에 비해 규모나 수익 면에서 좋은 성과를 나타내지 못하고 있다.[164]

○ 최근에 석유공사는 해외 자원개발사업 손실 및 유가하락 등의 원인으로 2014년 1조 6,000억원, 2015년도 상반기 3,000억원의 당기손실을 기록하였음.

(2) 해외 석유자원 개발 전략

우리나라는 해외 석유자원 개발을 통하여 해외기업에 대한 지분을 꾸준히 늘려서, 정부에서 목표로 한 자주개발률에 도달하였으나 투자 대비 자원 회수율이 상대적으로 낮은 편이다.

○ 이는 해외개발 시 해당 기업에 자본을 투자하였지만, 실질적인 기술이나 인력확보 및 자원회수는 하지 못한 결과로 분석됨.

해외 석유자원 개발 방식은 일차적으로 자본투자를 통해 배당금을 수령하는 방식과 자본, 인력, 기술을 복합적으로 투자하여, 배당금뿐 아니라 실질적 기술 확

---

163) 석유가스 개발 총 투자액은 521억 달러로, 1980~2007년 사이 투자액은 총 103억 달러로 연평균 3억 7,000만 달러였다면, 2008~2014 사이 투자액은 418억 달러로 연 59억 7,000만 달러였음.

164) 우리나라 석유공사는 세계 70위권이며, 광물자원공사는 100위권임.

보 및 인력양성, 자원회수로 부가가치를 창출하는 방식으로 구분된다.

○ 현재 우리나라는 전자에서 후자 방식으로 전략을 바꾸어 나가고 있음.

또 석유 · 가스 자원개발의 전체 가치사슬을 살펴보았을 때, 우리나라는 하류 산업(downstream)에 높은 경쟁력을 지니고 있지만, 상류나 중류 부문에는 상대적으로 취약한 산업구조를 가지고 있다.

○ 정유 및 플랜트 산업이 포함된 하류 산업은 대규모 장치산업이자, 표준화된 제조산업으로 우리나라는 세계적인 경쟁력을 지니며, 주력 수출산업이기도 함.[165]

○ 하지만, 하류 분야는 최근에 공급 과잉에 따른 저유가 현상으로 구조조정의 위기를 겪고 있으며, 개발도상국 등이 시설투자에 앞서면서 경쟁의 위협을 받고 있음.

○ 반면, 탐사 및 평가, 시추 기술 등이 포함된 상류 분야는 주문형 · 경험 축적형 엔지니어링산업이며, 폐쇄적인 비즈니스 네트워크를 지니고, 수익이 높은 반면에 리스크도 큰 분야임.

자원개발 산업의 부가가치는 대부분 상류부문(upstream)에서 창출되지만, 선진국이 거의 독점하고 있어 우리나라에서 시장진입 및 정보 확보에 어려움을 겪고 있다.

(3) 국내 자원개발 산업 발전 방향[166]

국제석유시장의 변동성이 확대되는 상황과 자원개발 산업의 고부가가치 및 연관 산업에의 파급효과를 고려하면 프로젝트 사업 참여의 경제성과 산업육성 측면에서 자원개발의 목적과 정책방향을 재정립하는 것이 요구되며, 이를 위해서는 자원개발 참여기업의 E&P 경쟁력 확보[167]가 전제되어야 한다.

---

165) 우리나라의 정유산업은 세계 6위이며, 포스코 철강은 4위, 고려아연은 1위임.

166) 정준환·도현재(2016.12.) 참조.

167) (1) 석유개발(E&P) 사업이란? → E&P란 Exploration & Production(탐사와 생산)의 약자로 지하에 부존하고 있는 원유나 천연가스 등을 탐사를 통해 찾아내고 이를 개발, 생산하여 판매하는 일련의 경제활동으로 석유산업 수직계열 상의 최상류 부문인 Upstream에 해당하는 사업영역을 뜻함. (2) 석유개발 사업의 특성 → 일례로 SK이노베이션의 석유개발(E&P) 사업의 특성은 크게 다섯 가지로 분류할

자원개발공기업을 중심으로 추진되어 온 우리의 현 자원개발 체제는 시장메커니즘에 덜 민감한 공기업 특성과 정부 규제, 자원개발기업으로서의 성과와 보상 · 책임의 연계가 미흡하다는 점에서 고위험 · 고수익 특성의 자원개발시장에서는 한계가 있는 것으로 보인다.

그렇지만 국내 민간부문의 자원개발 역량은 공기업에 비해 미흡한 수준으로 평가되기에, 그간 축적된 자원개발 역량이 유실되지 않도록 공기업 중심의 자원개발 체제를 일정 기간 유지하는 것이 바람직하다.[168]

수 있는데, 좀 더 자세히 살펴보면 다음과 같음. 1)High Risk-High Return : 경제성 규모의 석유를 발견할 확률은 매우 낮아 그 위험도가 높지만, 성공하게 되면 막대한 수익을 창출하게 되는 고위험, 고수익 사업 분야임. 2)고도의 전문성 : 지질, 지구물리, 석유공학, 재무, 회계, 법률 등 다방면에서 고도의 전문성을 지니고 있어야 실현이 가능한 사업임. 3)Global Business : 현재까지 국내에 토착한 산업군이 전혀 없고 전 세계적인 사업장이 존재하고 있어 글로벌 시장으로 뻗어 나갈 수 있는 무궁무진한 기회가 열려있다 해도 과언이 아님. 다국적기업 간의 경쟁과 협력을 토대로 다양한 산업을 펼칠 수 있음. 4)Heavy & Long-Term Investment : 석유개발(E&P) 사업은 고위험, 고수익 분야인 만큼 개발단계에서 오랜 기간을 거치게 되고, 쉽게 번복할 수 없다는 단점이 있지만 그만큼 주요 사업의 필요요소들을 증가시키고 부가적인 수익 창출이 가능하다는 장점이 있음. 5)Joint Operations : 다양한 기업과의 공조를 통해 위험부담을 함께 나눌 수 있고 전략적인 기술과 지역적 협조를 활용해 시너지 효과를 극대화시킬 수 있음. (3) 석유의 부존 조건 특성 → 석유개발(E&P) 사업에 착수하기 전, 석유를 원활하게 개발할 수 있는지 부존 조건을 먼저 따져보아야 함. 석유의 개발 및 생산에 큰 영향을 미치는 부존 조건은 크게 네 가지로 분류할 수 있음. 1)근원암(Source Rock) : 근원암은 풍부한 유기물을 함유하고 있어 열과 압력을 받으면 석유를 생성할 수 있는 암석으로 최근 이슈가 되고 있는 셰일과 석회암 등이 대표적 근원암에 포함됨. 2)저류암(Reservoir Rock) : 암석 내 공극이 있어 석유를 함유할 수 있는 암석으로 사암, 다공질 석회암 등이 있음. 3)집적구조(Trap) : 석유가 집적될 수 있는 지층의 구조 형태를 의미하며 배사구조, 단층구조, 퇴적상 변화 등이 포함됨. 4)덮개암(Cap Rock) : 저류암내의 석유 이동을 방지하는 치밀한 암석으로 셰일, 암염 등이 있음. (4) 석유개발 사업 추진 절차 → 광구취득단계, 탐사단계, 개발단계, 생산단계 등 총 4단계로 구분할 수 있음. 1)광구취득단계 : 광구의 권리를 확보하기 위해 입찰, 또는 직접협상, 지분인수, 자산매입 등의 방법으로 계약을 진행하게 되며 광구 취득 계약 시, 생산물 분배계약, 라이선스 계약, 공동운영계약의 분류로 나뉘어 광구의 특성에 따라 계약이 진행됨. 2)탐사단계 : 석유부존의 가능성을 확인하고 매장량, 상업성을 확인하는 과정으로 지질조사, 물리탐사, 탐사정 시추, 평가정 시추 등의 검사를 거치게 되며 개발의 타당성을 총 평가해 상업성을 확인한 후 개발에 착수하게 됨. 3)개발단계 : 본격적인 생산을 준비하는 단계로 저류층의 모델링과 시뮬레이션을 통한 유전평가, 최적의 개발 모델을 결정하는 개발계획 수립, 생산시설 건설 및 개발정 시추에 들어가게 됨. 4)생산단계 : 최적의 생산을 끌어내고 수익을 극대화시킬 수 있는 다양한 방법을 강구하는 단계로 저류층 관리, 생산 증진, 생산시설물 관리, 생산물 판매까지 전반적인 관리가 모두 포함됨. (5) LNG 사업 → 끝으로 석유개발(E&P) 사업군에는 LNG 분야도 함께 포함이 되어 있음. 천연가스를 정제하여 얻은 메탄올을 약 -162℃로 냉각해 액화시킨 LNG는 부피가 1/600로 감소해 수송이 용이하다는 장점이 있어 최근 전력공급, 공업용으로 수요가 증가하고 있는 추세임. 국내에서는 주로 도시가스에 많이 활용되지만 운반비가 비싸 산지와의 거리가 경제성을 결정하는 최대 요소이기도 함. 이와 관련하여 블로그(blog.naver.com/qudrhs1864/220938940372);석유개발(E&P)에 대해 알아보자(2017.02.19.) 참조.

168) 우리나라는 해외자원개발을 주 목적으로 설립한 공기업인 한국석유공사의 신규 자원개발 참여를 사실상 제한하고 있음. 캐나다 하베스트 등 부실한 해외자원개발 자산 매입 등의 영향으로 석유공사가 심각한 국부 유출을 야기한 책임에서 자유로울 수는 없지만 그 배경에는 석유공사 대형화를 기치로 외형 확장을 몰아붙인 정권이 자리 잡고 있다는 것은 잘 알려진 사실임. 그런데 세월이 흘러 정권은 바뀌고 모든 책임은 석유공사에 쏠리고 그 역할을 제한하는 해법을 정부는 내놓고 있는 것임. 저유가

이에 따라 공기업의 의사결정과 인센티브가 자원개발 환경에 적합하도록 자원개발공기업의 거버넌스를 재정립하는 것이 필요하다.

○ 정부는 자원개발의 포괄적인 정책 방향과 목표를 제시하고 사업의 발굴 및 투자에 관한 사항은 공기업의 자율적 결정과 책임 하에 수행하는 방향으로 거버넌스 체계를 조성하고, 평가체계도 수익성 및 유기적 성장을 촉진하고 자원개발 역량을 강화할 수 있는 방향으로 설계해야 함.

나아가 중장기적으로는 공기업 중심의 자원개발 환경을 민간기업 주도의 자원개발 체계로 전환하는 것이 필요하다.

○ 이를 위해 현재 공기업들의 악화된 재무건전성 개선 과정에서 잠재적 손실을 최소화하면서 민간기업의 자원개발 역량이 강화될 수 있는 방향으로 민간부문과의 협력을 고려하며 자산 구조조정을 추진하는 것이 요구됨.

7.4 타국가의 해외 석유자원 개발 사례

(1) 일본의 해외 석유자원 개발 사례

저유가 상황을 일본은 해외자원개발의 기회로 삼는데 반해 우리나라는 투자나

기회를 적극 활용하는 일본 정부와 달리 우리 정부는 해외자원개발 관련 예산도 쥐어짜고 있음. 그간 확보한 유전 등 해외자원개발 자산 운영을 위해 석유공사가 2017년에 투자해야 할 자금이 1조원이 넘는데 정부가 출자한 돈은 223억 원에 그치고 있음. 2016년 정부 출자 예산인 300억 보다 77억 원이 줄었는데 석유공사가 2017년 기준으로 천문학적 부채로 한 해 4000억 원 이상의 이자 비용을 지불해야 한다는 점을 감안하면 석유공사의 손과 발은 사실상 묶인 셈임. 민간기업들의 해외자원개발 참여를 독려하기 위한 제도인 성공불융자(해외자원개발과 같이 위험도가 높은 사업을 진행하려는 기업에 대한 융자지원제도로서 정부가 신약개발, 기술개발, 해외자원개발 등 위험도가 높은 사업을 하려는 공기업과 민간기업에 낮은 금리로 필요 자금을 지원하는 제도임. 사업이 실패하면 융자 원리금의 전부 또는 일부를 면제해 주고, 사업이 성공하면 원리금과 함께 특별부담금을 추가 징수함. 에너지 자원 확보를 통해 국가 에너지 자립도를 높일 목적으로 1984년에 처음 도입되었음)는 2016년에 아예 폐지되었음. 다행스럽게 2017년에는 해외자원개발특별융자라는 이름으로 부활되면서 1000억 원의 예산이 확보됐는데 정부 정책이 우왕좌왕한다는 비난을 면하기는 어렵게 되었음. 일본 정부가 해외자원개발을 확대한다는 일관된 정책 기조 속에서 특히 최근의 저유가 기회를 최대한 활용하기 위한 적극적인 투자에 나서는 반면, 우리 정부는 석유공사의 실패한 투자를 빌미로 해외자원개발 투자 지원을 극단적으로 줄이거나 위축시킨다는 점에서 큰 차이가 있음. 해외자원개발은 유가와 자원가격의 불안정성에 대비하기 위한 보험이기 때문에 보험료가 아깝다고 평소 그 비용을 지불하지 않으면 불안정성은 더욱 커지고, 만약의 사태에 대응할 수 있는 능력은 상실된다는 점에서 우리 정부의 일관되고 명확한 해외자원개발 정책 기조가 절실히 요구됨. 이와 관련하여 김신(2017.04.03.) 참조.

진출이 크게 위축되고 있다.

○ 특히, 일본은 공적 분야의 해외자원개발 진출이 활발해지는 반면, 우리나라는 공기업인 석유공사의 자원개발 참여를 원칙적으로 금지하는 등 엇갈린 행보를 보이고 있음.

1) 일본의 관민협동 전략

한국과 유사하게 자원이 부족한 일본은 우리나라보다 상대적으로 빨리 해외 천연자원 개발을 국가 주도하에 계획해 왔다.

특히, 2000년대에 들어서 자원가격이 급등하며 자원민족주의가 대두되면서, 2005년부터 범정부 차원에서 자원 확보를 위한 전략을 구상하기 시작하였다.

일본 해외 석유자원 개발의 가장 큰 특징은 정부와 종합상사의 긴밀한 협조체계라고 말할 수 있다.

○ 해외 자원개발 단계별로 살펴보면 상류분야[169]는 국가가 중심이 되며 하류분야[170]는 민간이 담당함으로써 관민 일체의 해외 자원개발 체제가 이루어지고 있음.

- 정부 측에서는 국외적으로는 적극적 자원외교 및 ODA[171]를 활용하며, 국내적으로는 일본 기업의 진출을 용이하게 하기 위해 정책금융 및 무역보험을 확대하고 있음.[172]
- 민간 부문에서는 종합상사 조직이 탐광 개발, 자원개발 달성에 사업역량을 적극 활용하여 자체 정보수집 및 자원개발 기능은 물론, 에너지 절약기술 개발 및 대체에너지원 개발에도 앞장서고 있음.

---

169) 자원개발 체계의 상류사업 부문을 의미하며 자원조사 및 탐사가 포함됨.

170) 자원개발 체계의 하류사업 부문을 의미하며 탐광개발과 자원공급 의무 등이 포함됨.

171) Official Development Assistance의 약자로, 공적개발원조를 의미함.

172) 민간 중심의 자원개발을 독려하기 위해 출자나 융자 같은 금융 지원 역할에 머물렀던 일본은 2000년대 들어 해외자원개발 전문 공공기관인 인펙스(Inpex, ㈜국제석유개발제석)를 설립하고 해외 자원확보를 위한 총체적 역량을 쏟아 붓고 있음. 특히 저유가로 인한 민간 석유회사들의 투자 위축을 우려한 일본 정부는 자원개발 예산을 역대 최대 규모로 늘리고 있고 저유가를 기회로 해외 광구 및 석유회사를 인수할 수 있도록 관련 법령까지 개정한 것으로 알려지고 있음. 실제로 일본 경제산업성(METI)의 해외자원개발 광권 확보 예산은 2014년 이후 지속적으로 늘어나고 있고 2016년에는 718억 엔을 배정했는데 2017년에는 이 보다 많은 762억 엔을 책정했음. 자국 내 자원개발 예산까지 포함하면 일본 정부의 2017년 국내·외 자원개발 예산은 1000억 엔을 초과함. 또한 민간 해외자원개발 지원을 확대하기 위해 지난 2004년 설립된 석유천연가스금속광물기구(JOGMEC)의 기능을 강화해 자국 기업이 해외 자원개발 회사를 인수하거나 개발 단계 사업에 참여할 때 채무보증을 서는 것만 가능했던 것을 앞으로는 출자도 가능하도록 지원을 확대하고 있음. 이와 관련하여 김신(2017.04.03.) 참조.

2) 일본 종합상사의 가치사슬 참여

일본의 대표 7대 종합상사[173]는 근래 들어 특히 기존의 단순 수수료 또는 마진 수입에서 의존하던 시스템에서 벗어나, 석유개발 프로젝트와 관련된 공급사슬 전체에 걸쳐 계획 및 개입을 함으로써 더 높은 부가가치를 창출하고 있다.

○ 종합상사의 개발프로젝트
- 먼저, 사전에 충분한 정보를 확보하고 단독 또는 컨소시엄을 구성하여 특정 자원개발에 대한 권익을 확보함.
- 이후 자금을 프로젝트 파이낸스를 통해 조달하고 개발에 필요한 기자재 및 설비를 조달 및 인프라를 정비하여 물류체제 확보에 나섬.
- 마지막으로 국내외 시장의 마케팅, 판매 과정에 적극 개입하여 수익구조를 확보함.

일본은행에 따르면 일본기업의 해외 자원개발 관련 투자액은 2010년 4조 2,691억 엔에서 2014년 11조 4,006억 엔으로 2배 이상 증가하였다.

○ 이 가운데에서 일본의 최대 석유기업이며 국영기업의 역할을 수행하고 있는 INPEX(일본국제석유개발주식회사)는 석유가스에 대한 투자를 2010년 2,445억 엔에서 2014년 1조 450억 엔으로 4배 이상 확대하였음.

○ 또 INPEX는 2015년에 아부다비의 Adcop 광권 지분을 확보(5%)하여 하루 원유 생산량이 기존 40만 boe/d[174]에서 48만 boe/d로 20% 증가하였음.

(2) 중국의 해외 석유자원 개발 사례

1) 해외 석유자원 개발 배경

중국은 1978년 경제개방 이후 지속적인 경제성장을 유지하면서 급속한 에너지 수요증가가 이루어지고 있다.

○ 중국은 세계에서 원유수입량이 두 번째로 많은 것에 비해 매장량은 세계

173) 현재 일본을 대표하고 있는 7대 종합상사로는 미쓰비시, 미쓰이물산, 쓰미토모상사, 이토츄상사, 마루베니, 소지츠, 토요타 통상 등이 있음.
174) boe/d(barrels of oil equivalent per day) : 일일 석유환산 배럴

1%(173억 배럴)에 그치고 있어, 1990년대 초까지는 원유 순수출국이었으나, 1996년을 기점으로 원유 순수입국으로 전환하였음.

최근 중국의 경제성장은 둔화되고 있으나 에너지 소비량은 지속적으로 증가하고 있다.

그러나 자국의 오일 생산량은 정체되어 있어 대부분을 중동에서 수입하고 있다.

○ 중국의 '제12차 5개년 에너지 산업개발계획' 에 의하면 중국의 석유 대외의존도는 2015년 기준 61%로 추정됨.

이와 같이 석유의 국내생산이 더 이상 수요를 충족하지 못하면서, 에너지 안보측면과 에너지 수급안정을 위하여 중국은 해외자원 개발에 앞장서고 있다.

2) 중국 해외 석유개발 현황 및 전략

중국 해외 석유자원 개발은 3대 국영석유기업(CNPC, Sinopec, CNOOC) 등을 중심으로 추진되고 있으며, 크게 '해외투자(走出去)' 전략[175]을 바탕으로 3가지 방향으로 추진하고 있다.

○ 첫 번째는 정부 차원에서 자원외교로, 중국 정부의 자원 부존국에 대한 광범위한 정치경제적 지원을 통해 중국 기업이 안정적, 독점적 공급권을 확보하도록 지원하는 것임.

○ 두 번째는 중국 금융기관의 지원을 받는 것으로, 중국개발은행이 산유국 에너지기업에 자금을 대출해주고, 에너지로 상환받는 형식임.[176]

○ 마지막으로 중국 정부의 정책 지원 및 해외투자 규정을 간소화하여 M&A(인수합병)를 확대하는 방식임.

최근에 중국은 해외 생산량을 증대시켰을 뿐 아니라 중국석유공사의 해외자산 거점을 분산시켰다.

175) 이는 '인진라이'(외자유치)와 대비되는 개념으로 1978년 개방 이후 중국이 달성한 외자유치, 경제성장을 바탕으로 2000년대부터 역으로 해외진출을 통한 발전전략임.
176) 에너지연계대출(loan for oil)

○ 기존의 중동 및 아프리카 지역에서 근래에 OECD 지역, 즉 북미의 셰일과 영국의 북해지역으로 투자를 늘리고 있음.
- 2015년 기준 생산량은 404kb/d로 낮은 편이지만 차츰 상승할 것으로 예상됨.

○ 중국의 새로운 지역의 투자는 에너지 수입선을 다변화하고, 비전통석유에 대한 기술 및 인력을 확보하기 위한 수단으로 해석됨.

중국은 2013년 기준 약 380억 달러를 석유연관 산업, 해양심층 플랜트와 LNG산업 M&A에 투자하였다.

○ 근래 들어 중국 NOC는 다른 다국적 석유기업 및 해외공사들과 협력하여 일하면서 석유 연관 산업에 대한 경험치를 늘리고 리스크를 줄이고 있음.

○ 이러한 투자는 중국의 오일과 가스공급량을 상승시키는 효과를 가져왔음.
- 2013년 기준으로 오일과 가스의 해외생산량은 2.5mb/d에 달하였으며, 이 가운데 오일은 2.1mb/d로 자국 내 생산량의 50%에 달하였음.

○ 2014년부터는 그간 인수·합병한 해외자산의 통합관리에 주력함으로써 전 세계 에너지 상류부문의 80~90%를 차지하던 투자규모가 축소되었음.

○ 하지만, 러시아와 천연가스 계약을 새로 맺는 등 여전히 자원 확보를 위한 투자기조를 이어가고 있음.

7.5 시사점

해외 자원개발 및 투자는 단기적인 측면이 아닌, 장기적이고 국가적인 플랜 아래에서 꾸준히 지속해 나가야만 하는 사업으로 볼 수 있다.

○ 현재 에너지 가격이 2~3년 전과 비교하였을 때 하락한 측면에서는 투자하는 것이 유리 할 수 있지만, 자원가격은 다양한 요인에 의한 변동세가 심한 관계로 상황이 바뀔 수 있기 때문임.

우리나라는 석유자원 개발 투자 시 지금까지 주로 지분투자 방식을 많이 채택하여 왔으나, 그 결과 실제로 회수되는 자원 양은 투자액에 비하여 작은 규모였으며,

자원개발을 하는데 필요한 인력이나 기술력을 축적하지 못하였다.

우리나라는 자원개발의 가치사슬에서 그 동안 제조산업 위주인 하류부문에 집중 투자함으로써 현재 정유산업은 글로벌 6위 규모로 세계적인 경쟁력을 갖추고 있으나 자원개발 가치사슬에서 부가가치가 높은 상류 및 중류 단계에서는 강대국들의 정보 및 네트워크 독점으로 진입에 어려움을 겪고 있다.

이러한 장애물을 극복하기 위하여 현지 법인설립 및 현지 전문가 양성으로 네트워크를 강화하고, 필요에 따라 타 국가와 협력하여 진출하는 방안도 모색해야 한다.

중국ㆍ일본과 같은 주변국들은 최근 지속적으로 석유자원 개발에 대한 예산 및 투자를 확장해 나가고 있다는 점에 주목할 필요가 있다.

○ 한 예로 2014년 한 해 동안 일본은 약 935억 달러, 중국은 712억 달러로 우리나라의 10배 이상 규모를 해외 자원개발에 투자하였음.

이러한 상황에 비추어 보아 우리나라도 향후 보다 장기적이고 국가적인 계획 하에 해외 석유자원 개발 및 투자에 나서야 한다.

8. 저유가 시대의 대응방안[177)]

8.1 중장기 에너지 불안정 가능성에 대한 대응 필요[178)]

배럴당 30달러 수준의 저유가는 각 산유국의 생산 코스트를 고려할 경우 장기적으로 지속하기 어려운 낮은 수준이라고 할 수 있다.

○ IEA는 2015년 연차보고서(World Energy Outlook 2015)에서 기존의 3가지 시나리오(신정책 표준 시나리오, 기존정책 시나리오, 친환경정책 강화 시나리오)뿐만 아니라 새로 저유가 시나리오를 추가한 바 있음.

- 표준 시나리오의 경우 2020년 실질국제유가를 배럴당 80달러로, 저유가 시

177) 이하 내용은 주로 박종국ㆍ장은진(2016) 참조.
178) 이지평(2016.01.) 참조.

나리오의 경우 50～60달러로 전망했음.

저유가가 당장은 세계경제를 더 어렵게 할 가능성이 크지만, 장기적으로는 긍정적인 요인이 될 수 있다.

○ 세계경제가 저유가에 적응하면서 과거의 고유가와 산유국의 고성장이라는 선순환 패턴에서 석유수입국의 성장활력을 활용한 성장 패턴으로 이행하게 되면 저유가가 경제성장을 촉진하는 요인으로 바뀌게 될 것임.
- 최근 석유수입국인 인도, 베트남, 미얀마, 필리핀 등이 상대적으로 호조를 보이는 등 신흥국경제도 차별화되는 양상이 나타나고 있음.
- 이는 결국 석유 등 에너지 수요 둔화를 억제하는 요인이 될 것임.

산유국 간 공급경쟁과 공급과잉 압력이 지속되고 있으나 지난 1980년대의 유가 급락 시기와 비교하면 공급과잉 규모가 크지 않다.

○ OPEC의 비가동 여유생산능력의 경우 1983년의 정점에서는 1,400만 bpd (barrels per day)를 넘어섰는데, 이는 당시 세계 석유수요의 24% 수준에 달함.

○ 반면, 최근의 경우 2015년 12월 기준으로 OPEC의 여유생산능력은 323만 bpd, 세계 석유 수요의 3.4%에 불과함.

최근 중동정세의 불안정성 고조와 세계 석유산업에서의 투자 위축을 고려하면 이대로 저유가가 지속될 경우 석유공급 차질을 우려해야 할 상황이 되풀이될 수도 있는 위험이 존재한다.

셰일오일을 가진 미국과 달리 우리나라를 포함한 아시아 각국으로서는 석유시장의 잠재적인 리스크를 경시할 수는 없을 것이다.

저유가 상황, 탈석유 트렌드 속에서도 일정하게 석유개발 투자가 필요한 동시에 우리나라로서는 단기적으로 급등락하는 석유 자원의 불안정성을 줄이기 위해 에너지 자립도 확대를 위한 신재생에너지와 신재생에너지 활용 수송시스템으로의 이행에 꾸준히 주력할 필요가 있다.

○ 유력한 후보인 태양광 발전과 전기차의 조합을 중심으로 한 산업경쟁력 확보와 선행적인 인프라 구축이 중요한 시점임.

8.2 정 부

전문가들은 국가경제 기반인 제조업이 최근 조선, 철강, IT 등 주력산업의 시장 성숙과 중국 등의 거센 추격으로 활력이 저하되고 있다고 경고하면서 이에 산업 별로 차이가 나는 경기 국면의 위치와 향후 방향성 등을 고려해 맞춤형 대책이 필요하다고 조언했다.[179)]

○ 조준일 LG경제연구원 연구위원은 "국내 제조업이 재도약하기 위해 기존 기술 제품 혁신을 넘어선 비즈니스 모델 전환의 중요성이 커지고 있다"고 강조했음.

○ 김천구 현대경제연구원 연구위원은 "정책 당국이 산업별로 상이한 경기 국면과 특징을 고려하지 않고 국내 경기 전체의 부양 및 안정화 정책을 시행한다면, 개별 산업에서 경기 과열 혹은 경기 급랭 등 부작용이 나타날 수 있다"고 지적했음.

경쟁력 강화를 위한 산업구조 조정 노력도 필요하다.

○ 정부는 우리기업이 향후 급변하는 시장환경에 유연하게 대응할 수 있도록 저유가에 따른 성과부진 산업에 대한 구조조정 노력을 강화하는 등 산업체질 개선을 강구해야 함.
- 실례로, 정유·석유화학의 경우 향후 글로벌 공급경쟁 심화가 예상되므로 경쟁력이 없는 범용사업 부문 축소 및 폐쇄, 생산기술 향상을 통한 가격경쟁력 제고, 고부가가치 산업으로의 사업구조 전환 등이 필요함.
- 또한, 국내 건설기업의 사업구조를 사업기획과 엔지니어링 등 수익성이 높은 분야[180)]로 전환을 유도하는 한편, 중장기적으로 해외건설 수주의 20%에 불과한 아시아 시장 개척도 도모해야 함.

8.3 수출입은행

부도위험이 큰 주요 산유국에 대한 월별·상시 모니터링을 실시한다.

179) 뉴스토마토(2017.03.14.) 참조.
180) 국내 플랜트 EPC기업은 해외플랜트 수주 비중이 큰 오일·가스 플랜트에 대한 기본설계 등 핵심영역 기술경쟁력이 선진국 대비 70%에 불과

○ 저유가 지속에 따른 산유국별 외채상환능력, 재정상태 등에 대한 월별·상시 모니터링 체계를 강화하여 정부와 우리기업이 산유국 부도위험에 선제적으로 대응하도록 지원해야 함.
- 특히, 우리나라와 관계가 높은 앙골라, 브라질, 러시아 등 중점 모니터링 대상국에 대한 월별 모니터링을 통하여 우리기업의 안정적인 해외진출에 기여해야 할 것임.

전략적 M&A를 지원하여 우리 기업의 수익모델 확보에 기여한다.

○ 저유가 기조 하에서 M&A 등 다양한 해외투자 방식을 선별적으로 지원하여 우리기업의 원천기술과 수익모델 확보에 기여해야 함.
- 최근 파산위기에 처한 미국 등 세계 석유기업들에 대한 전략적 M&A를 고려하는 방안을 적극 검토할 필요가 있음.

8.4 기 업

저유가 기조에 민감한 영향을 받고 있는 산업과 기업을 중심으로 언급해 보고자 한다.

SK증권 손지우 연구위원은 NEW NORMAL시대(세계경제질서-저성장, 저금리, 저물가)에 따른 경기침체로 많은 어려움을 겪고 있는 기업 CEO들에게 "저유가가 축복보다는 불행으로 작용하는 상황에서 판세를 읽지 못하는 기업, 국가가 맞을 위기가 바로 '오일의 공포' 의 실체로 신재생에너지를 기반으로 한 3차 산업혁명[181]이 시작된 만큼 변화를 서두르지 않는 기업들은 예상보다 가까운 미래에 도태될 것" 이라고 지적하면서, 향후 전기차와 3차 산업혁명에 적응하는 것이 기업경영의 핵심이라고 언급하였다.[182]

중동 국가들이 탈석유화와 지속가능한 성장을 꾸준히 모색함에 따라 한국 기업들도 플랜트 수출에서 첨단기술 수출 등으로 중동 접근 전략을 달리해야 한다는 분석이 나왔다.[183]

---

181) '19세기/1차 산업혁명/증기기관차'와 함께 했던 석탄의 100년 시대가 지나가고, '20세기/2차 산업혁명/내연기관차'와 함께 한 석유의 새로운 100년 시대가 열렸음. 그런데 그 석유의 전성시대도 내리막길에 접어들고 있음. 이제 가스로 움직이는 전기차의 시대가 막 열리려 하고 있음. 소위 21세기/3차 산업혁명/전기차(스마트카)와 함께 하는 가스의 시대가 다가오고 있음. 이와 관련하여 손지우 외(2015.11.) 참조.

182) 전북도민일보(2016.06.23.) 참조.

○ 코트라(KOTRA)는 2017년 6월 13일 발간한 '중동 주요국의 국가지속가능발전전략 이행과 활용전략 : 사우디 비전 2030과 이집트 SDS 2030' 보고서에서 2015~2016년 사이 발표된 사우디와 이집트의 국가발전전략의 특징을 분석하고 시사점을 제시하였음.

○ 사우디아라비아의 '사우디 비전 2030'이나 이집트의 '지속가능발전전략(SDS) 2030'이 대표적임.

- 이들 정책은 탈석유, 친환경 사회건설, 균형적인 사회발전을 통한 지속성장을 목표로 하고 있는데, 두 정책은 국가주도의 경제성장 전략이지만 양국 정부 모두 민간이 적극적으로 기여해줄 것을 강조하고 있음.
- 예컨대 사우디는 4개 공항 민관협력 프로젝트를 시작으로 2017년 내에 국립병원 등을 포함한 100여개 공공기관의 민영화를 추진하며, 이집트는 교육부문 민관협력 사업을 발주하였음.

○ 주요 중동국가들의 국가전략에 이런 변화를 초래한 계기는 저유가인데, 석유의존도가 높은 중동 산유국은 저유가의 영향으로 총 수출액이 줄면서 경상수지가 적자로 전환하는 상황을 맞았음.

○ 석유만으로는 꾸준한 경제성장이 어렵다는 인식이 확산되자 주요 중동국가에서는 비석유부문 성장을 통한 지속적인 경제성장을 꾀하기 시작했음.

○ 이에 보고서는 전력발전, 수처리, 인프라건설, 교육, 헬스케어, 교통 등에서 투자 진출 기회가 확대될 것으로 전망하면서, 코리아 콘텐츠 활용을 통한 금융확보와 민자 발전사업, 시공자 금융주선 등 다양한 방식으로 시장에 접근하는 전략이 필요하다고 강조했음.

○ 또한, 보고서는 이중 스마트, 친환경 도시개발 분야, 관광·엔터테인먼트, 디지털산업·전자정부 등의 분야는 양국의 지속가능발전 계획의 중점지원 분야로 중장기적인 전략과 대응이 필요하다고 강조했음.

○ 윤원석 KOTRA 정보통상지원본부장은 "중동시장 진출은 건설·플랜트 수주 중심의 접근이 아닌, 중장기적으로 지속가능발전 전략 하에 접근방식의 큰 틀

183) 시사저널e(2017.06.13.) 참조.

이 변화돼야 한다"며 "전자정부 수출, 민관협력 프로젝트 등은 경제외교 등 정부 간 협력관계 바탕 하에, 대기업-중소기업 간 협력을 통한 동반진출 등 정부와 기업 또는 기업 간 콘소시엄 전략 활용이 필요하다"고 전했음.

유가는 예측이 어렵고 변동성이 크기 때문에 결국 사업 다각화 및 체질 강화만이 최선책이란 결론에 이른다.

○ 현재 호황이라도 다각화 속도를 늦춰선 안 된다는 게 전문가들의 일치된 시각임.[184)]

○ SK이노베이션은 정유사업을 수행하는 SK에너지가 2013년 870억 원의 영업적자를 냈을 때도 석유화학 등 신사업에 힘입어 전체 1조4586억 원의 흑자를 거뒀음.

○ 제품 포트폴리오가 다양한 LG화학의 경우 상대적으로 NCC 등 주력제품의 집중도가 높은 롯데케미칼에 비해 비교적 안정된 실적 추이를 보였음.
- NCC 수익성이 극대화된 2016년 롯데케미칼은 LG화학(1조9919억 원)을 제치고 2조5478억 원의 사상 최대 영업이익을 거뒀지만 이전 실적이 하락할 때는 낙폭이 훨씬 컸음.
- 2012년부터 2014년까지 업황 부진에도 LG화학은 1조 원대 영업이익을 기록하여 견조함을 유지했지만 롯데케미칼은 3000~4000억 원대로 주저앉았음.

□ **해외건설**[185)]

○ 저유가 늪에 빠지면서 2016년 역시 전년대비 실적이 급감했으며, 2017년도 전망이 썩 밝지만은 않음.

○ 국제유가 하락으로 발주가 지연되거나 축소된 것이 가장 큰 원인이지만, 대내외 환경에 맞춘 각 건설사들의 대응전략과 이를 뒷받침해 줄 정부의 정책 없이는 재도약이 쉽지 않다는 지적이 잇따르고 있음.
- 2017년 1월 1일 해외건설협회가 국제유가와 국내 건설업체의 수주실적 간

184) 뉴스토마토(2017.03.15.) 참조.
185) 뉴스토마토(2017.01.01.) 참조.

상관관계를 분석한 결과에 따르면 상관계수는 0.91로 매우 높았음.

- 실제로 국제유가가 하락함에 따라 전체 수주실적은 이에 비례해 감소했으며, 특히 중동지역에서 가장 큰 감소 폭을 보였음.

○ 해외건설협회 관계자는 “최근 해외 수주 부진은 저유가에서 기인한다”며 “중동지역에서 발주하는 공사물량 자체가 줄어들어 전반적으로 실적이 크게 줄어들었지만, 2018년 중동국가들의 발주 예산 증가 등이 기회요인으로 작용할 것”이라고 말했음.

○ 하지만, 이 같은 수주환경을 감안하더라도 국내 건설사들의 실적 하락 감소 폭이 최근 커지고 있는 게 사실임.

○ 전문가들은 저유가가 현재 가장 큰 원인이지만, 국내 건설사들의 수주경쟁력 정체를 근본적인 원인으로 꼽았음.

- 한국건설기술연구원이 ‘국가별 건설 산업의 글로벌 경쟁력 종합 평가’ 분석 결과, 시공경쟁력은 중국이, 가격경쟁력은 인도, 설계경쟁력은 미국이 가장 우수한 것으로 나타났음.
- 한국은 고부가가치 창출이 가능한 설계 부문이 미국의 1/4 수준에 불과해 경쟁력 확보가 시급한 상황임.
- 종합기술수준은 미국 대비 76.3% 수준으로 기술격차는 5.9년이나 늦었음.
  - 국내기업 매출 중 비중이 높은 발전플랜트의 경우에도 72.4%의 낮은 기술수준으로 평가되었음.

○ 해외건설협회 관계자는 “최근 10년간 국내 건설사들의 수주 방식을 보면 일반 도급형 수주가 96%로 대부분을 차지하고 있다”며 “개발형 수주는 4%에 불과해 매우 저조한 수준 ”이라고 지적했음.

○ 대형건설사 관계자는 “건설사들은 시공 강점 유지를 위한 건설사업관리(CM)[186] 능력 배가 노력, 직영시스템과 하청 병행 등 기술력을 기반으로 한

---

186) CM(Construction Management) 방식은 Construction Manager가 고객의 파트너가 되어 품질, Cost, 공기 등 Project 전체에 대하여 포괄적으로 관리(Management)를 수행하는 일반적인 건설 프로젝트 관리방법임. CM은 건설공사 전체를 CM에 맡겨서 계획부터 설계, 시공, 유지관리까지 다 관리를 하는 것임. 우리나라에서는 보통 건축공사에서 많이 적용을 하는데, 우리나라에도 CM 회사는 많이 있음.

경쟁력 제고에 힘써야 할 것"이라면서도 "EPC[187) 사업구도 한계 극복을 위한 투자 · 금융사업 조직의 확대 등 제도적인 측면도 시급하다"고 말했음.

□ **조선업**[188)

○ 2008년 글로벌 금융위기 이후 수요처인 해운업이 침체되면서 내리막길을 걸었음.

○ 돌파구로 선택한 것은 해양플랜트 사업이었는데, 전문가들은 이를 두고 '경영전략의 실패' 였다고 꼬집고 있음.

- 당초 해양플랜트는 배럴당 100달러를 넘나드는 고유가를 바탕으로 높은 성장세를 기록하였음.
- 이에 국내 조선업도 해양플랜트로 수요 부진에 처한 조선의 위기를 타개하고자 했지만 2014년 국제유가가 급락하면서 발주처의 인도 취소 또는 지연 사례가 빈발했음.
- 설계부문의 엔지니어링 역량 부족, 조선 3사 간의 과당경쟁으로 인한 저가 수주도 실패원인으로 꼽힘.

○ 결국 해양플랜트에서 큰 손실을 기록하면서 대우조선해양, 현대중공업, 삼성중공업 등 대형 조선소를 포함한 조선업 전체가 구조조정 대상이 되었음.

○ 세계 무역공조가 약화돼 전방 수요산업 측면의 글로벌 교역 위축과 물류 감소가 일어날 것에 대한 리스크도 상존하고 있음.

○ 중국의 도전도 위협적인데, 조선 강국으로 성장한 중국은 최근 수년간 한국과의 수주량 격차를 벌려왔음.

- 2012년부터 수주량 1위를 유지하고 있으며, 2016년 점유율은 60%를 넘었음.
- 수주잔량 또한 양호해 한동안 1위 자리를 유지할 전망임.
- 건조량은 아직 한국에 이어 2위를 기록 중이지만, 수주량이 한국보다 월등한 점을 고려하면 건조량에서도 중국의 추월이 확실시됨.

---

187) EPC는 Engineering, Procuerment, Construction를 의미함. 즉 설계와 구매, 건설을 한 회사가 진행하는 계약형식임.

188) 뉴스토마토(2017.03.16.) 참조.

○ 중국 정부의 '국수국조(중국 선박은 중국 조선소가 건조)' 정책 아래 자국 물량을 쓸어 담고 있음.

○ 다만, 유가는 OPEC의 감산합의 등으로 향후 완만한 상승세를 탈 수 있기 때문에 현재 저점에서 구조조정을 통해 사업체질 강화 및 효율화를 단행하면 향후 유가가 올랐을 때 위기를 기회로 바꾸는 반전을 시도할 수 있다는 게 전문가들의 조언임.
 - 그러기 위해서는 일단 생존해야 함.

○ 조선업은 설비 및 인력감축, 비핵심사업 및 비생산자산 매각을 통한 유동성 확보 등 자구계획을 추진 중이며, 정부는 공적자금을 투입해 공공선박 조기 발주 등으로 수주절벽에 대응하고 있음.

○ 김용환 서울대 조선해양공학과 교수는 "지금은 결국 서바이벌 게임"이라며 "유가 등 대외적 요인이 워낙 강하기 때문에 조선업은 경쟁력 강화 차원을 넘어 후일을 도모하기 위해 유동성 확보가 가장 시급하다"고 강조했음.

윤우진 산업연구원 연구원은 "수출에 크게 기여했던 글로벌 수요 효과가 약화됨에 따라 이제는 수출산업의 내실을 다져 부가가치를 높이는 정책이 필요하다"며 "주력 산업의 구조조정, 수출산업의 부가가치 향상과 기업의 혁신 역량 강화가 주요 정책 목표로 추진돼야 한다"고 제안했음.[189)]

○ 그는 특히 "최근 화두가 되는 4차 산업혁명에서는 지능형 융복합산업의 발전으로 글로벌 가치사슬의 패러다임은 또 다른 변화를 겪을 것"이라며 "한국 산업의 미래는 융복합산업이 지배하는 글로벌 가치 네트워크에 얼마나 빠르고 유연하게 적응하느냐에 달려 있다"고 강조하였음.

결국 저유가로 불황을 겪는 업종은 구조조정이나 경영 효율화, 합리화 등을 선제적으로 진행하면 유가 반등 때 큰 도움이 될 것이다.

○ 저유가는 글로벌 기업들이 공통적으로 겪는 어려움으로 생존하는 기업은 차기 시장의 주도권을 잡는 것도 가능할 것임.

---

189) 이하 내용은 뉴스토마토(2017.03.19.) 참조.

□ 정유・석유업계[190)]

○ 정유업계와 함께 석유화학업계의 경우 2015년에 이어 2016년에도 흑자를 이어가 성장을 지속하기 위한 다양한 시도가 진행될 것으로 전망

○ 다만, 향후 닥쳐올 수도 있는 저유가 기조에 대비하고 커져가는 불확실성에 맞설 수 있는 대책을 모색 중에 있음.

○ 따라서 포트폴리오 다양화와 고부가가치 제품 생산이 절실하게 요구되고 있음.
- 정유4사는 2016년에 이어 2017년에도 시설투자와 함께 사업다각화에 집중할 것으로 관측[191)]
- 유화업계 역시 기존의 석유화학 제품을 통한 매출 성장과 함께 신규 사업으로 새로운 먹거리 찾기에 나서 가시적인 성과 도출을 시도[192)]

□ 철강업계[193)]

○ 철강업계는 연관 산업들의 시장 상황에 따라 실적이 좌우되는 경향이 많아 자동차, 조선, 건설업종의 호황세가 있어야 살아날 수 있음.

○ 따라서 글로벌 경기가 바닥을 치고 반등하기를 기다리면서 포트폴리오 다양화, 고부가가치 제품 생산을 위한 연구・개발(R&D)에 집중해야 함.
- 그 동안 부진했던 업종들이 되살아날 경우를 대비해 미래형 제품을 생산할 수 있는 능력을 갖추는 것이 가장 중요할 것으로 보임.

---

190) 폴리뉴스(2017.01.11.) 참조.

191) 일례로 SK이노베이션은 선제적이고 과감한 투자를 통해 국내뿐 아니라 글로벌 시장에서 인수·합병(M&A)을 진행할 계획임. 또한 포트폴리오를 늘리며 경쟁력 강화에도 나서 배터리 공장 증설과 배터리 분리막 사업 확대 등 신사업 분야에 집중 투자할 계획임. GS칼텍스는 구체적인 투자 방침을 밝히지 않았지만 포트폴리오를 다양화하고 기존 사업을 강화할 것으로 예상됨. 현대오일뱅크는 롯데케미칼과 6대 4로 출자해 설립한 현대케미칼이 MX(Mixed Xylene ; 혼합자일렌) 공장을 준공하고 본격적인 생산에 들어가면서 원유에서 MX, BTX(벤젠, 톨루엔, 파라자일렌)까지 이어지는 석유화학 아로마틱 사업의 밸류 체인을 완성했음. 에쓰오일은 기존 설비 능력 향상에 심혈을 기울이고 있는데, 설비 능력 개선을 통해 생산량을 늘려 투자 대비 효과적인 생산량 증가 효과를 기대하고 있음.

192) 일례로 LG화학은 기존 석유화학 제품 생산 외에 차량용 배터리 관제시스템(BMS ; Battery Management System) 관련 기술과 전기차용 배터리 판매 확대를 통해 자동차 전장부품 시장에서 우위를 점한다는 목표임.

193) 폴리뉴스(2017.01.10.) 참조.

(2) 일본의 사례 : 저유가에도 친환경경영 강화[194)]

저유가 장기화에도 불구하고 일본 기업은 전반적으로 에너지 절약 및 탈석유 기술의 개발에 주력하고 있으며, 이러한 친환경기술을 회복세가 부진한 일본 및 세계시장을 공략하기 위한 차별화 포인트로 삼고 있다고 할 수 있다.

일본정부는 지구온난화 방지를 위한 파리협정에서 2030년까지 2013년 대비로 온실가스 배출량을 26% 감축하는 목표를 제시한 데 이어 '지구온난화 대책 계획안' 초안을 작성하는 등 날로 강해지는 환경 규제에 일본기업이 선행적으로 대응하겠다는 입장이다.

○ 일본정부의 '지구온난화 대책 계획안' 초안에 따르면 2050년까지 온실가스 배출량을 80% 감축하는 방안이 명기되고 있으며, 이를 위해 에너지 소비량의 감축, 재생가능에너지 이용 확대, 이용 에너지의 전환을 지향

○ 2050년의 에너지 소비량을 1990년 대비 약 40% 감축하는 동시에 이를 바탕으로 경제성장을 양립하는 계획을 추진

- 2030년까지 LED, OLED 조명 등을 모든 가정과 사업소에 보급시키고 신차 판매 중 HEV, EV 등의 그린카의 비율율 50～70%로 끌어올릴 계획
- 2030년까지의 중기적 목표 달성을 위해 부문별 온실가스 삭감 목표도 설정되었으며, 업무 및 오피스의 경우 40% 감축, 가정은 39% 감축, 운수 분야 28% 감축, 재생가능에너지 등 에너지의 전환으로 28% 감축, 산업 7% 감축을 목표
- 분산형 재생가능에너지를 확대하면서 전력 부문의 온실가스 배출량의 감축에 주력

온실가스의 장기 감축 목표 달성을 위해서는 현재 기술의 업그레이드만으로는 불충분하다는 판단에서 일본 정부는 시스템, 에너지 절약, 발전, 저장, 탄소 순환의 5개 분야를 혁신적 기술로 선정하고 일본이 우위를 점하고 있는 기술을 중점적으로 지원하고 있다.

○ 시스템에서는 AI와 빅데이터를 활용한 전력 수급의 최적화, 에너지 절약에

194) 이하 내용은 이지평 외(2016.03.) 참조.

서는 자동차의 무게를 절반으로 줄일 수 있는 초경량 · 초내열 구조재, 발전에서는 발전효율 2배 이상의 퀀텀닷 태양전지 및 지하 암석의 열을 활용하는 고온암체 발전, 저장장치에서는 1회 충전으로 700km를 주행할 수 있는 차세대 축전지, 수소의 대량 · 염가 제조법, 탄소 순환에 서는 인공광합성으로 이산화탄소를 자원으로 변환하는 기술을 선정

일본기업은 정부의 이러한 정책 방향에 부응하는 한편, 온실가스 감축량을 경영목표로 내세우면서 이를 고려한 연구 및 제품 개발에 주력하고 있다.

○ 특히, 글로벌하게 제조경쟁력을 유지 및 강화하고 있는 일본 자동차업계는 그린경영에 주력하고 있으며, 일본경제신문이 실시한 환경경영도 조사에서 1위는 2년 연속 코니카미놀타가 차지하는 한편, 자동차 메이커 3사도 모두 10위권 내에 올랐음.

코니카미놀타는 자사에서 효과를 거둔 환경대책을 무상으로 제공해 기존 고객과의 거래관계를 강화하거나 신규 고객 개척에 활용하는 방법으로 영업력을 강화하고 있다.

혼다는 친환경 경영 체제 강화에도 주력하면서 각 생산 공장의 에너지 절약 진단을 통해 개선점을 제안하는 전문팀을 조직해 국내외의 도장 공정에서의 가스 사용량을 감축하고 있다.

파나소닉은 라인이 가동하고 있지 않을 때 불필요한 증기 등을 대량으로 소비하지 않도록 동력설비의 운전을 제어하는 에너지 대책을 추진하며 카시오는 그룹 전체의 사업 프로세스에서 배출하는 온실가스를 2050년까지 80% 감축, 소니는 각각 자사 제품의 라이프사이클 전체를 대상으로 이산화탄소 배출량 제로화를 목표로 삼았다.

해외에서는 부품의 생산단계를 포함해 이산화탄소 배출량을 산출하는 국제기준 'Scope 3' 을 기준으로 환경대책을 판단하는 움직임이 확대되고 있어 일본에서 축적한 노하우를 해외의 조달선과 공유하는 한편, 제품에 이용하는 부품과 재료의 생산단계에서부터 배출을 억제해 서플라이 체인 전반에 걸쳐 온난화 대책을 강화하는 움직임도 대두되고 있다.

NEC(일본전기주식회사)도 시스템 개발회사 등의 거래처 몇 곳을 대상으로 센서를 이용해 효율적으로 온도 관리가 가능한 기기 등 자사에서 성과를 확인한 에너지 절약 기술의 도입을 지원하며 대상은 순차적으로 확대하고 있다.

일본 내에서 이용되는 에너지의 약 60%가 대기와 물 등으로 방출되는 가운데, 특수한 반도체와 금속화합물의 표리에 생기는 온도차에 의해 전기가 흐르는 현상을 이용해 고온 부분에서 전기를 추출하는 기술로 폐열을 전력으로 바꿔 자동차의 연비 개선과 설비 전원에 활용하는 열전 기술도 주목되고 있다.

8.5 시사점[195)]

최근 저유가 기조는 세계경제 둔화와 동시에 발생하고 있어 우리 수출에 미치는 부정적인 영향이 긍정적인 영향보다 큰 것으로 평가되지만, 유가하락이 원유 수입국의 국내수요를 증대시키며 중장기적으로 우리 수출에도 긍정적인 영향을 미칠 것으로 예상된다.

따라서 국가별로는 향후 지속될 저유가 시기에 소비여력이 풍부해질 것으로 기대되는 미국 · 인도 · EU 등으로의 수출이, 품목별로는 자동차 · 무선통신기기 및 부품 등의 수출이 활발할 것으로 전망된다.

○ (품목별) 유가하락에 따라 원유 기반 제품, 원유생산시설 관련 제품 등은 수출 감소가 예상되며, 석유를 동력원으로 사용하는 제품 등은 수출 증가 예상

○ (국가별) 구매력이 하락할 것으로 예상되는 원유수출국으로의 수출은 감소가 예상되며, 유가하락에 따른 이익을 향유할 것으로 기대되는 원유수입국으로의 수출은 증가 예상

우리 수출기업들은 저유가에 따른 틈새시장 공략과 함께 저유가 여력을 활용하여 에너지 분야, ICT 분야 등에 대한 R&D 투자를 확대하고, 저유가로 경영환경이 악화된 해외 에너지 기술기업과 M&A 검토를 고려해 볼 수 있다.

○ 정부는 기업의 생산비 절감이 투자 및 인적개발 등으로 연결될 수 있도록 기업투자를 장려하는 대책과 함께 가계소비 확대를 유도할 수 있는 정책 발굴이 요구됨.

195) 이하 내용은 류승민·문병기(2016.04.29.) 참조.

제 11 장

셰일혁명의 시대

1. 셰일혁명으로 부상한 타이트오일[196]

1.1 세계석유 생산 확대에 크게 기여

셰일층 개발기술 혁신으로 북미에서 생산이 늘어나고 있는 타이트오일은 향후 세계석유 생산 확대에 크게 기여할 전망이다.

○ 현재 타이트오일의 생산비용을 고려할 때 타이트오일의 생산 확대가 큰 폭의 유가하락을 이끌기에는 한계가 있어 보이지만 상승을 억제하는 요인으로서는 충분히 작동할 것으로 예상됨.

석유생산이 정점을 찍은 후 감소한다는 피크오일(Peak Oil)[197]의 대표적 사례로 지목되던 미국에서 원유생산이 39년 만에 증가세로 전환되었다.

○ 2012년에는 WTI 유가 1% 하락에도 불구하고 미국은 주요 산유국 중에서 이라크에 이어 세계 두 번째로 빠른 석유생산 증가율(8.9%)을 기록하면서 세계 최대 석유생산국으로 발돋움했다.

미국이 빠른 석유 생산 확대를 보이는 데에는 비전통석유인 타이트오일(Tight Oil)의 역할이 크다.

○ 타이트오일은 셰일가스가 매장된 셰일층, 즉 모래와 진흙이 굳어진 지하 퇴적암층에 존재하는 원유를 말함.

- 탄소 함유량이 많고 황 함량이 적은 경질유이기 때문에 LTO(Light Tight Oil)라고 지칭되기도 함.

일부에서는 셰일층이라는 매장 위치를 감안해 셰일오일(Shale Oil)이라 부르기도 하기 때문에 이후 논의에서는 타이트오일을 셰일오일과 혼용하고자 한다.

196) 이하 내용은 이광우(2013.01.) 참조.

197) 피크오일 : 석유 생산량이 기하급수적으로 확대되었다가 특정 시점을 정점으로 급격히 줄어드는 현상을 말함. 석유 소비의 급증에 비해 새로운 유전 발견이 부진하거나, 정유시설의 미흡한 투자, 전쟁 등으로 석유 생산이 한계에 부딪혔을 때 나타남. 즉, 피크오일은 석유의 매장량이 아닌 석유의 채취 여부와 관련이 있음. 석유 생산이 최고에 이르는 지점은 석유 생산이 더 이상 늘어나지 않는 지점이 됨. <네이버 지식백과> (매일경제용어사전) 참조.

○ 그런데 IEA와 EIA 등 주요 에너지 기관들은 동식물의 사체가 원유로 변하기 전 단계인 케로젠(Kerogen)이 주 성분인 오일셰일(Oil Shale)과 오일셰일에 열을 가해 합성 석유로 만든 셰일오일을 타이트오일과 구분하고 있음.

1.2 타이트오일, 채굴기술 혁신으로 생산 급증

타이트오일 생산이 급증한 배경에는 채굴기술의 발전이 있다.

○ 지하 2km 이상의 셰일층까지 시추장비가 수직으로 내려간 후 수평으로 파고 들어가는 수평시추법(Horizontal Drilling)과 고압의 액체를 분사해 암석에 균열을 내는 수압파쇄법(Hydraulic Fracturing)이 셰일가스에 이어 타이트오일로까지 적용되면서 타이트오일의 생산단가가 배럴당 50~80달러로 개선되었음.

○ 이와 함께 개도국의 고성장으로 인해 석유수요 증가세가 가속되는 반면, 자원민족주의로 인해 석유공급은 부진하면서 빚어진 100달러 이상의 고유가와 미국이 가진 자원개발 권리의 토지 소유자 귀속, 독립계 기업과 자원 벤처기업에게 우호적인 금융 인프라 등도 새로운 에너지 개발을 촉진하는 기폭제 역할을 하였음.

이로 인해 미국에서 2009년에 2천5백 배럴/일에 불과했던 타이트오일 생산량이 2012년에는 2백만 배럴/일로 800배 급증했다.

○ 타이트오일의 생산 증가 탓에 미국의 석유 생산 감소세가 증가세로 전환된 것임.

1.3 타이트오일의 개발 잠재력은 계속 확대 중

미국발 타이트오일 개발 붐은 중장기적으로 지속될 가능성이 높아 보인다.

○ 타이트오일이 생산단가 경쟁력을 갖추고 매장량도 많은 등 잠재력이 높은 것으로 보이기 때문임.

미국에서 배럴당 50~80달러인 타이트오일의 생산단가는 러시아에서 14~40달러, 중국에서 50달러 이상으로 추정되고 있다.

- ○ 이에 반해 2012년 실질달러 기준으로 브라질 심해유전과 캐나다의 오일샌드, 그리고 베네수엘라의 초중질유는 생산단가가 배럴당 39~79달러임.
- ○ 아직 개발이 초기단계에 있는 오일셰일의 생산단가는 배럴당 62~129달러, 액화가스(GTL)과 액화석탄(CTL)은 45~129달러임.

타이트오일이 심해유전이나 다른 비전통석유에 대해 생산단가 경쟁력을 갖춘 것으로 보이기 때문에 타이트오일의 개발 및 생산이 지속적으로 확대될 가능성이 높다.

- ○ 세계석유 공급을 타이트오일로만 충당해도 타이트오일의 채굴가능 연수는 23~34년에 이름.

물론, 미국을 제외한 다른 지역에서의 타이트오일 생산단가와 매장량은 아직 초기 개발단계에 있기 때문에 셰일가스와 마찬가지로 불확실성이 높은 실정이다.

- ○ 그리고 개발과정에서 발생하는 환경오염 문제나 다량의 물 사용 또한 타이트오일 개발 시 개선해야 할 걸림돌로 있음.

하지만, 타이트오일 탐사가 남미, 아프리카 등 세계적으로 확산되고 채굴방식에 있어서 친환경 액체를 사용하는 등 환경오염 문제를 개선한다면 타이트오일의 잠재력은 더욱 커질 것으로 기대되고 있다.

- ○ IEA는 셰일층 개발 관련 환경문제를 극복하기 위한 추가부담이 전체 생산비용의 6%정도에 그칠 것이라고 분석한 바 있음.
  - 채굴방식 개선에 따른 생산비용 상승이 크지는 않을 것으로 보임.

1.4 타이트오일을 석유수급 다변화의 기회로

타이트오일이 값싼 유가(Cheap Oil, Easy Oil) 시대를 재현하기는 어렵지만 유가 상승세를 둔화시킬 수는 있을 것으로 보인다.

○ 세계경제의 에너지소비 부담이 완화될 여지가 있음.

타이트오일의 개발 기술이 오일셰일 개발로 확산될 경우에는 비전통석유의 유가 안정 역할이 더욱 확대될 것으로 기대된다.

다만, 석유 자립도가 높아질 서방 국가들에 비해 중동산 원유 수입 비중이 높은 아시아 국가들이 중동정세 변화 등에 따른 돌발적으로 발생 가능한 석유 수급 불안정에 여전히 노출되어 있고, 미국의 영향력이 약화될 경우 중동지역 정세의 불확실성은 더 커질 수도 있다.

특히, 우리나라는 석유 공급을 전적으로 해외에 의지하고 중동산 원유 수입 비중이 88.7%로 매우 높아 대비가 절실하다.

북미의 타이트오일 개발과 아시아 석유 수출 전환[198]을 자주개발과 석유 수입 다변화 차원에서 대응할 필요가 있다.

○ 북미를 포함해 러시아, 중국 등 기타 지역에서의 타이트오일 탐사 및 개발 사업, 원유수송 인프라 확충 등의 사업에 우리 기업들이 참여를 검토해볼 필요가 있음.

○ 타이트오일 개발이 환경이슈에 예민하고 생산 개시 후 1~2년 만에 유전 감퇴율이 70~80%에 이르면서 자금투입이 지속적으로 발생하는 등의 사업 특성을 잘 파악하는 것이 병행돼야 할 것임.

타이트오일로 인해 차세대 자동차 개발 등 석유대체 노력은 다소 위축될 가능성이 있다.

○ 그러나 피크오일의 도래 시기는 지연되고 있는 것이지 화석연료의 고갈 문제가 해소된 것은 아님.

따라서 중장기적인 관점에서 탈석유 관련 핵심 부품 및 소재의 경쟁력 강화 노력은 계속돼야 할 것이다.

---

198) 미국에서 셰일 개발 붐이 일어난 덕분에 미국의 원유 및 천연가스 생산량은 지난 10년간 약 60% 증가했음. 산유량이 급증하자 미국은 2015년 40년 만에 석유 금수 조치를 해제했음. 시장에서는 미국이 2020년까지 원유 수출량을 4배로 늘리며 세계 10대 원유수출국으로 부상할 것이라는 전망이 나옴. 이와 관련하여 머니투데이(2017.08.02.) 참조.

2. 세계 셰일오일 매장 및 개발 현황[199)]

세계적으로 비전통원유(unconventional oil)의 생산량은 빠르게 증가하고 있으며, 초중질유를 포함한 오일샌드(Extra-heavy oil and bitumen)와 타이트오일(tight oil)이 생산량 증가의 대부분을 차지하고 있다.

○ '초중질유를 포함한 오일샌드'는 점성이 강하고 유황성분이 높아 수송이 어렵고 추가적인 정제과정이 필요하다는 단점이 있었지만, 최근의 기술진보로 캐나다를 중심으로 생산량이 빠르게 증가하고 있음.[200)]

○ '타이트오일'은 투과율이 낮은 타이트층(tight formations)에서 생산되는 석유를 의미하며, 타이트층의 일부인 셰일층(shale formations)에서 많이 생산되기 때문에 셰일오일(shale oil)과 혼용되고 있음.

- EIA와 IEA는 오일셰일(oil shale)[201)]과 셰일오일의 혼동을 방지하기 위하여 셰일오일을 포괄할 수 있는 '타이트오일' 개념을 사용

세계 셰일오일 매장량은 3,450억 배럴로 추정되고 있으며, 북미지역(23%)과 구소련(22%)지역에 상대적으로 많이 매장되어 있지만 전통원유에 비해 지역적 분포는 고르게 나타나고 있다.

○ 러시아(22.0%), 미국(16.8%), 중국(9.3%), 아르헨티나(7.8%), 리비아(7.6%)의 매장량이 높게 나타나고 있지만, 현재 미국에서만 생산이 활발하게 진행되고 있음.

○ 러시아와 중국은 셰일오일 개발을 최근에 시작하고 있음.
- 2013년 러시아의 Rosneft는 ExxonMobil과 서시베리아 Bazhenov 지역의

---

199) 정준환·신힘철(2013.07.) 참조.
200) 캐나다 원유생산(분기) : 335만b/d('10년 평균) → 406만b/d('13.1분기)
201) 오일셰일은 원유성분을 갖는 케로젠(Kerogen)을 함유하고 있는 퇴적암으로 석유화 전 단계의 원유로 분류되며, 고열을 가해 코크스나 원유 등 사용 가능한 석유 형태가 추출됨.

지질학 분석을 실시할 계획이며, 중국은 2010년부터 PetroChina와 미국석유기업 Hess가 공동으로 중국 내 Songliao 분지의 Daqing 유전 등에서 개발을 추진하고 있음.

3. 최근의 미국 셰일오일 공급여건[202)]

2016년 2월 이후 국제유가가 빠른 회복세(WTI 기준: 2월11일 26.2 $/bbl → 6월 29일 49.9 $/bbl)를 보였는데 6월 들어 3주 연속 미국 셰일오일 시추설비기수가 늘어남[203)]에 따라 일부에서는 셰일오일의 공급이 증가하여 국제유가 상승을 억제하는 요인으로 작용할 것이라는 의견을 제기하고 있다.

최근 미국 셰일오일 산업의 생산비용, 투자, 생산능력 등 공급측 여건을 전반적으로 점검해 본 결과 나타난 특징은 다음과 같다.

○ (생산비용) 미국 셰일오일 산업의 생산비용은 기술발전 등에 힘입어 자본비용(시추 · 원유추출설비 · 육상설비 비용)을 중심으로 크게 감소
- 2015년 시추효율성 개선에 따른 리그 관련비용 감축(25~30%) 등에 힘입어 주요 셰일오일 유정의 시추 및 원유추출설비 비용이 20% 내외 감소한 것으로 추정
- 다만, 최근 효율성 개선 속도가 둔화된 가운데 운영비용(수송비 등)과 지대비용(임대료 등)의 증가가 예상되어 당분간 셰일오일 생산비용의 추가 절감은 쉽지 않을 전망

○ (손익분기 유가) 셰일오일 생산비용의 감소에 따라 손익분기 유가가 평균적으로 2012~2014년 중 배럴당 60~80달러 수준에서 최근에는 40~60달러 수준으로 크게 낮아진 것으로 추정

202) 최인방 외(2016.07.) 참조.
203) 2016.5월말 316개 → 6월 첫째 주 325개 → 둘째 주 328개 → 셋째 주 337개 → 넷째 주 330개

- 다만, 기존 유정의 운영비용은 평균 19~24달러 수준으로 기존 셰일오일 생산업체들은 저유가에도 불구하고 생산을 지속

○ (투자 및 생산능력) 미국 셰일오일 업계의 원유시설 투자는 2015년 큰 폭 줄어든 데 이어 2016년 중에도 감소세를 지속할 전망이나 단기간 내 생산이 가능한 미완성유정[204]이 다수 존재

이와 같은 여건 하에서는 유가가 일정 수준 이상으로 상승할 경우 미완성유정을 중심으로 셰일오일 생산이 증가함으로써 추가적 가격상승이 억제될 수 있다.

○ 다만, 셰일오일 생산비용의 추가 감축이 어려운 점 등을 고려할 때 현 유가 수준에서는 셰일오일 공급이 크게 확대될 가능성도 낮아 보임.

- 향후 국제유가는 당분간 손익분기 유가수준에서 박스권을 형성하며 수요 · 공급측 요인 및 지정학적 요인 등에 따라 등락할 가능성이 높은 것으로 판단

4. OPEC의 위상 변화[205]

4.1 이빨 빠진 OPEC

석유수출국기구(OPEC)가 끈질기게 지속된 셰일업계의 공세압박에 '원유시장 균형자' 로서의 능력을 상실했다는 분석이 나왔다.

OPEC은 셰일혁명이 벌어지기 전까지만 해도 압도적인 산유량을 바탕으로 한 시장점유율로 국제유가의 '균형' 을 원하는 대로 조정하는 등 원유시장을 호령해 왔지만, 미국 셰일업계를 포함한 비(非)OPEC 산유국의 산유량 증가와 점유율 잠식으로 OPEC의 원유시장 독재는 종결됐다고 블룸버그 통신이 보도했다.

204) 1,300~2,750여개로 추산(Wood Mackenzie 1,300여개, Rystad 2,000~2,400개, IHS 2,750개)

205) 이하 내용은 무역뉴스(2016.05.27.) 참조.

○ '제2차 오일쇼크'가 일어난 1970년대까지만 해도 OPEC은 전 세계 산유량의 절반을 넘는 점유율을 차지했었음.
- 제2차 오일쇼크도 이슬람 혁명을 일으킨 OPEC 회원국 이란의 석유수출 중단으로 촉발됐을 정도로 당시 OPEC의 영향력은 막대했음.

2016년 기준 OPEC의 시장점유율은 40% 아래로 떨어졌는바, 이는 치열한 석유 치킨 게임의 결말이라 할 수 있다.

○ 심지어 저유가가 장기화되면서 회원국 간의 경쟁이 마찰로 번지고 있음.
- OPEC의 맹주 사우디아라비아도 이란의 석유시장 재진출 등으로 세계 최대 원유수입국인 중국에서의 점유율을 2013년 19%에서 2015년 15%까지 잃었음.

압둘라 빈 하마드 알-아티야 카타르 총리는 지난 2016년 5월 25일 카타르 도하에서 열린 석유업계 콘퍼런스에서 "OPEC은 더 이상 전 세계 산유량을 좌지우 지하는 생산자가 아니다"라며 "만약 생산량을 조작하려할 경우 오히려 시장점유율을 잃게 된다"고 지적하였다.

○ 이날 행사에서는 2016년 6월 2일 오스트리아 빈에서 열리는 OPEC회의가 무의미하다는 분석도 나왔음.

○ 클로드 만딜 전 국제에너지기구(IEA) 사무총장은 "원유시장의 힘이 너무 강해졌다"며 "OPEC 더 이상 시장의 힘에 맞서 싸우지 못하므로 이번 회의에 대해 아무런 기대도 하지 않는다"고 말했음.

만딜 전 IEA 사무총장은 이어 "OPEC이 해결해야 하는 주요 이슈는 석유시장 점유율이 아닌 석유수출에 의존해 온 경제를 어떻게 다각화해야 할지에 대한 것"이라고 말했다.

4.2 OPEC의 향방[206)]

미국 셰일오일의 증산이 계속되는 가운데 세계 석유공급의 조절 역할을 담당해 왔던 OPEC으로서는 국제유가를 지키기 위해 생산량의 감축이 필요한 상황인데, 이

206) 이하 내용은 이지평(2015.01.) 참조.

러한 부담을 전적으로 OPEC만이 감당하기가 어려운 측면이 있다.

OPEC의 맹주인 사우디아라비아로서는 북미 셰일오일이나 러시아 등 비OPEC 산유국뿐만 아니라 이란 등 OPEC 회원국 자체도 견제하면서 시장점유율의 확보에 나서겠다는 입장을 보이고 있다.

유가하락 속에서 원가경쟁력이 낮은 한계사업자의 개발 및 생산 활동이 위축될 것으로 보여 사우디아라비아로서는 감산을 하기보다도 저유가 상황에서 이들 사업자의 생산 위축을 유도하겠다는 입장이다.

결국, 고유가 시대에 확대된 각 지역의 석유 개발 및 생산 프로젝트는 연기 및 취소가 잇따를 것으로 보여 셰일 개발 붐의 후퇴와 함께 생산 코스트가 낮은 중동지역 등의 코스트가 낮고 유망한 석유개발 프로젝트 등으로 투자가 엄선될 효과가 나타나면서 공급조절이 시간을 두고 이루어질 전망이다.

○ 세계경제와 석유시장을 포함한 에너지 산업의 장기비전을 고려하면서 석유전략을 강구하고 있는 사우디아라비아의 경우 태양광 등 재생에너지의 급성장, 지구온난화 규제 강화로 석유 시대의 종말도 염두에 두면서 자국에 매장된 석유자원이 개발되지 않고 대체에너지 시대로 이행할 것을 가장 우려하고 있다고도 할 수 있음.

○ 사우디아라비아로서는 기타 산유국과의 경합 속에서 석유시장 점유율을 유지하고 자국의 석유자원을 가장 효율적으로 활용하기 위해 목표로 하는 유가수준을 과거의 '100달러 시대' 에 비해 낮추고 있는 것으로 보임.

5. 주목받는 셰일오일과 셰일가스[207]

OPEC(석유수출국기구)의 감산과 트럼프 정부의 화석연료 중심의 에너지정책 발표로 셰일오일 · 셰일가스가 다시 주목받고 있다.

---

207) 이하 내용은 무역뉴스(2017.02.03.) 참조.

○ 셰일은 석유의 대체재로 관심을 받았지만 높은 생산비용 때문에 석유를 대체하진 못했으나 미국 셰일의 생산효율성이 개선되고 최근 OPEC이 감산에 합의하면서 셰일이 떠오르고 있음.

5.1 OPEC 감산이 준 영향

지난 2016년 11월 30일 OPEC이 8년 만에 감산에 합의하였다.

○ 2012년 112달러까지 치솟았던 유가는 석유시장 경쟁과 세계경제 부진이 만든 공급 저하로 2016년 46달러를 기록했는데, 이는 OPEC 국가들이 '셰일 죽이기' 전략으로 저유가를 용인했기 때문임.

○ 특히, OPEC의 수장 격이었던 사우디아라비아가 적극적이었는데, 사우디는 저유가 전략을 묵인하며 결국 석유시장에서 셰일을 몰아냈음.

셰일오일의 생산과 수요가 줄어들자 사우디의 재정도 어려워졌으며, 이를 해결 하기 위해 OPEC은 감산에 나섰고 결국 9시간의 오랜 회의 끝에 하루 120만 배럴을 감산하기로 하였다.

○ 러시아를 비롯한 비OPEC 산유국도 OPEC 감산에 동참해 하루 56만 배럴을 줄이기로 했음.

유가가 오르면서 미국 셰일오일의 생산이 증가하고 있다.

○ 셰일은 지난 6년 간 1개의 유전에서 1개월 동안 생산될 수 있는 원유가 10배 증가해 2017년 초 기준으로 일평균 1000배럴을 생산하고 있음.

○ 실제로 텍사스의 이글포드 유전에선 원유 시추 설비 당 일평균 1000배럴의 원유가 생산되었음.
- 2007년 이글포드의 산유량이 110배럴이었던 것을 감안하면 생산효율성이 10배 증가한 것을 알 수 있음.

그런데 시추 기술의 발전으로 인해 지난 6년 간 미국 셰일의 생산효율성이 10배로 증가하였다.

○ 셰일을 채굴하기 위해선 수평시추, 수압파쇄 등 고도의 기술이 필요해 생산원가가 일반 원유보다 높았지만 시추기술이 발달하면서 셰일의 생산단가가 낮아졌음.

○ 수평정의 시추 길이는 2014년 대비 유정 당 15% 증가한 2164미터였으며 수평정 파이프의 피트 당 생산량은 2012년에 비해 약 70~120% 증가하였음.

○ 수평정 시추시간 역시 2013년 평균 29일이 소요됐으나 2016년엔 20일로 단축되었음.

전문가들은 셰일이 이익을 내려면 국제유가가 50~55달러 이상을 유지해야 한다고 말하고 있는데, 현재의 유가(2017년 1월 18일 기준)는 52.7달러를 기록하고 있다.

○ 전문가가 제시한 범위 내 유가가 형성되면서 셰일 생산의 기초가 마련된 것임.

결국 OPEC 감산 합의로 인한 유가상승과 셰일오일 생산기업의 기술발전으로 셰일이 다시 한 번 주목받을 것으로 예상된다.

그런데 OPEC을 중심으로 한 산유국들이 감산에 많은 노력을 기울였지만 국제 유가 상승 기대감은 일장춘몽으로 끝이 났는데, 그 이유는 미국의 원유재고량이 사상 최고치를 기록했기 때문이다.[208)]

○ 미 에너지정보청(EIA)에 따르면 미국의 주간 원유재고는 총 5억2839만 배럴이었으며, 원유재고량 증가분도 시장 예상치 160만 배럴을 5배 이상 뛰어넘는 820만 배럴로 조사되었음.

○ 미국의 원유재고량 증가는 셰일업체들의 증산을 의미함.
- 미국 셰일업체들은 OPEC이 2014년부터 지속한 저유가 영향으로 파산신청을 하는 등 어려운 경영환경을 겪었으나, 이를 극복하기 위해 새로운 시추기술을 개발하고 생산성 높은 지역에서만 개발을 하는 등 원가절감 방안을 내놓았고 생산비용을 줄이는데 성공하였음.

비회원국까지 설득해 이룬 감산을 미국 셰일업체들이 잠식하자 OPEC은 불편한 심기를 노골적으로 드러냈다.

---

208) 이하 내용은 메트로신문(2017.03.12.) 참조.

○ 외신에 따르면 사우디 에너지부 고위 관계자는 최근 미국 원유업체 CEO들과 비공개 회담을 갖고 OPEC이 셰일오일 증산을 감안해 생산량을 줄이진 않을 것이라고 경고했음.
- 칼리드 알 팔리 사우디 석유장관 역시 "OPEC 감산으로 인해 유가가 반등하는 국면에 미국 셰일오일업체들이 무임승차하는 일은 없을 것"이라고 밝힌 바 있음.

하지만, OPEC에 마땅한 대응방법이 있는 것은 아니다.

○ 수입의 대부분을 원유에 의존하기에 증산을 통해 셰일업계가 대응하지 못할 정도의 저유가 상황을 만들기도 어렵고 감산을 해도 수입이 줄어들기에 결국 셰일업계에 좋은 일만시키는 셈이 됨.

○ OPEC 내부의 분란도 문제임.
- 업계에 따르면 쿠웨이트와 사우디를 제외하고는 OPEC 회원국들의 감산 이행률이 50%에 미치지 못함.
- 특히, 사우디는 감산으로 경제적 어려움을 겪고 있기에 다른 회원국들의 합의 불이행에 민감하게 반응하고 있는 것으로 알려졌음.

업계 관계자는 "OPEC이 줄어든 영향력과 결속력을 실감하는 기회가 됐을 것"이라며 "감산 합의의 실효성에 회의를 느낀 각국이 증산에 나서 2018년 중반까지 석유 공급량이 급등할 가능성이 있다"고 내다봤음.[209)]

209) OPEC은 과거 공급량을 늘리거나 줄이는 식으로 유가 안정을 도모하였음. 2014년 말에 이미 국제유가가 반 토막이 났지만 OPEC은 요지부동이었음. 시장점유율 욕심에 사우디아라비아를 비롯한 OPEC 주요국은 오히려 산유량을 늘렸음. 생산비 부담이 상대적으로 큰 미국 셰일업계를 압박하려면 유가를 더 떨어뜨려야 한다는 계산도 작용했음. 가격이 떨어지면 생산량을 줄여야 하지만 OPEC은 2016년 11월에야 가까스로 감산 합의를 도출했음. 러시아·멕시코 등 OPEC에 속하지 않은 주요 산유국도 동참, 하루 180만 배럴 규모의 감산에 합의했음. OPEC의 감산 합의는 2008년, 비회원국까지 동참한 합의는 2001년 이후 처음임. 2017년 5월에는 기존 감산 합의 시한을 2018년 3월까지 9개월 연장하기로 했음. 합의 때마다 국제유가는 배럴당 50달러 선을 회복했지만 부침이 끊이지 않았음. 전문가들은 사실상 달라진 게 없기 때문이라고 지적했음. 당장 감산 합의 이행 수준이 만족스럽지 않아 OPEC의 감산 합의 이행률은 70% 수준에 불과했음. 급기야 사우디는 최근 원유 수출량을 2017년 8월부터 하루 660만 배럴로 40만 배럴 감축하겠다고 선언해 국제유가를 3% 넘게 띄어 올려놓았으나 사우디 혼자 할 수 있는 일은 제한적인 상태임. 닉 버틀러 파이낸셜타임스(FT) 에너지 담당 칼럼니스트는 OPEC의 감산 합의에서 배제된 리비아와 나이지리아의 증산이 사우디 효과를 상쇄할 것으로 전망했는바, 그는 2018년 대선을 앞둔 러시아나 최악의 정정불안과 경제난에 직면한 베네수엘라 등 다른 산유국도 사우디의 감산으로 국제유가가 반등하면 오히려 더 큰 증산 유혹을 받게 될 것으로 내다봤음. 미국 셰일업계도 마찬가지임. 국제에너지기구(IEA)는 최신 보고서에서 미국과 러시아 등 비

5.2 셰일오일 생산 확대의 지속성[210)]

셰일오일의 생산원가가 점차 떨어지고 있는 것은 사실이지만 다른 고코스트 광구의 존재와 함께 개발 및 생산 사업자의 수익성 하락 효과가 나타나면서 개발 활동에 영향을 받기 시작할 것으로 보인다.

메이저 석유회사와 함께 100개 정도의 중소 사업자가 셰일개발을 주도하고 있어서 이들이 부도를 막기 위해 현금 확보에 나서면서 생산량의 감소 효과는 점진적으로 나타나겠지만 셰일층 개발의 특성상 신규 개발 및 투자자금이 확대되지 않으면 지속적인 생산 확대가 어려울 것으로 보인다.

○ 셰일가스 및 셰일오일의 생산은 생산 개시 1년이 지나면 급격히 감소해 2~3년 정도 생산하면 다른 광구로 이동해야 하는 형태는 셰일층을 8개 파이프로 3층 구조로 개발·생산하더라도 변함이 없기 때문에 생산량 유지를 위해서는 지속적으로 자금이 투입되어야 하는 것임.

○ 이번 유가하락 과정에서 셰일 개발 및 생산 사업자의 취약성이 드러나면서 셰일 개발에 대한 버블과 같은 열기가 금융시장에서도 위축되면 셰일 개발에서 과거와 같이 풍부한 자금을 확보하기가 어려워질 것임.

상대적으로 큰 규모의 석유회사로서 셰일층의 개발 및 생산 혁신을 주도해왔던 코노코필립스사의 경우도 최근 투자계획을 축소하고 현금 확보에 주력하는 모습을 나타내고 있다(일본경제신문, 2014년 12월 10일 조간).

이와 같이 저유가의 효과로 인해 셰일오일의 개발 투자 둔화 및 감소가 현실화되고 있으며, 기존 유전의 생산효율 제고, 채산성 높은 광구의 생산량 확대로 인해 미국 셰일오일의 생산량 자체의 확대 기조는 당분간 이어지겠지만 저유가가 지속될 경우 점차 생산량 증가세에도 제동이 걸릴 가능성이 높다.[211)]

OPEC 산유국의 원유 생산량이 2018년에 하루 150만 배럴 증가할 것으로 예상했음. FT는 중국의 원유 수요가 계속 늘고 있지만 미국, 유럽, 일본 등 선진국의 수요가 정체되거나 감소하면서 중국의 수요 증가분을 상쇄하고 있다고 지적했음. 버틀러는 국제 원유시장의 수요와 공급이 다시 균형을 이루려면 하루 150만~200만 배럴의 추가 감산으로 과잉재고를 해소해야 한다고 분석하였음. 이와 관련하여 머니투데이(2017.08.02.) 참조.

210) 이하 내용은 이지평(2015.01.) 참조.

211) 이하 내용은 주로 이투데이(2016.02.26.) 참조.

○ 데본에너지와 파이오니어내추럴리소시스, 마라톤오일, 노블에너지, 헤스코퍼레이션, 오아시스페트롤리엄, 체사피크에너지 등 미국 셰일 대기업 7곳이 2015년 총 370억 달러(약 46조원)의 순손실을 기록했다고 2016년 2월 26일(현지시간) 일본 니혼게이자이신문이 보도했음.
- 이는 2014년의 110억 달러 흑자에서 적자로 전환된 것임.

○ 이들 기업은 공격적인 경영이 이미 자취를 감추어 투자를 대폭 억제하고 재무를 중시하는 자세로 전환했다고 신문은 전했음.

○ 데본에너지의 데이브 하거 최고경영자(CEO)는 "유가가 2016년 초반 배럴당 32달러 선인 상황에서 아무것도 할 수 없다"고 한탄했으며, 파이오니어의 스콧 셰필드 CEO는 "셰일 기업이 생존하려면 유가가 50~60달러로 올라야 한다"고 목소리를 높였음.
- 두 기업 모두 우량 광구를 보유하며 생산효율 향상도 주도하는 셰일산업 선두 주자임.

○ 2015년 매출이 급감하고 막대한 손실을 보면서 셰일 대기업들은 앞을 다퉈 비용을 절감하고 생산과 개발 투자를 대폭 삭감하는 긴축 경영에 들어간다고 신문은 전했음.
- 데본에너지는 2016년 투자규모가 전년보다 75% 급감했으며, 헤스코퍼레이션의 투자 삭감폭은 40%였음.

○ 신규투자 억제에 미국의 원유 채굴장비 가동 대수는 지난 2016년 2월 19일 기준 413개로, 정점일 당시의 4분의 1 수준으로 축소되었음.

○ 그러나 채굴장비가 급감해도 산유량은 좀처럼 줄어들지 않는 것이 셰일 기업들이 처한 딜레마임.
- 미국 에너지정보청(EIA)은 자국의 원유 생산량이 2016년 1분기에 하루 884만 배럴을 기록할 것으로 내다봤는데, 이는 2015년의 900만 배럴에서 소폭 줄어든 것임.
- 미국 원유의 절반을 차지하는 셰일유가 채산성 악화에도 기술혁신을 통한 생산성 향상으로 산유량이 여전히 많다고 전문가들은 풀이했음.
- 또 셰일기업들은 부채 등을 갚고자 현금을 확보하기 위해 울며 겨자 먹기로 원유를 생산하고 있다고 신문은 덧붙였음.

보다 중장기적으로는 최근 수년 동안 하락세를 보여 왔던 셰일오일의 생산 코스트 하락세가 향후에도 지속될 것인지의 여부이다.

○ 일반적으로 유전 개발 및 생산 코스트는 생산량의 확대와 함께 상승하는 모습을 보여 왔으며, 이는 자원개발기업이 가장 채굴하기 쉬운 광구나 지층 구조에 우선적으로 투자를 확대하여 이들 자원이 고갈되면 보다 낙후된 광구의 개발 및 생산에 나서기 때문임.

○ 이러한 과정에서 개발 및 생산 기술이 혁신되고 학습효과로 코스트가 절감되는 요인도 작용하지만 광구의 질이 떨어지는 코스트 상승효과가 보다 크기 때문에 전체적으로 생산코스트가 상승하게 됨.

○ 셰일오일의 경우도 기존 광구의 생산비용이 상승압력을 받고 있는 것으로 보이지만 셰일층을 개발하기 위한 공법에 응용기술의 개량 여지가 남아 있어서 코스트가 절감되고 있는 것으로 보임.

○ 다만, 이러한 개량 기술, 수압파쇄 포인트를 확장하는 등의 노력은 결국 추가적인 투자에 따라 확보할 수 있는 추가생산 확대량이 점차 체감되면서 한계에 봉착하게 되며, 결국 셰일오일의 생산 코스트도 어느 시점에서는 상승세로 반전할 것임.

5.3 트럼프의 미국 에너지 독립선언

트럼프는 기존 오바마 행정부의 청정발전계획(CPP, Clean Power Plan)[212)]으로 일자리가 줄어 제조경쟁력이 저하됐다는 이유로 화석연료 산업을 적극적으로 지원한다고 나섰다.

---

212) 석유, 천연가스 등 전통에너지 중심에서 비전통에너지 개발을 통한 에너지의 안정적인 수급으로 에너지 자립도 제고를 목표를 오바마 정부 1기에서는 중동 및 베네수엘라로부터 원유수입 감소 추진, 오바마 정부 2기에서는 셰일가스 개발 확대로 비전통에너지원의 적극적인 개발을 통해 안정적인 에너지 공급을 추진하였음. 또한 오바마 정부는 환경오염 및 기후변화에 대한 적극적인 대응으로 전세계 기후변화 분야에서 리더십을 확보하기 위해 2015년 8월 3일 청정발전계획을 발표, 미국 환경보호청(EPA)은 2030년까지 미국 내 발전소의 온실가스 배출량을 2005년 대비 32% 감축하기로 하였음. 이와 관련하여 안중익 외(2016.01.) 참조.

○ CPP는 2015년 오바마 대통령이 발표한 온실가스 배출량 감축안으로 2030년까지 미국 내 발전소의 탄소배출량 감축 목표를 높여 재생에너지 발전 비중을 높인다는 조치임.

○ 트럼프는 화석연료의 채굴확대와 에너지 자급률 상승이 경기 활성화와 무역적자를 축소 할 것이라고 말하고 있음.

○ 특히, 에너지 산업의 자유경쟁을 주장하고 있어 세금 혜택 의존과 투자비용이 높은 신재생에너지 산업이 위축될 것으로 보임.
- 시장조사기관 룩스리서치는 투자축소와 세금감면 폐지로 신재생에너지 산업의 연평균 성장률이 2024년까지 2.3%에 그칠 것으로 전망했음.

또한, 트럼프는 대선공약으로 파리기후변화협약 탈퇴를 내세웠다.

○ 파리기후변화협약은 온실가스 감축을 위해 프랑스 파리에서 맺은 국제협약으로 산업화 이전 시기 대비 지구 평균기온 상승폭을 2도보다 낮은 수준으로 유지하는 것이 목표임.

○ 트럼프는 지구온난화를 '미국의 제조업 경쟁력을 약화시키기 위해 중국이 만들어낸 사기극' 이라고 칭하며 파리기후변화협약을 거부하였음.

한국정부의 대응은 다음과 같다.

○ 이에 한국도 발 빠른 움직임을 보이고 있는바, 정부는 '2017년 경제정책방향' 를 통해 보호무역주의 대응 방안으로 경제성과 국내 수급 여건 등을 감안해 미국산 셰일가스를 2018년 하반기부터 도입하는 등 대미 원자재 교역확대를 검토하겠다고 밝혔음.

○ 주형환 산업통상자원부 장관도 기업 최고경영자들을 만난 자리에서 "트럼프 정부의 셰일가스 공급확대 정책에 맞춰 미국산 셰일가스 도입을 통해 협력을 강화해야 한다" 고 말했음.

○ 이에 따라 한국가스공사는 2017년부터 미국산 셰일가스를 연 280만 톤씩 향후 20년간 도입하는 장기 계약을 체결했으며, SK E&S와 GS EPS 등도 미국산 셰일가스를 2019년부터 각각 200만 톤과 60만 톤을 들여오기로 계약한 상태임.

트럼프는 당선 후 기자간담회에서 "파리기후변화협약에 열린 마음을 갖고 있다"며 탈퇴 공약을 번복할 의사를 보이긴 했지만 미국 중심의 에너지 정책을 굽히 지 않아 에너지 자립 정책을 지속할 것으로 보인다.

5.4 유가와 셰일가스의 전망

(1) 유가하락이 지속될 경우[213)]

탈석유화, 산유국 간 공급경쟁, 경기순환적 석유수요 부진 등 복합적인 요인들을 고려할 경우 저유가 현상이 당분간 지속될 가능성이 높은 것으로 보인다.

○ 과잉공급의 해소 시기는 계속 늦춰지는 추세에 있음.
- 최소 2017년까지는 공급과잉 기조가 이어질 가능성이 크고, 만약 미국경기가 예상보다 후퇴할 경우 공급과잉 해소 시기가 더 늦어질 수도 있음.

○ 이에 따라 주요 연구기관들도 국제유가 전망치를 잇달아 하향 수정하고 있음.
- J.P. Morgan의 경우 2016년 국제유가를 기존의 48.88 달러/bbl에서 31.5 달러/bbl로 크게 낮추었음.
- 그 외의 투자은행들이나 에너지담당 부처인 EIA 등도 잇달아 유가 전망치를 낮추고 있음.
- 세계경제가 3.0% 내외의 성장세를 유지하는 표준적 전망의 경우 국제유가는 2016년 평균으로 대략 35~45달러/bbl 수준인 것으로 보이지만, 중국경제의 하드랜딩[214)]이나 미국의 금리인상에 따른 신흥국 위기, 미국 경기후퇴 등의 불확실성을 고려하면 이 수준보다 더 크게 떨어질 리스크를 고려할 필

213) 이지평(2015.01.)과 이지평(2016.01.) 참조.
214) 원래는 비행기 착륙을 의미하는 것인데, 경제계에서는 호황 혹은 위기 이후 경제를 부드럽게 안착시키는 것을 연착륙(소프트랜딩: soft landing), 그리고 반대로 경제의 급격한 추락을 경착륙(하드랜딩 : hard landing)이라고 부름. 1973년 오일쇼크 이후 서방학자들이 사용하기 시작하였음.

요가 있을 것임.

최근 석유가격의 급락은 중국경제의 성장세 둔화 등과 함께 다른 원자재 가격의 하락세에 동참하게 된 모습을 보인 것이지만, 국제유가의 하락이 다시 다른 원 자재 가격의 하락을 유인하는 측면도 존재하며 전반적으로 자원개발 프로젝트가 둔화될 것으로 보인다.

○ 물론 이러한 자원개발 프로젝트의 원가 절감에는 한계도 있어서 슈퍼 메이저의 셰브런이 캐나다 해양 자원개발 프로젝트나 북극해 프로젝트를 무기한 중단하는 등 자원개발의 축소가 예상되기 때문에 중장기적으로는 그 영향이 나타날 수 있음.

이러한 자원개발 프로젝트의 선별과 채산성이 낮은 프로젝트의 중지는 미국 셰일 자원개발에도 파급되기 때문에 셰일오일과 함께 셰일가스 생산에도 영향을 줄 것으로 보인다.

○ 미국뿐만 아니라 유럽이나 중남미, 중국 등에서 모색되어 왔던 셰일가스 개발 프로젝트도 추진력이 약화될 것으로 보임.

(2) 유가하락이 반등할 경우

유가 반등의 요인[215]은 다음과 같다.

○ 생산원가를 밑도는 유가 형성에 따른 원유공급 감소 및 산유국들의 지정학적 위험 고조에 따른 유가상승 가능
- 유가하락이 지속될 경우 북미 오일셰일, 오일샌드 등 생산원가가 높은 에너지 생산이 위축될 가능성이 있음.[216]
- 리비아, 이라크 IS 내전 심화, 러시아 등 산유국의 지정학적 요인으로 원유공급차질이 발생할 경우 유가상승 요인으로 작용

215) 안중익 외(2016.01.) 참조.
216) Rystad Energy Research and Analysis, 북미 셰일 채굴 손익분기점을 68(달러/배럴)로 발표('15.10.01.)

유가는 지속적으로 상승할 것으로 보이지만 그 폭이 크진 않을 것으로 전망되는 바, 그 이유는 전세계 원유의 가장 큰 소비자인 중국의 경제 부진이 계속되고 있기 때문이다.

아시아태평양지역은 원유 소비의 중요한 역할을 하고 있다.

○ 아시아는 원유 소비의 34%를 차지하며 북미(24%), 유럽(19%)보다 많은 영향력을 미치고 있음.

그 중에서도 중국은 원유, 원유생산제품 등을 소비하며 전 세계 1위 소비국가의 자리를 굳건히 지키고 있으나, 경제성장률이 2016년 6.7%에서 2017년 6.5%로 0.2%P 하락하며 부진이 계속될 것으로 보인다.

인도가 중국을 대체할 원유 소비국가로 떠오르고 있지만 그 영향은 미미하다.

○ 인도의 원유 소비는 일본을 뛰어넘지만 중국의 1/4 수준밖에 되지 않음.

따라서 지속적인 중국의 경제부진은 유가상승을 막는 방해요소로 작용할 것으로 보인다.

셰일가스는 유가상승 흐름에 맞춰 생산 투자와 개발의 지원이 계속될 것으로 보여 생산이 늘어날 것으로 보인다.

○ 셰일의 생산효율성이 개선되고 판매 가격이 맞춰짐에 따라 셰일 수요도 늘어날 것으로 예상됨.

파티 비롤 국제에너지기구 사무총장은 "유가상승에 따라 미국의 생산이 다시 늘어날 것"이라며 "미국과 다른 나라의 생산이 증가하면 다시 유가하락의 압력이 생길 것"이라고 말했다.

그러나 알팔리 사우디 장관은 "셰일오일 생산이 급격히 늘어나지는 않을 것"이라며 "최근 셰일오일 업계에 생산이 재개된 것은 가장 수익성이 높은 지역이기 때문에 비용이 많이 드는 지역에서 작업이 이뤄지려면 유가가 더 올라야 한다"고 주장했다.

6. 시사점[217)]

비전통원유는 다양한 지역에 다양한 형태로 매장되어 있지만, 현재의 비전통원유의 생산은 셰일오일로 대표되는 미국이 주도하고 있는 것으로 보인다.

○ 비전통원유 생산 증가로 인하여 국제원유시장의 수급상황이 개선되었으며, 원유 공급에 여유가 있는 상황이 일정기간 지속될 수 있을 것으로 전망됨.

○ 비전통원유의 공급증가로 국제적인 원유가격을 안정시키는 효과가 발생하였지만, 비전통 원유의 높은 생산비용은 국제원유가격이 큰 폭으로 하락할 가능성을 낮추는 요인으로 작용하고 있음.
- 국제 원유가격의 하락은 생산비용이 높은 비전통원유의 개발 및 생산을 감소시켜 가격하락을 약화시키는 역할을 할 수 있음.

○ 다만, 미국의 셰일산업은 지속적인 기술혁신과 비용절감으로 제2의 셰일혁명을 선도하고 있음.
- 일례로 셰일가스 생산에 드는 굴착시간을 50% 단축하고 굴착거리를 2배 이상 증가시키는 등 채굴관련 최적화 기술을 구축해 나가고 있음.
- 미 셰일석유업계 전문가 스콧 셰필드(Scott Shefiield)에 따르면, 유가 40~50(달러/배럴)에서도 투자이익 실현이 가능하다고 언급하였음.

최근 미국 서부 텍사스서 대규모 셰일원유 매장량이 발견되었다.

○ 미국 텍사스 서부 사막지대에서 막대한 양의 셰일오일이 발견되었음.
- 미국지질조사국(USGS)은 2016년 11월 15일(현지시간) 서부 텍사스 퍼미언분지 울프캠프 지구에서 셰일오일 200억 배럴이 발견됐다고 발표했음.
- 블룸버그 통신에 따르면 이는 단일 광구로는 최대인 노스다코타 셰일오일 매장량의 3배에 달하며, 시가로 따지면 9000억 달러(약 1052조원) 규모임.

217) 안중익 외(2016.01.) 참조.

○ 더 많은 셰일오일 매장 가능성도 제기되었음.
- 스콧 셰필드 석유회사 파이오니어 내추럴 리소시스 최고경영자(CEO)는 퍼미언 일대에 셰일오일 750억 배럴이 매장돼 있다고 주장했음.
- 이것이 사실이라면 사우디아라비아 가와르 유전에 버금가는 양임.
- 퍼미언에는 미개발 상태로 남아 있는 곳이 아직 많아 추가 발굴 가능성도 높음.

셰일오일 발견에는 기술의 발전이 1등 공신으로 꼽히고 있다.

○ 최근 울프캠프 지구에서는 수평식 드릴링 장치 3000여개가 가동되고 있으며, 고압의 물을 주입해 지하 암석을 파쇄하는 기법인 수압파쇄법도 활용되고 있음.

○ USGS 관계자는 "기술과 산업의 변화가 추가 매장량 발굴 가능성에 가장 큰 영향을 미쳤다"며 "심지어 더 많은 오일이 발견될 수 있다"고 말했음.

○ 울프캠프에는 이밖에도 천연가스 16조 입방피트와 천연가스액 16억 배럴이 매장된 것으로 추정됨.

○ 퍼미르 분지가 걸쳐 있는 서부 텍사스와 뉴멕시코에는 셰일오일과 천연가스 발굴을 위해 파이오니어 내추럴 리소시스를 포함해 많은 석유회사가 진출한 상태임.

○ 다만, 상품으로 생산해 수익을 낼 수 있는지 판단은 아직 이뤄지지 않은 상태로 알려졌음.

향후 다양한 지역에서 비전통원유가 개발 및 생산되는 경우에는 원유수입의 중동의존도가 높은 우리나라가 공급안정성 확보를 위한 수입선 다변화 전략을 추진하는데 유리한 환경이 조성될 수 있을 것으로 전망된다.

제 12 장

유가변동과 유가전망

1. 서 론

국제원유가 세계경제를 뒤흔드는 핵심 축 가운데 하나인 이유는 가장 거래규모가 큰 원자재 품목이기 때문이다.

○ 현재 세계 70여 국가에서 생산되는 수십 종의 원유 중 서부텍사스 중질유(WTI)와 북해산 브렌트유, 중동산 두바이유가 세계 3대 유종으로 꼽히고 있으며, 이들 3대 유종이 국제 원유가격의 기준이 되고 있음.

- 특히, 이 가운데 WTI가 국제유가를 선도하는 가격지표로 활용되고 있으며, 나머지 브렌트유나 두바이유도 기본적으로는 WTI의 가격에 연동돼 움직이고 있음.

국제유가는 일반적으로 다양하고 복합적인 요인들에 의해 변동하게 되는데, 이들 변동요인에 대한 분석 및 변동에 따른 파급효과는 이미 선행연구가 많이 이루어졌다. 원유를 전량 수입에 의존하고 있는 우리 경제는 국제유가의 급등락 및 해외 석유의 공급 과잉 및 불안 등으로 심각한 타격을 입을 수 있으므로 미래의 경제안정을 위해 국제유가의 중、장기 미래 전망은 필수적이다.

2. 유가변동 요인

유가변동의 원인을 규명하기 위한 연구는 주로 유가변동의 메커니즘을 측정하는데 집중하고 있다.

2.1 유가의 결정요인

국제유가는 단기적으로 석유시장에서의 수요와 공급에 의해 좌우된다.

○ 수요와 공급 수준을 형성하는 요인에는 기본공급량, 소비국의 경제성장 속도, 계절적 요인, 정유산업의 병목현상, 지정학적 불안정 등이 있음.

장기적으로는 석유산업에 대한 투자수준에 따라 좌우되는데, 최근 들어 금융자본의 원유시장 개입도 적지 않은 영향을 주고 있다.

또한, 석유수출국기구(OPEC) 산유량이 세계 산유량의 약 45% 내외, 거래량의 54% 내외를 차지하므로 OPEC이 산유량 조정을 통해 유가의 등락에 상당한 영향을 미치고 있음은 여전히 유효하다.

한편, 구조적으로 산유량을 민첩하게 조정하기 쉽지 않았던 미국을 비롯한 비OPEC 산유국 역시 셰일오일의 등장을 계기로 유가변동의 중심축으로 부상하고 있다.

이밖에 원유 재고와 휘발유 재고 역시 유가에 영향을 미치는 요인인데, 원유 재고의 감소는 유가의 반등 내지 상승요인으로 작용하며, 휘발유 재고의 증가는 정유사들의 원유수요 감소로 이어져 유가하락 요인으로 작용하는 것이 일반적이다.

(1) 공급 요인

공급능력은 유가의 결정요인 중 가장 중요한 측면이며, 동시에 장기적 움직임을 전망할 때 주목해야 할 요인이기도 하다.

○ 이는 곧 새로운 유전(북해 유전, 알래스카 유전 등)이나 새로운 기술(셰일오일) 등을 의미함.

한편, 공급을 결정짓는 또 다른 요소로 리드타임(lead time)을 들 수 있는데 일반적으로 석유시장은 시설투자에서 석유생산까지 리드타임이 길고, 공급의 불확실성이 높은 특징을 지니고 있다.

○ 즉, 원유는 본질적으로 탐사에서 생산, 정제를 거쳐 소비자에게 제공되기까지 장기간의 리드타임이 존재함.

○ 이러한 장기간의 리드타임은 석유 공급측면에서 단기 공급의 탄력성 저하를 유발하게 되고, 이것이 결국 유가에 영향을 미치게 되는 것임.

(2) 수요 요인

수요는 5년 이하의 중단기적인 가격 결정요인으로서, 주로 글로벌 경기변동이나 수요가 가장 많은 미국과 중국 등 개별국가들의 경기회복 속도에 의해서 결정된다.

- 1970년대 유가의 슈퍼사이클은 서구권의 장기호황에 따른 에너지 수요증가에 의한 결과였으며, 2000년대 중반 슈퍼사이클의 경우는 중국의 경제성장에 의한 수요증가의 결과였음.[137]

대체로 국제유가 상승의 1차적 영향으로 석유수요의 급격한 증가를 들 수 있다. 이러한 석유 수요증가에 영향을 미치는 주요 요소는 세계 경제성장이다.

- 과거부터 최근까지의 연평균 석유수요 변화량과 GDP 성장률의 관계를 살펴보면, 유가상승의 영향이 GDP 성장률 추이에 직접적으로 양의 상관관계를 형성해왔음.

따라서 이러한 GDP 성장률을 통해 우리는 국제유가 상승을 분석 및 예측할 수 있다.

(3) 금융 요인

2000년대 국제 에너지 자원시장에 나타난 특징 가운데 하나는 비상업 매수, 즉 투기자본이 증가했다는 점이다.

- 국제 원유시장과 같은 실물시장은 전통적으로 해당 상품을 실제로 사고파는 생산자와 소비자가 거래의 대다수를 차지해 왔음.

- 그런데 2008년 미국과 유럽의 경제위기 이후 세계경제가 나빠지자 금융시장의 자본들이 금융 이익을 보기 위해 에너지 자원시장에 유입되면서 원유를 포함한 국제 원자재시장이 크게 출렁이게 되었음.

한편, 미국의 재정적자 확대 등에 따른 미국 달러화의 약세는 국제유가의 상승요인으로 작용하였다.

- 달러화의 약세는 미국을 제외한 원유 수입국들의 자국 통화 강세를 발생시켜 달러로 표시된 원유에 대한 원유 수입국들의 실질구매력을 높이면서 원유 수입을 늘리게 하는 효과를 유발함.[138]

---

137) 서상영 외(2015.12.) 참조.

○ 이와 함께 원유 수출국들이 자국 통화로 표시된 원유 수출액이 달러화 약세로 감소함에 따라 수출 소득 보전을 위해 고유가를 추구하게 됨.

반면에 유가가 본격적으로 하락한 2014년 7월 이후, 당시 옐런 연준 의장은 양호한 경제지표를 바탕으로 조기 금리인상을 언급했는바, 그 뒤로 달러인덱스[139]가 80 부근에서 100까지 급격하게 강세를 보이는 흐름을 보였으며 이러한 강달러 기조는 그 동안 과잉공급에도 하락하지 않던 유가의 하락을 불러왔다.[140]

종합하면, 금융측 요인의 핵심은 미 달러화의 가치변동[141] 및 이와 연관된 금융자본의 원유시장 유출·입 규모라고 할 수 있다.

(4) 기타 요인

수요와 공급, 그리고 금융 요인을 제외한 나머지를 통칭하는데 일간, 주간, 월간 등의 단기간 가격 결정요인이라고 할 수 있다.

○ 여기에는 중국이나 미국의 전략비축유 매입·방출, 중동 등 지정학적 리스크, 날씨의 영향, 정치적 이해관계 등이 포함됨.

1) 전략비축유(SPR : Strategic Petroleum Reserve)[142]

저유가 상황을 기회로 미국과 중국의 적극적 전략비축유(SPR) 확보가 새로운 유가 결정요인으로 떠오르고 있는데, 이러한 대규모 전략비축유 확보가 집중적으로 시행됨으로써 유가상승 요인으로 작용하기도 한다.

한편, 전략비축유를 방출하게 되면 유가 공급에 숨통이 틔어 수급 측면에서 국제 원유가격이 하락 압박을 받게 된다.

○ 실제로 1990~1991년 1차 걸프전 때, 그리고 2005년 미국 허리케인 카트리

138) 다시 말해 원유는 달러로 결제되기 때문에 달러 약세가 나타나면 달러 이외 화폐를 가진 투자자의 구매 여력이 커져 유가상승 요인이 됨.

139) 달러인덱스는 세계 주요 6개국 통화에 대한 달러화의 평균적인 가치를 보여주는 지표로서 주요통화 6개는 유로(57.6%), 엔(13.5%), 파운드(11.9%), 캐나다달러(9.1%), 크로네(4.2%), 프랑(3.6%)으로 구성됨.

140) 서상영 외(2015.12.) 참조.

141) 달러화는 지난 2년간 유가의 장단기 변화 추이에 대한 가장 높은 설명력을 가지는 변수로 작용했음. 이와 관련하여 홍성기(2016.06.) 참조.

142) 전략비축유(SPR)란 미국이 석유 공급에 차질이 빚어지는 등 비상상황에 대비해 비축한 원유를 말함.

나 홍수피해 때 국제에너지기구(IEA)가 전략비축유를 방출하자 국제유가가 큰 폭으로 주저앉았음.

종합하면, 미국과 중국의 전략비축유 매입·방출 규모, 전략비축유 저장시설의 여유분 상황, 그리고 추가적인 전략비축유 기지 신설 여부 등에 따라 국제유가는 제한적으로 영향을 받게 된다.143)

2) 지정학적 리스크

유가에 영향을 미치는 기타 요인, 즉 비경제적 요인 가운데 핵심은 지정학적 리스크인데 [표 12-1]은 1차 석유파동 이후 2016년까지 유가변동에 영향을 미친 주요 지정학적 요인들을 정리한 것이다.

[표 12-1] 유가변동과 지정학적 요인

(달러/배럴, %)

시기	유가	지정학적 요인
1차석유파동 (1973.10~ 1974.03)	상승	• 제4차 중동전쟁 발발(1973.10) → 중동 산유국들이 이스라엘을지지하는 미국 등 서방 국가에 대해 석유 금수조치 단행
2차석유파동 (1978.11~ 1979.04)	상승	• 이란에서 회교혁명이 일어나면서 석유 수출 전면 중단(1978.12) • 이란-이라크 전쟁의 발발로 공급 감소
1985.11~ 1986.07	하락	• 뚜렷한 지정학적 요인 부재
1990년 (1차 걸프전)	상승	• 이라크의 쿠웨이트 침공으로 생산량 급감 → 이라크에 대한 경제제재 조치로 인해 이라크와 쿠웨이트로부터의 석유수출 전면 중단
1990.10~ 1991.03	하락	• 미국의 이라크 공격으로 유가는 안정을 회복(1991년) → 생산이 조기에 재개 될 것이라는 기대로 유가 하락
1997.10~ 1998.12	하락	• 뚜렷한 지정학적 요인 부재 → 하락의 주된 요인은 아시아 경제위기로 인한 수요급감, 재고증가, 그리고 산유국의 증산
2000.01~ 2000.10	상승	• 1999년 고유가를 내세운 차베스 정권이 들어선 베네수엘라를 중심으로 결속력을 공고히 다진 OPEC은 공급량을 탄력적으로 조정 • OPEC은 유가밴드제 도입(2000.03)으로 목표유가(배럴당 22~28달러) 관리에 성공

143) 실제로 전략비축유 저장시설의 여유분에는 한계가 있으며, 추가적인 전략비축유 기지 신설 역시 상당한 시일이 소요됨. 여기에 국제유가가 상승 국면에 접어들면 대체로 추가 비축유 확보 속도는 완화되거나 중단되기 마련임.

2000.10~ 2001.12	하락	• 9・11 테러사태(2001.09.11.) 후 세계경기 침체에 따른 수요부진
2003.01~ 2008.07	상승	• 2차 걸프전인 미국의 이라크 침공(2003.03.20.) → 에너지안보의 중요성과 석유위기의 가능성을 부각시켰으며, 미국에 의한 에너지 수급과 중동질서 재편의 서막이며 동시에 경제중심적 국가 전략이 충돌한 21세기 첫 전쟁임. • 베네수엘라 파업사태(2003)에 따른 공급차질 • 이라크 및 사우디아라비아의 내정 혼란 • 베네수엘라 차베스 대통령의 탄핵소환 결과 발표(2004) • 나이지리아와 노르웨이 원유생산 노동자의 파업(2004.10) • 러시아 최대의 석유재벌 유코스의 미하일 호도르코프스키 사장의 구속과 파산 위기(2004) • 이란 대선 등 정정불안(2005) • 이스라엘-레바논 충돌 사태(2006) • 미 알래스카 유전 생산차질(2006) • 나이지리아 무장세력 멘드(MEND)의 석유시설 공격 및 외국인 노동자 납치 재개 선언(2007.09) • 미국의 對이란 금융제재안 발표(2007.10) • 터키와 쿠르드 반군 갈등 심화 → 터키 의회가 쿠르드족 분리주의 세력을 겨냥해 이라크 북부지역 공격계획 승인(2007.10) • 베네수엘라 차베스 대통령의 미국에 대한 원유공급 중단 위협 발언(2008.02)
2008.07~ 2008.12	하락	• Shell의 나이지리아 유전 생산재개 • 이라크 북부 파이프라인 재가동
2009.03~ 2011.04	상승	• 중동 및 북아프리카(MENA) 지역의 정정불안 : 튀니지의 재스민 혁명(민주화시위), 이집트 무바라크 대통령의 하야(30년 독재정권 종결), 리비아 내전(해외기업의 조업중단으로 수출전면 중단)
2011.04~ 2011.10	하락	• MENA 지역 정정불안 완화 : 리비아의 생산 재개
2011.11~ 2014.05	상승	• 국제원자력기구(IAEA)의 이란 핵개발 관련 보고서 발표(2011.11) → 미국(이란 중앙은행 및 주요 금융기관과의 거래중단), EU(이란산 원유 금수조치, 이란의 호르무즈 해협 봉쇄 위협, EU 국가에 대한 수출중단), 중국·인도·일본의 수입 감축 계획 발표 • 수단, 예멘(예멘 반군 주요 원유시설 장악), 시리아(화학무기 사용 및 서방 군사개입) 등의 정정불안 지속
2014.06~ 2015.01	하락	• 미국의 이라크 지역 수니파 반군인 IS 공습 → 영국과 프랑스 등이 미국을 지원하면서 이라크 주요 유전에 대한 피해 가능성 감소 • 리비아 정부 반군과 주요 수출항 운영 재개 합의
2015.01~ 2015.05	상승	• 예멘 반군에 대한 사우디아라비아의 공습 지속(2015.04) → 원유 수송로 차단 가능성 및 동 사태의 이란 등 주변국으로의 확산 우려
2015.05~ 2016.02	하락	• 이슬람국가(IS)의 프랑스 파리테러 → 원유시장 영향 미미 • 이란 핵협상 타결(2015.07)로 인한 미국과 EU의 對이란 경제제재 해제(2016.01)

2016.02~ 2016.06	상승	• 나이지리아 신흥 무장세력인 니제르델타 어벤저스의 주요 원유 생산 시설 공격 • 캐나다 앨버타주의 대규모 산불로 인한 원유생산 시설 타격 • 리비아베네수엘라 등 산유국의 내부 정치불안과 테러 등으로 원유생산 차질

자료 : 저자 정리

종합하면, 다양한 지정학적 요인들이 유가변동에 영향을 미쳤음을 확인할 수 있다.

3) 날씨를 포함한 자연재해 리스크

날씨 역시 유가에 영향을 미치는 요인이다.

○ 실제로 2차 오일쇼크는 당시 정치적인 이유와 겨울이라는 계절적 요인이 맞물리면서 가격을 밀어 올렸음.

날씨 요인의 사례는 다음과 같다.

○ 첫째, 북반구에 겨울이 다가오면 당연히 난방용 수요가 늘어나고, 이는 원유 수요의 증가 및 유가상승을 자극하게 됨.

○ 둘째, 여름 휴가철을 맞아 휘발유 수요가 늘어나는 시점과 맞물려 열대폭풍이라는 돌발 변수가 출현하게 되면 유가에 미치는 영향력은 증폭될 수 있음.
- 일례로 태풍(혹은 지진)으로 인한 원유시설의 파괴 및 그로 인한 공급차질과 선적지연 등을 들 수 있음.

○ 셋째, 날씨 예보 역시 유가에 영향을 미침.
- 한파가 닥칠 것이라는 예보가 나오면 원유 거래시장에서 강한 매수세가 나타나 유가상승을 초래하게 되며, 반대로 난방유 최대 소비지인 미국 북동부 지방이 온화한 날씨를 보일 것이란 예보가 나오면 수급불안에 대한 우려가 완화되면서 국제유가는 하락세를 보였음.

4) 정치적 이해관계

국제유가는 기본적으로 수요와 공급에 의해 가격이 결정되지만, 수요와 공급은 지정학적 교란요인에 의해 큰 영향을 받는다.

특히, 최근의 저유가 상황에서는 정치적 요소의 개입가능성이 크게 확대되고 있다.

○ 수급상황과 더불어 중동 및 미국 등 주요 원유생산국의 정치적 이해관계를 더욱 비중 있게 고려해야 하는 이유임.

○ 이런 논의의 연장선으로 최근 유가하락의 원인으로 지목되고 있는 정치적 배경은 사우디가 일부러 저유가를 초래해 정치·외교적 라이벌인 이란이나 시리아를 곤란에 빠뜨리고, 더 나아가 미국이나 러시아를 압박하기 위한 가격전쟁 전략일 수 있다는 견해임.[144]

○ 또 다른 견해로서 현재 석유 시장의 공포 분위기를 조장하고 있는 두 세력은 1985년이나 30년이 지난 지금이나 똑같이 미국과 사우디일 가능성이 매우 높다고 보는 입장으로서 그들은 지금까지도 여전히 시장의 절대적인 큰손으로 긴밀한 정치적·경제적 공조체제를 유지하고 있다는 것임.[145]
- 즉, 서로에게 적대적인 선택을 했을 가능성은 높지 않고 오히려 여전히 돈독한 우방관계를 유지하고 있다는 것임.
• 일례로 미국과 사우디는 모두 1973년의 합의 이후 서로의 숙적에게 큰 타격을 입히는데 결정적인 역할을 했음.
• 1980년대 이후 지속된 사우디의 증산과 저유가 정책으로 말미암아 당시 소련이 1991년 기어이 붕괴를 맞이했음.
• 당시 국가 수익의 대다수를 석유에 의존하고 있던 소련은 결국 저유가 상황이 장기적으로 이어지자 연방을 유지할 만한 경제력을 상실할 수밖에 없었고, 이는 결국 소련의 해체라는 예상치 못한 결과로까지 이어졌던 것임.
• 한편, 미국이 사우디에게 준 이득은 사우디의 오랜 숙적인 시아파의 수장 이란에 대한 제재였음.
- 결국 미국과 사우디가 여전히 공고한 공조체제로 석유 시장을 장악하고 있다고 할 수 있음.
- 결론적으로 '대체 작금의 저유가 시대는 언제까지 이어질 것인가?' 라는 질문에 대한 답변은 '석유 시장의 큰손들이 원하는 것을 얻기 전까지 싸움은 끝날 때까지 끝나지 않을 것이다' 라는 것임.
• 이들 두 세력은 자신들의 이익을 저해하는 어떤 세력도 용납하지 않을 것이

144) 김연규(2015) 참조.
145) 손지우 외(2015.11.) 참조.

며 이들이 완전히 시장에서 밀려날 때까지 작금의 유가전쟁 싸움은 계속될 것이라는 것임.

종합하면, 중동과 미국 등 주요 원유생산국의 정치적 이해관계가 유가변동의 변수로 작용한 측면이 있었으며, 향후 그 가능성은 더욱 커질 것이다.

2.2 변동요인별 비중의 차이

유가에 영향을 주는 요인별 비중을 살펴보면, 기간별로 차이를 나타내고 있는데 [표 12-2]와 [표 12-3], 그리고 [표 12-4]가 이를 보여주고 있다.

우선, 1990년대와 2000년대를 비교해 보면, 유가변동에 영향을 미치는 여러 요인 중 수급 측면 요인의 기여율이 共히 60%를 상회하고 있다.

○ 이 가운데 유가변동의 상당부분이 수요 요인에 의해 설명되고 있음을 알 수 있는데, 2000년대 들어 투기적 요인, 예비적 요인의 중요도가 점점 높아지는 모습임.

○ 한편, 2014년도 하반기 이후의 유가하락은 주로 공급측 요인에서 발생한 것으로 평가하고 있음.[146)]

그런데 2000년대 가운데 2007년을 중심으로 기간을 축소 비교한 자료를 보면 다소 흥미로운 결과가 나왔다.

○ 즉, 2007년과 2007년 이후 3년간 유가변동의 요인별 비중을 보면, 기간별 차이가 크지 않았음에도 불구하고 수급요인과 지정학적 요인에서 뚜렷한 차이가 나타나고 있음을 알 수 있음.

○ 반면에 투기적 요인이 포함된 금융요인의 비중은 상대적으로 共히 높은 수치를 보여주고 있어[147)] 2005년 이후 금융요인의 비중 증가가 두드러지게 나타나고 있음을 확인할 수 있음.

---

146) IMF는 유가하락 원인의 65~80%가 공급측 요인이라고 평가했으며, ECB(European Central Bank) 역시 2015년 말 발간한 'Global and Domestic Inflation' 보고서에서 국제유가 하락 원인의 60% 이상을 공급측 요인에서 찾은 바 있음.

147) 해당기간이 共히 추세 상 유가상승 기간이어서 유가상승에 대한 기대감과 달러화 약세 등이 맞물리며 과잉유동성 자금이 원유 선물시장에 대거 유입되었음.

[표 12-2] 유가변동의 요인별 기여율 비교

	수요 요인	공급 요인	투기적 요인	달러화 변동요인	예비적 수요요인 (지정학적 리스크 등)
1990년대	38%	27%	15%	13%	7%
2000년대	46%	17%	17%	8%	13%

자료 : 한국은행(2012.05) 참조

[표 12-3] WTI 유가 급등의 요인별 기여율(2007년 1월 대비 11월)[148]

(단위: 달러, %)

구분	유가 상승분	수급요인	달러화 약세요인	투기요인	지정학적 리스크요인	기타요인
기여율 (기여분)	100.0 (40.53)	2.2 (0.89)	11.1 (4.50)	30.4 (12.32)	40.7 (16.50)	15.6 (6.32)

[표 12-4] 추정된 상대적 중요도(2007년~2009년의 WTI 월별자료 이용)[149]

구분	수요 요인	공급 요인	금융요인(달러화 가치요인+ 투기요인)	지정학적 리스크 요인	원유시추 비용 요인
상대적 중요도 (2010년 월별자료 포함)	8% (10%)	25% (28%)	54% (43%)	5% (5%)	9% (14%)

2.3 유가의 변동성

기간별 비교를 통해 유가의 변동성 추이를 살펴본 후, 원유 재고와의 관련성도 검토해 보고자 한다.

(1) 기간별 비교

1) 금융위기 이전과 금융위기 이후

금융위기 이전의 국제유가는 단기 변동 폭이 그리 크지 않은 가운데 글로벌 경

148) 이지훈 외(2007.12.) 참조.
149) 이철용(2011)이 베이지안 모형을 이용하여 중장기 국제유가 예측 시 석유시장의 변화에 가중치를 부여하기 위해 설정한 WTI 유가 결정요인들의 사전분포임.

기 호황 및 신흥국의 수요 급증으로 장기 상승세를 시현하였다.

금융위기로 인해 2008년 유가는 급락하였으나 이후 미국의 양적완화 등에 힘입어 2009~2010년 기간 동안 상승세가 지속되었다.

- 다시 말해 2009년으로 접어들면서 국제금융 시장이 점차 안정을 되찾기 시작하고 세계경제의 침체 속도도 둔화되는 가운데 국제유가가 회복세를 보임에 따라 국제유가의 급락 과정에서 확대된 유가의 변동성도 완화되었음.

반면, 2010년 이후 유가는 금융위기 이전보다 상대적으로 변동 폭이 크게 확대되고 그 주기는 짧아지는 양상이 전개되었다.[150)]

- 과거의 장기 상승 추세에서 벗어나 단기적인 급등락이 거듭되는 양상이 전개됨에 따라 국제유가의 방향성 예측에 어려움을 가중시켰음.

- 한마디로 금융위기 이후 국제유가의 일방향성(一方向性) 주기가 짧아지고 있고,[151)] 가격 변동도 비교적 큰 폭(40달러 내외)으로 이루어졌음.

이는 유가를 변동시키는 요인들의 영향력이 장기간 지속되지 못한 데 기인했다고 볼 수 있다.

- 즉, 수급측면, 투기적 측면, 지정학적 측면 등에서 유가를 상승시키는 요인과 하락시키는 요인들의 영향력이 장기간 지속되지 못하고, 반복적으로 나타나면서 과거와 같은 장기간의 유가상승 또는 하락이 나타나지 않았음.[152)]

- 먼저, 유가변동의 60% 내외를 설명하는 수급 측면에서 보면 수요보다는 공급의 변동이 유가 변동성을 확대시켰음.
  - 산유국들이 유가 움직임에 대응하여 생산량 조절에 나섬으로써 유가가 영향을 받는 양상이 나타났음.

---

150) 국제유가의 월별 변동성(=표준편차×$\sqrt{\text{월별거래일수}}$, WTI 기준) 추이 : 8.5(2006) → 10.6(2007) → 25.8(2008) → 12.9(2009) → 10.9(2010) → 14.8(2011) → 11.0(2012), 이와 관련하여 함영곤 외(2012) 참조.

151) 2011년 이후 2012년 후반까지 유가의 일방향성은 6개월 내외에 불과하였음.

152) 함영곤 외(2012) 참조.

○ 한편, 국제 유동성이 크게 확대되면서 원유에 대한 투기적 수요가 확대된 것도 변동성 확대의 주된 요인이 되었음.
- 투자의 단기화 경향이 강한 투기적 수요의 유출입이 유가변동을 확대시켰음.

○ 마지막으로 이란 핵을 둘러싼 지정학적 불안감도 유가 변동성 확대의 주 요인이었음.

2) 2014년 하반기 이후

국제유가는 2014년 하반기 이후 최근까지 지속적으로 하락(일시적 반등은 있었지만)하고 있다.

○ 이는 글로벌 경기회복 지연으로 원유수요 증가가 제한적임에도 불구하고 중동 산유국을 중심으로 원유공급이 과도하게 이루어지고 있는데 기인하고 있음.

○ 향후 주요 산유국의 감산 가능성 등으로 유가 하락세는 다소 진정될 것으로 보이나 과거 수준으로의 본격적인 반등은 쉽지 않을 것으로 전망됨.[153]

유가의 변동성 측면에서 본다면 2016년 1분기 국제유가가 2009년 이후 가장 높은 수준의 변동성 장세를 나타내긴 했지만, 2014년 하반기 이후 지속된 하락추세의 관점에서 본다면 변동성의 완화 움직임도 나타났다.
그러나 최근의 상황은 다시 변동성 심화로 반전되고 있다.

○ 2016년 초 20달러대에서 출발해 7월 달에 50달러를 넘었다가 다시 추락해 8월에 와서 30달러대로 추락하는 급등락 장세를 연출하고 있음.

○ 이 같은 '롤러코스터 유가'는 우리 경제에 또 다른 악재로 부상하고 있음.

○ 전문가들은 유가가 2016년 하반기에는 상승하겠지만, 당분간은 널뛰기를 계속할 것으로 보고 있음.

상승요인(미국·인도 등의 수요증가)과 하락요인(중동 산유국, 미국 셰일업계의 공

153) 이와 관련하여 이승호(2016)와 이재원 외(2016a) 참조.

급증가)이 충돌하는 양상이 지속되고 있기 때문이다.

한국경제의 체력이 떨어진 상황에서 유가의 변동성 확대는 불확실성을 키워 경기 회복에 찬물을 끼얹을 수 있다.[154]

최근의 유가 변동성 확대는 그 원인이 과거 2003년 이후 유가 상승국면에서 나타난 변동성 확대 원인과는 다르다.

○ 즉, 당시의 변동성 확대가 투기자금을 포함한 금융요인에서 비롯된 것이었다면, 최근의 상황은 수요증가와 공급증가의 양립이라는 수급충돌에 기인하고 있다는 점에서 그 차이가 있음.

향후 국제유가의 점진적 상승을 대부분 예상하고 있긴 하지만, 무엇보다 미국 셰일오일의 생산추이[155]가 변동성 여부를 결정짓는 핵심요소로 부각될 가능성이 높다.

○ 우선 셰일오일은 기존의 석유광구와는 달리 생산주기가 매우 짧아 유가변동에 신속하게 대응할 수 있음.

- 이 같은 셰일오일의 속성이 유가의 변동성을 심화시킬 것임.

○ 이와 함께 셰일오일 생산에 영향을 주는 요소들, 즉 셰일오일과 관련된 기술진보의 속도, 셰일오일 생산과 관련된 환경의 문제, 정부의 관리 및 규제가 아닌 철저하게 민간 중심의 상업적 시장에 의해 움직이는 미국 셰일업계의 생산전략 등이 유가의 변동성을 결정짓는 핵심 요소로 작용할 것임.[156]

(2) 원유 재고량과 유가변동성[157]

글로벌 원유 재고량에 관한 정확한 정보 접근이 어려워 유가가 높은 변동성을 보이고 있다는 주장도 설득력이 있어 보인다.

○ 실제로 러시아와 중국과 같은 나라들은 원유 저장량을 공개하지 않고 있음.

---

154) 조선일보(2016.08.04.) 참조.

155) 미국은 2011년부터 집중적인 투자를 통해 셰일오일을 생산하고 있는데, 셰일오일 생산에 대한 전망 역시 유가만큼 엇갈리고 있음. 유가하락을 셰일오일 죽이기에 나선 사우디의 전략으로 보는 전문가들은 셰일오일이 이대로 고사할 것이라는 분석까지 내놓고 있음. 반면 인수합병을 통한 규모의 경제로 셰일오일은 살아남을 것으로 보는 이들이 많음. 미국의 산유량이 아직 급락하지 않고 있기 때문임.

156) 정우진(2015) 참조.

157) 뉴스1코리아(2016.07.25.) 참조.

○ 트레이더들과 원유 기업들 또한 저장량을 공개해야 할 의무가 없음.

다시 말해 정확한 정보에 접근할 수 없어 온갖 추측이 난무할 수 있으며 결국 투자자들의 불안감이 쉽게 증폭될 수 있다는 것이다.

○ 이러한 '비밀스러움' 때문에 최근 원유시장은 높은 변동 폭을 보이고 있는 것임.

2.4 시사점

지금까지 살펴본 유가변동 요인은 크게 경제적 요인과 비경제적 요인으로 구분할 수 있는데, 언급된 요인 이외에도 좀 더 다양한 요인들이 복합적으로 영향을 주고 있음은 주지의 사실이다.[158)]

실제로 유가에 영향을 미치는 요인은 다양하고 복합적이나, 단기적으로는 지정학적 리스크와 투기자금 유입 등 금융요인의 영향이 크며, 중·장기적으로는 경기와 수급 등 펀더멘털 요인에 의해 결정되는 것이 일반적이다.[159)]

또한, 유가에 영향을 주는 요인별 비중이 기간별로 차이를 보였는데, 이러한 현상은 향후에도 지속될 것이며 유가의 흐름과 관련하여 경제운용의 실효성을 높이는데 하나의 제약으로 작용할 것이다.

더 나아가 유가의 변동성 역시 시기별로 확대와 완화의 과정을 반복하였으나, 추세 상 금융위기 이후 국제유가의 일방향성(一方向性) 주기가 짧아지고, 가격 변동도 비교적 큰 폭으로 이루어졌다.

하지만, 이러한 추세는 2014년 하반기 이후 저유가 기조가 비교적 장기화됨에 따라 수정되는 듯했으나 2016년 이후 최근까지 또다시 상승과 하락 국면을 반복하는 소위 '롤러코스터 유가'를 보이면서 변동성 확대는 더욱 심화되고 있다.

석유시장의 불확실성은 항상 엄존하고 있지만, 최근의 상황을 놓고 볼 때 향후 유가변동 및 유가변동성을 좌우할 주요 변수는 금융·수요 요인보다는 원유 재고량과 셰일오일의 생산 추이, OPEC의 생산전략 등이 될 것으로 보인다.

그런데 이들 변동요인들이 단순히 유가에 일방적으로 영향을 주는 것이 아니라 상호의존적 관계 속에서 서로 영향을 주고받는다는 점, 변동요인들 사이에도 상호의존적 관계가 존재한다는 점 등이 유가의 흐름을 이해하고 파악하는데 어려움을 가중시키고 있다.[160)]

---

158) 이와 관련하여 이달석 외(2013b), p.37 참조.
159) 김일광(2012) 참조.

3. 유가상승의 원인

3.1 기간별 비교

주요 유가급등 사례는 1970년대의 1, 2차 석유파동, 1990년의 걸프전, 2000년과 2004년~2005년, 2007년~2008년 상반기, 글로벌 금융위기 이후 2009년~2010년에 각각 발생했는데, [표 12-5]가 이를 보여주고 있다.

[표 12-5] 주요 유가급등기와 특징

시기	주요 원인	유가 변동	상승률	급등 기간	특징
1973년 (1차 석유파동)	• 중동 금수조치	3달러⇒ 13달러	330%	1개월	비경제적 요인 5년 이상 고착
1979년 (2차 석유파동)	• 이란혁명	15달러⇒ 39달러	160%	5개월	비경제적 요인 5년 이상 고착
1990년 (걸프전)	• 걸프전쟁	17달러⇒ 41달러	140%	3개월	비경제적 요인 6개월 후 소멸
2000년	• OPEC감산 • 경기회복	15달러⇒ 32달러	110%	16개월	경제적 요인 소폭 하락 후 고착
2004~ 2005.07	• 수요급증 • OPEC쿼터조정 • 이라크 테러	25달러⇒ 44달러	75%	17개월 이상	복합적 요인 상승추세 지속
2007~ 2008.06	• 수급불균형 (공급부족) • 달러화 약세 (미국 금리인하) • 투기자금 유입 • 지정학적 리스크 (이란, 이라크, 나이지리아 등)	54달러⇒ 134달러	148%	17개월 이상	복합적 요인 상승추세 지속
2009.03~ 2011.04	• 수급불균형 (공급부족) • MENA 지역 정정불안	48달러⇒ 110달러	129%	17개월 이상	복합적 요인 상승추세 지속

자료 : 박복영 외(2005.03) 참조하여 저자 정리

160) 결국 유가는 주가, 기타 금융자산 및 원자재 가격의 결정구조와 마찬가지로 다양한 요인들에 의해, 그리고 이들 요인들 간의 복잡한 상호의존적 관계 속에서 변동요인들과 서로 영향을 주고받으면서 석유시장을 통해 결정되는 것임.

3.2 시사점

[표 12-5]를 통해 우리는 2000년을 전후하여 유가급등의 원인이 완전히 변화되었다는 점을 확인할 수 있다.

즉, 2000년 이전에는 주요 원인이 우발적이고 비경제적 요인이었다면, 그 이후에는 구조적이고 경제적인 요인이 중요해졌다는 점이다.

○ 앞의 세 번의 위기(1, 2차 석유파동과 걸프전)는 전쟁이나 혁명과 같은 비경제적 충격에 의해 촉발되어 유가가 단기간에 폭등하고 위기 형태가 뚜렷하다는 특징을 지니고 있음.

- 그리고 전쟁이나 금수조치에 의해 원유의 물량차질이 동반되었고, 그 차질이 해소되면 유가는 상승을 멈추거나 위기 이전으로 급락하였음.

○ 반면, 2000년 이후의 유가급등은 주로 경제적 요인에 의해 촉발되었으며 OPEC의 탄력적 쿼터조정, 비OPEC 산유국의 생산 감소 등에 따른 재래식원유의 생산제약[161]과 세계 경기상승에 의한 석유 수요급증이 결합되어 나타난 공통점이 있었음.

- 한편, 이 시기에 유가는 1년 이상 장기간에 걸쳐 지속적으로 상승한 것이 특징인데, 그 과정에서 지정학적 요인과 투기적 요인이 첨가되면서 상승을 부추기는 특징을 지녔음.

---

161) 국제에너지기구(IEA)는 보고서(World Energy Outlook 2010)를 통해 재래식원유(conventional crude oil) 생산이 이미 2006년에 정점을 통과한 것으로 추정 발표하였음. 다만 IEA는 재래식원유 생산이 정점 이후에도 일정수준을 유지하며, 비재래식원유 생산의 증가로 전체 석유(비재래식 포함) 생산은 2035년까지 완만한 증가세를 보일 것으로 전망하였음. 재래식원유는 통상적인 원유, 비재래식원유는 오일샌드 추출석유, 초중질유, NGL(natural gas liquid) 등을 지칭함. 재래식원유는 2011년 기준 석유생산의 80% 이상을 차지하며 비재래식원유에 비해 생산비가 저렴한 반면, 품질이 우수함. 이와 관련하여 강두용 외(2011) 참조.

4. 유가하락의 원인

4.1 기간별 비교

1980년 이후 7차례의 유가 하락기를 경험하였는데, 주요 사례는 [표 12-6]과 같다.

[표 12-6] 과거 유가하락 기간 및 등락률*

(달러/배럴, %)

기간	유가 변화**	등락률	주요 원인
1985.11~1986.07 (8개월)	29.8 ⇒ 9.6	△67.8	• 비OPEC의 원유생산 증가 • 수요 감소 • 달러화 강세
1990.10~1991.03 (6개월)	36.1 ⇒ 19.1	△47.1	• 걸프전 유가급등 후의 정상화
1997.10~1998.12 (14개월)	20.1 ⇒ 9.8	△51.2	• 수요 급감 • 재고증가 • 산유국 감산합의 실패
2000.11~2001.12 (13개월)	32.5 ⇒ 18.6	△42.7	• IT버블붕괴 및 9.11 테러로 인한 경기침체
2008.06~2009.02 (8개월)	133.1 ⇒ 42.2	△68.3	• 글로벌 금융위기로 인한 수요 급감
2011.04~2011.10 (6개월)	126.7 ⇒ 101.1	△20.0	• 선진국 재정위기 • 경기침체(단, 신흥국은 7%의 성장률 시현)
2014.06~2016.01 (19개월)	111.9 ⇒ 30.8	△72.5	• 비OPEC의 원유생산 급증 • 수요 감소 • 달러화 강세

주 : * Brent 기준, ** 유가 정점 월평균 ⇒ 저점 월평균
자료 : Bloomberg, 허인 외(2011)와 이재원 외(2016b) 참조하여 저자 정리

4.2 시사점

기간별 비교를 통해 우리는 유가급등의 경우처럼 유가하락을 초래한 근본적인 변동요인의 기간별 차이를 뚜렷하게 발견할 수는 없었다.

다만, 전통적인 유가의 변동요인이라고 볼 수 있는 수급의 문제 및 금융요인 등

에 내재된 구체적 내용의 변화를 확인할 수 있었다.

우선, 수요측면의 경우를 보면 일반적으로 세계경제 성장률이 낮아지면서 원유수요 증가세가 둔화되어 유가가 하락하는 패턴을 보이고 있으나 2011년의 경우는 오히려 이전보다 높은 성장률을 보임에 따라 원유수요도 증가했다는 점이다.

○ 구체적으로 선진국은 미미한 회복세를 보여 원유수요가 감소했으나 신흥국은 당시 7% 수준에 달하는 높은 성장률을 보임에 따라 비OECD 국가를 중심으로 세계 원유수요가 지속적으로 증가했다는 사실임.

○ 따라서 유가하락폭이 크지 않았던 2011년의 경우는 유로존 재정위기 확대로 인한 세계경제 재침체 우려 등이 유가하락에 영향을 준 것으로 평가되었음.

여기서 수요측 요인의 주요 변화라면 글로벌 원유수요와 높은 상관관계를 보이는 신흥국의 역할이 최근으로 올수록 비중이 커지고 있으며, 공급측 요인과 비교하여 수요측 요인의 상대적 비중도 점점 커지고 있다는 점을 들 수 있다.

또한, 천연가스 등 대체에너지의 발달로 인한 원유수요 비중의 축소 추세도 변화요인으로 지적할 만하다.

공급측면의 경우는 OPEC의 원유 생산전략[162] 및 비OPEC의 원유생산량 변화추이가 핵심요소라고 볼 수 있다.

○ 즉, OPEC 회원국과 비OPEC 산유국 간의 원유생산을 둘러싼 경쟁 및 역학관계가 핵심 요소가 되고 있음.

○ 구체적 내용을 들여다보면 훨씬 더 복잡하게 얽혀 있는데, OPEC 회원국 간의 경쟁 및 주도권 싸움, 비OPEC 산유국의 원유생산량 추이, 그리고 대체에너지 개발 등의 변수가 상호 복잡하게 얽혀있는 것임.

---

162) 1980년 이후 OPEC의 원유생산전략은 크게 1980~85년 감산정책, 1986~2004년 증산정책(점유율 확대경쟁), 2005~2014년 증산억제정책(이익극대화), 2015년 이후 시장점유율 경쟁 등 4차례의 시기로 구분 가능함. 특히, 2005~2014년 중 OPEC의 연평균 원유생산량 증가율은 0.4%로 크게 낮아졌으나 비OPEC의 원유생산량 증가에 대응하여 시장점유율을 40% 이상에서 유지하는 전략을 고수함에 따라 국제석유시장은 과잉공급 상황에 직면해 있음. 2010년 이후 중동 각지에서 발생한 아랍의 민주화 붐(아랍의 봄)으로 인해 정부 세출이 늘어남에 따라 대부분의 중동국가 내에서 균형재정유가(산유국의 재정수지가 적자가 나지 않을 수 있는 유가수준으로 2016년 6월 기준으로 배럴당 70달러대 중반으로 추산)가 상승하고 있어 사실상 생산량 한도 감축 등을 통해 원유생산량을 조정하는 것이 쉽지 않은 상황임. 따라서 재정지출을 줄이기보다는 원유생산을 늘리는 쪽으로 대처할 가능성이 높음. 이와 관련하여 이재원 외(2016b) 참조.

○ 여기에 지정학적 리스크 등도 공급에 영향을 주고 있음.

따라서 공급측 요인의 주요 변화라면 OPEC의 생산전략 변화와 함께 전통적 유전과 달리 유가변동이 생산량에 미치는 파급시차가 매우 짧은 세일오일의 등장으로 인한 비OPEC 산유국의 비중 및 역할 증대를 들 수 있다.

금융측면의 경우를 보면 대체로 유가하락 기간과 달러화 가치의 절상이 관련을 맺고 있음을 확인할 수 있다.

다만, 최근으로 올수록 달러화 환율과 국제유가의 상관관계가 상승하고 있다는 점[163]과 유가관련 선물거래 규모의 확대 등 금융측 요인의 영향력이 커져 향후 유가가 시장의 기대 변화, 글로벌 금융시장 변수 등에 따라 큰 폭의 변동성을 보일 것으로 전망된다.

5. 유가전망

5.1 기간별 전망[164]

(1) 단 기

원유 초과공급 지속 등으로 배럴당 30~50달러가 예상된다.

○ 국제유가는 미국 세일오일 생산량 감소와 원유수요 증가에도 불구, 원유 초과공급 지속으로 향후 1~2년까지 배럴당 30~50달러가 예상됨.

- 2016년 중 수급불균형 상황에서 이란의 생산과 함께 2014년부터 누적된 재고까지 시장에 유입 시 2017년까지 재고소진이 지속될 것으로 보임.

---

163) 달러화 환율과 국제유가의 상관관계가 최근으로 올수록 크게 상승하였음.

달러화 환율과 국제유가의 상관계수

1981~1990년	1991~2000년	2001~2010년	2010~2016. 03.
-0.59	0.13	-0.92	-0.97

자료: FRED, Bloomberg

164) 이하 내용은 박종국 · 장은진(2016.03.) 참조.

○ (수요측면) 저유가에 따른 실질소득 증가 효과에 힘입어 비OPEC의 수요가 증가하며 전년에 이어 증가세를 지속할 것으로 보임.

- 2016년은 전년 대비 142만 b/d 증가한 9,519만 b/d, 2017년에도 142만 b/d 증가한 9,661만 b/d를 기록할 것으로 예측됨.

○ (공급측면) 비OPEC국 생산·투자 축소 가시화에도 불구하고 OPEC 감산합의 지연, 이란 공급 개시 등으로 공급과잉165)이 유지될 것으로 보임.

- 미국 셰일업체 등 비OPEC 석유업체들은 감산합의에서 제외되어 있어 감산에 따른 비 OPEC 업체들의 반사이익이 합의에 걸림돌로 작용함.
- 사우디는 최근 생산정책으로 미국 셰일업체 부도 리스크 증가, 비OPEC 고비용 유전 폐쇄 등 경쟁상대에 대한 견제효과가 가시화되고 있다고 판단

[표 12-7] 주요 기관별 국제유가 전망

(단위: US$/배럴)

구분	'15^e	'16^f				
		1분기	2분기	3분기	4분기	평균
WTI[1)]	48.67	33.11	36.02	39.02	42.02	37.54
Brent[1)]	52.32	32.81	36.02	39.02	42.02	37.52
Dubai[2)]	50.73	–	–	–	–	26.81

주 : 1): '16.2.9자 EIA STEO(단기전망) 수치
2): '16.2.10자 OPEC Monthly Oil Market Report, e : 예상치, f : 전망치
출처: EIA, OPEC

(2) 중장기

석유개발 투자 축소 등에 힘입어 배럴당 50달러 상회를 전망한다.

○ 석유개발 투자 감축, 원유수급 안정화 등에 힘입어 2020년 중 국제유가가 배럴당 50달러를 상회할 것으로 기대됨.

- IEA는 석유개발 투자 감소로 2015년 투자규모가 전년 대비 20% 축소하였고 2016년에도 12% 이상 감소하여 2020년 중 유가가 배럴당 50달러를 상회할 것으로 예상함.
- 아울러, 중장기적으로 저유가 장기화로 인한 주요 산유국들의 재정부담, 환

165) '15년 석유공급은 수요를 53만 b/d 초과하였고 '16년에도 72만 b/d 초과할 전망

율상승 등이 산유국 부도위험을 가중시켜 유가안정을 위한 감산 합의가 이뤄질 가능성이 높은 것으로 전망됨.

- 다만, 회원국별 원유 생산정보의 불투명, 감산합의 위반 시 제재규정 미비 등은 원활한 합의도출에 걸림돌로 작용

○ 다만, 향후 태양광 등 대체에너지 도입, 전기차 상용화를 통한 연비기술 혁신 등이 석유수요를 감소시켜 과거와 같은 고유가 수준으로의 회복은 어려울 것으로 보임.

5.2 유가 예측모형 관련 선행연구

[표 12-8] 유가 예측모형 관련 선행연구

모 형	연구목록	분석대상	특 징
시계열 모형	송경재·양희민 (2005)	WTI 유가	• ARIMA 모형 적용 • 유가 결정의 인과관계 분석에는 한계 존재
	Morana (2001)	Brent 유가	• GARCH 모형 적용 • 중장기 예측에 적용하기 곤란
	Bekiros and Diks(2008)	WTI 유가	• VECM 모형 적용 • 유가 선물가격과 현물가격의 상호 관계로부터 유가예측 시도
	Kaufmann and Ullman(2009)	WTI 유가, Brent 유가, Maya 유가, Bonny Light 유가	• VECM 모형 적용 • 유가의 선물가격과 현물가격의 상호 관계로부터 유가예측 시도
최적화 모형	Pindyck(1978)	텍사스 Permian 지역의 유가	• 동적 최적화 모형으로 생산자의 이윤극대화를 만족하는 가격 도출 • 실제 데이터 적용이 어렵고 유가의 변화요인을 공급측면에서만 고찰
일반균형 모형	이문배(2001)	Dubai 유가	• 21개 행태방정식과 22개 항등식으로 구성 • 모형은 축차적 블록(recursive block)과 동시결정 블록(simultaneous block)이 포함
	,EIA(2010)	WTI 유가	• National Energy Modeling System (NEMS) 적용 • WTI 유가의 중장기 예측치 제공
델파이 방법	로이터통신	WTI 유가, Brent 유가	• 전문가를 대상으로 서베이 실시
기타	윤원철(2005)	WTI 유가	• WTI 유가 선물가격의 예측력 비교
	Abosedra and Baghestani(2004)	WTI 유가	• WTI 유가 선물가격(1, 3, 6, 9, 12개월 이전)의 예측력 비교

	Yanagisawa (2009)	WTI 유가	* WTI 유가 선물가격과 현물가격 간의 Granger 테스트 실시
	Alquist, Kilian, and Vigfusson(2011)	WTI 유가	* 유가예측 관련 포괄적 분석 시도 (서베이 논문)
베이지안 모형	이철용 (2010, 2011)	WTI 유가	* 베이지안 모형의 적합성 및 예측력 검정, 그리고 WTI 유가의 중장기 전망 실행

자료 : 이철용(2010)을 참조하여 저자 정리
이철용(2011)과 Alquist 외(2011)를 제외한 연구목록은 이철용(2010)을 참조

[표 12-8]은 유가 예측모형의 설정과 관련된 선행연구를 나타내며 기존의 선행연구를 유가 예측모형에 따라 시계열 모형, 최적화 모형, 일반균형 모형, 델파이 방법, 기타, 그리고 베이지안 모형의 6가지로 분류하여 제시하고 있다.

[표 12-8]의 내용 중 대부분의 유가 예측모형 관련 선행연구들은 유가의 현재 추세가 미래에도 지속적으로 유지된다고 설정함으로써 과거의 유가변동 요인이 미래에도 유효한 영향을 미칠 것으로 내다봤다.

하지만, 유가의 변동요인은 각 시기에 따라 구조적으로 바뀌고 있다.

이처럼 석유시장을 둘러싼 패러다임이 지속적으로 바뀌고 있지만, 앞에서 살펴본 선행연구들은 유가의 구조적 변화를 예측모형에 반영하기 어렵다는 한계가 있다.

이에 따라 이철용(2010, 2011)은 유가의 변동요인이 각 시기에 따라 구조적으로 바뀌고 있음을 반영하기 위해 베이지안[166] 추론을 이용한 유가전망 모형을 제시하였다.

분석결과, 제안된 모형은 모형의 적합성 검정에서는 좋지 않은 성적을 보여주었지만, 예측력 검정에서는 벤치마크모형(선형모형, VAR모형, 인공신경망모형)보다 뛰어난 것으로 나타났다.

한편, 제안된 베이지안 모형을 이용하여 2030년까지 유가의 중장기 전망도 실행했지만 이철용(2010, 2011)은 유가의 변화가 원유 수요와 공급에 미치는 영향, 즉 순환적인 구조를 모형 속에 반영하지 못한 한계를 드러냄으로써[167] 향후 국제유가, 석유수요, 석유공급 간의 내생적인 관계를 반영하는 유가전망 모형의 필요성을 주지시켰다.

166) 베이지안 분석은 통계적으로 관심이 있는 모든 것(모수, 결측치)들은 불확실하며 이 불확실성의 정도는 확률로 표현된다는 가정으로부터 출발함. 따라서 베이지안 분석의 목표는 주어진 자료(data)를 통해 관심의 대상이 되는 모수(parameter)의 불확실성(uncertainty)을 확률로 나타내는 것임(김용대 외, 2000).

167) 물론 벤치마크 모형인 VAR 모형이 이러한 구조를 반영하고 있지만, 예측 능력에서 신뢰할 만한 결과를 얻지 못해 모형의 개선이 필요함.

한편, Alquist, Kilian, and Vigfusson(2011)은 기존의 다양한 유가예측 관련 문제들에 대한 포괄적 분석을 시도하였다.

5.3 유가예측의 한계

(1) 오락가락하는 예측

유가예측의 어려움을 극명하게 보여주는 보도내용의 일부가 [표 12-9]에 제시돼 있다.

유가에 대한 전문가 및 연구기관의 전망이 놀라울 정도로 다양한 스펙트럼을 보여주고 있음을 확인할 수 있는데, 이는 한마디로 유가예측의 어려움과 함께 예측의 실효성에 관해서도 의구심을 갖기에 충분하다.

[표 12-9] 유가전망 관련 보도내용

	전망 시기	주요 내용
코리아데일리 (2015.03.02.)[168]	2015년 상반기 유가의 일시 반등 후 유가에 대한 전문가 및 연구기관의 유가전망	• 바닥설 ⇒ 2015년 2월 들어 시작된 반등세가 일시적인 현상으로 보기에는 상승폭이 가파르다는 것임 ⇒ 연방에너지정보청(EIA)과 국제에너지기구(IEA)의 전망으로 셰일오일 감산 추이를 주목하였음. • 하락설 ⇒ 유가하락의 근본적인 경제적 배경을 글로벌 경기둔화로 꼽는 이들은 경기에 변화가 없는 한, 유가 상승세가 지속될 이유가 없다고 보고 있음. ⇒ S&P캐피탈 IQ의 스튜어트 글릭맨 애널리스트, 스티펠 니콜라우스의 차드 모건랜드 포트폴리오 매니저, BNP 파리바의 가레스 루이스 데이비스 애널리스트, 씨티 보고서 등의 전망으로 공급과잉의 문제가 아직 해소되지 않았으며 석유 재고가 여전히 대규모인 점을 들고 있음. • 안정설 ⇒ 상승과 하락이라는 두 개의 관측 사이에서 60달러선 유지설로 주로 OPEC에서 나오고 있음. • 폭락설 ⇒ 매릴린치의 수석 이코노미스트를 지낸 게리 실링은 유가가 한창 반등하던 2015년 2월 17일 블룸버그에 10달러 선 폭락설을 기고했는데, 그 이유는 수요 감소와 공급 증가임. • 급등설 ⇒ 200달러대 급등설인데, 압달라 엘바드리 OPEC 사무총장, 이탈리아 에너지업체 에니(ENI)의 클라우디오 데스칼지 최고경영자(CEO)의 전망으로 투자 감소세가 지속될 경우 생산량 급감으로 "2020년까지 배럴당 200달러 이상까지 오를 것"이라고 말한 바 있음.
골드만삭스	2008년 3월 전망 수정	• 국제유가 전망이 며칠 새 뒤바뀌면서 증권가가 혼돈을 겪었음. ⇒ 2008년 3월 7일 배럴당 200달러 가능성을 언급[169]한 골드만삭스가 불과 4일이 지난 11일 유가가 배럴당 90달러까지 떨어질 수 있으므로 단기 차익실현에 나설 것을 주문했기 때문임.[170]

	2015년 12월 이후 2016년 7월까지 3회 전망 수정	* 국제유가가 20달러까지 하락할 수 있다는 비관적 전망 제시하면서 2016년 4분기에 가서야 하락현상이 멈출 것으로 전망(2015년 12월 4일 보고서)171) ⇒ 원유 생산량 급감을 이유로 상향 조정하여 2016년 하반기 국제유가가 배럴당 50달러까지(3월 전망:45달러) 오를 것으로 전망, 그리고 2017년 1분기에는 유가가 배럴당 45달러를 보이겠지만 2017년 연말까지 60달러를 회복할 것 이라고 예상(5월 전망)172) ⇒ 2016년 유가가 상승세로 반전할 것으로 예상했으나 2016년 중반에서 2017년까지 배럴당 45~50달러 박스권을 유지할 것으로 전망 수정(7월 전망)173)

결국, 유가의 결정요인들을 전망하고 이를 토대로 국제유가를 예측하는 것이 이론적으로는 가능할 수 있지만, 현실적으로는 그렇게 쉽지 않다.

그럼에도 불구하고 세계경제의 주요 변화를 살펴보는 일은 유가를 예측하는 데 있어 나름대로 의미 있는 작업이다.

○ 비록 예측은 불가능할지라도 최소한 시나리오별 유가의 움직임에 대한 추측은 시도해 볼 수 있기 때문임.174)

(2) 실제값과 예측값의 비교

전문가 및 연구기관이 제시한 유가전망을 실적과 비교해 봄으로써 유가예측의 한계를 지적해 보고자 한다.

---

168) 코리아데일리(2015.03.02.) 참조.
169) 2012년 안에 유가 200달러 시대가 도래할 가능성을 제시했는데, 중대한 공급불안이 발생할 경우 유가는 150~200달러를 기록할 것이라고 전망했음. 이와 관련하여 매경(2008.03.09.) 참조.
170) 뉴스핌(NEWSPIM), 2008.03.11.
171) 연합뉴스(2015.12.18.) 참조.
172) 연합뉴스(2016.05.17.) 참조.
173) 에너지경제(2016.07.29.) 참조.
174) 윤원철(2015.09.) 참조. 한편, 에너지경제연구원의 시나리오별 유가전망의 사례를 소개하면 다음과 같음.

2030년 시나리오별 원유가 전망(WTI 기준) (단위: $/배럴)

시나리오	2030(전망)	주요 전제
기준유가	173~178	• 석유시장을 고유가 상황보다 보수적으로 접근 • 석유수급이 타이트하지 않을 것임. • 투기적 요인으로 인한 버블 가능성 낮음.
고유가	253~268	• 석유 탐사개발과 생산과정에서 투자 감소 • OPEC의 석유공급 조절 • 투기세력 예상
저유가	127~137	• 경기회복 지연이 국제 석유시장 긴축으로 이어져 석유수요 감소

주 : 에너지경제연구원의 정부 보고 내용으로 KEEI-BS 모형에 의한 전망치(2011년 5월 전망)

여기에서는 [사례 1], [사례 2], [사례 3]을 통해 예측의 적합성을 조사해 보기로 한다.

먼저, [사례 1]의 결과 2008~2010년 3년(12분기)간의 예측값과 실제가격을 적용한 오차는 KEEI 전망과 EIA 전망의 경우, 각각 0.78~40.23%(평균 18.06%)와 0.21~33.65%(평균 17.56%)로 나타났다.

○ 이런 오차 발생의 원인은 2008년 3분기 이후 유가급락 요인(글로벌 금융위기로 인한 수요급감)의 작용으로 인해 적합성이 떨어진 결과로 보임.

○ 두 기관 모두 단기전망이었지만, 글로벌 금융위기라는 경제적 충격을 예상하지 못했기 때문에 예측력이 현격하게 저하되었음을 알 수 있음.

이러한 결과는 [사례 2]에서 또다시 나타나고 있는데, 2014년 하반기 이후의 유가급락 사태로 인해 예측값의 설명력이 현저히 떨어졌음을 알 수 있다.

○ 그 후 2015년 상반기의 일시적 반등과 이후의 하락 등 유가의 변동성이 확대되면서 예측의 적합성이 전혀 개선되지 못했음을 보여줌.

더 나아가 예측의 적합성이 중기전망의 경우 더욱 심화되고 있음을 [사례 3]은 보여주고 있다.

○ 이철용(2011)의 경우, 그가 제시한 베이지안 모형을 통한 유가전망이 기존의 벤치마크 모형보다 예측력 검정에서 우월한 것으로 나타났음에도 불구하고 예측의 적합성 확인결과, 이철용(2011)의 전망과 EIA(2011)의 전망 모두 예측의 적합성이 현저히 떨어졌음을 확인할 수 있음.

○ 이는 앞서 언급하였듯이 2014년 하반기 이후의 유가급락 사태를 예측하지 못한 결과로 보이는데, 미국 셰일오일의 등장이라는 새로운 에너지혁명 시대의 도래를 예견하지 못한 것이 적합력 저하의 주된 원인으로 보임.

결국, 예상대로 단기전망보다는 중기전망이 적합력에 있어 현격한 비교열위를 보여주고 있다.

○ 즉, 2011~2016년 6년간의 예측값과 실제값을 적용한 오차는 이철용의 경우는 1.52~194.53%(평균 59.6%), EIA의 경우는 5.03~175.44%(평균 52.31%)로 나타났음.

○ 단기보다는 중장기로 갈수록 경제의 불확실성이 심화될 수밖에 없기 때문에 이러한 적합력 저하는 필연적 결과로 보임.

종합하면, 유가의 실제가격과 전망치를 비교해 봄으로써 예측의 적합성을 확인한 결과 유가예측의 어려움과 한계가 명백히 드러나고 있음을 제시된 사례들은 보여주고 있다.

[사례 1] 단기전망 (2008년 1분기~2010년 4분기)

[표12-10] 실제값과 예측값의 비교(KEEI 전망)

(단위: $/Bbl)

시기		실제값	예측값	실제값-예측값	차이(%)
2008	1Q	91.23	74.01	17.22	18.88%
	2Q	116.80	73.55	43.25	37.03%
	3Q	113.53	74.81	38.72	34.11%
	4Q	52.80	74.04	-21.24	-40.23%
2009	1Q	44.21	46.86	-2.65	-5.99%
	2Q	58.96	45.53	13.43	22.78%
	3Q	68.04	54.28	13.76	20.22%
	4Q	75.45	61.02	14.43	19.13%
2010	1Q	75.87	71.56	4.31	5.68%
	2Q	77.97	75.57	2.40	3.08%
	3Q	74.06	73.48	0.58	0.78%
	4Q	84.33	76.88	7.45	8.83%
분기별 오차 범위					0.78~40.23%
MAPE(Mean Absolute Percent Error) → 12분기(2008~2010년)					18.06%
MAE(Mean Absolute Error)					14.953
MSE(Mean Square Error)					398.549

주 : 1) 실제값은 한국석유공사의 국제유가 월별자료를 토대로 저자가 분기별 평균한 것으로 Dubai 유가 기준임.
2) 예측값은 에너지경제연구원(KEEI)의 Dubai 기준유가 전망치로 전망시점은 연도별로 각각 2007년 11월, 2008년 12월, 2010년 1월임.

[표12-11] 실제값과 예측값의 비교(EIA 전망)

(단위: $/Bbl)

시기		실제값	예측값	실제값－예측값	차이(%)
2008	1Q	97.92	82.33	15.59	15.92%
	2Q	124.08	82.33	41.75	33.65%
	3Q	118.24	79.00	39.24	33.19%
	4Q	58.47	76.00	−17.53	−29.98%
2009	1Q	42.89	49.30	−6.41	−14.95%
	2Q	59.55	50.30	9.25	15.53%
	3Q	68.24	51.70	16.54	24.24%
	4Q	76.05	53.30	22.75	29.91%
2010	1Q	78.64	75.67	2.97	3.78%
	2Q	77.84	78.00	−0.16	−0.21%
	3Q	75.97	79.67	−3.70	−4.87%
	4Q	85.16	81.33	3.83	4.50%
분기별 오차 범위 MAPE(Mean Absolute Percent Error) → 12분기(2008～2010년) MAE(Mean Absolute Error) MSE(Mean Square Error)					0.21～33.65% 17.56% 14.977 399.015

주: 1) 실제값은 한국석유공사의 국제유가 월별자료를 토대로 저자가 분기별 평균한 것으로 WTI 유가 기준임.

2) 예측값은 EIA(Energy Information Administration)의 WTI 기준유가 전망치로 전망시점은 연도별로 각각 2007년 11월 6일, 2008년 12월 9일, 2009년 12월 8일임.

[사례 2] 단기전망 (2013년 1분기~2016년 2분기)

[표 12-12] 실제값과 예측값의 비교(KEEI 전망)

(단위: $/Bbl)

시기		실제값	예측값	실제값-예측값	차이(%)
2013	1Q	108.25	105.39	2.86	2.64%
	2Q	100.76	106.47	-5.71	-5.67%
	3Q	106.08	105.05	1.03	0.97%
	4Q	106.20	106.29	-0.09	-0.08%
2014	1Q	104.45	103.82	0.63	0.60%
	2Q	106.01	102.00	4.01	3.78%
	3Q	101.56	104.02	-2.46	-2.42%
	4Q	74.68	101.99	-27.31	-36.57%
2015	1Q	52.17	49.92	2.25	4.31%
	2Q	60.52	52.74	7.78	12.86%
	3Q	49.75	56.88	-7.13	-14.33%
	4Q	40.80	60.91	-20.11	-49.29%
2016	1Q	30.33	29.41	0.92	3.03%
	2Q	43.15	34.51	8.64	20.02%
분기별 오차 범위 MAPE(Mean Absolute Percent Error) → 14분기(2013~2016:2Q) MAE(Mean Absolute Error) MSE(Mean Square Error)					0.08~49.29% 11.18% 6.495 100.468

주 : 1) 실제값은 한국석유공사의 국제유가 월별자료를 토대로 저자가 분기별 평균한 것으로 Dubai 유가 기준임.
2) 예측값은 에너지경제연구원(KEEI)의 Dubai 기준유가 전망치로 전망시점은 연도별로 각각 2013년 1월, 2014년 1월, 2015년 1월, 2016년 1월임.

[표 12-13] 실제값과 예측값의 비교(KEEI 전망)

(단위: $/Bbl)

시기		실제값	예측값	실제값-예측값	차이(%)
2013	1Q	94.34	90.00	4.34	4.60%
	2Q	94.23	88.00	6.23	6.61%
	3Q	105.82	89.17	16.65	15.73%
	4Q	97.40	91.00	6.40	6.57%

2014	1Q	98.71	95.00	3.71	3.76%
	2Q	103.01	94.00	9.01	8.75%
	3Q	97.42	94.33	3.09	3.17%
	4Q	73.29	90.00	−16.71	−22.80%
2015	1Q	49.18	46.33	2.85	5.80%
	2Q	57.93	51.00	6.93	11.96%
	3Q	46.07	57.00	−10.93	−23.72%
	4Q	42.18	64.00	−21.82	−51.73%
2016	1Q	33.34	36.36	−3.02	−9.06%
	2Q	45.58	38.02	7.56	16.59%
분기별 오차 범위 MAPE(Mean Absolute Percent Error) → 14분기(2013~2016:2Q) MAE(Mean Absolute Error) MSE(Mean Square Error)					3.17~51.73% 13.63% 8.518 105.539

주 : 1) 실제값은 한국석유공사의 국제유가 월별자료를 토대로 저자가 분기별 평균한 것으로 WTI 유가 기준임.
2) 예측값은 EIA(Energy Information Administration)의 WTI 기준유가 전망치로 전망시점은 연도별로 각각 2013년 1월 8일, 2014년 1월 9일, 2015년 1월 13일, 2016년 1월 12일임.

[사례 3] 중기전망 (2011년 ~ 2016년)

[표 12-14] 실제값과 예측값의 비교(이철용 전망)

(단위: $/Bbl)

시기	실제값	예측값 (베이지안 모형)	실제값−예측값	차이(%)
2011	95.11	96.56	−1.45	−1.52%
2012	94.17	101.66	−7.49	−7.95%
2013	97.95	104.91	−6.96	−7.11%
2014	93.11	107.62	−14.51	−15.58%
2015	48.84	112.78	−63.94	−130.92%
2016	39.46	116.22	−76.76	−194.53%
분기별 오차 범위 MAPE(Mean Absolute Percent Error) → 6년(2011~2016년) MAE(Mean Absolute Error) MSE(Mean Square Error)				1.52~194.53% 59.60% 28.518 1716.268

주 : 1) 2016년의 경우 2분기까지의 자료를 평균하여 해당연도 평균으로 처리하였음.
2) 실제값은 한국석유공사의 국제유가 월별자료를 토대로 저자가 연도별 평균한 것으로 WTI 기준임.
3) 예측값(베이지안 모형)은 이철용(2011.08.)의 유가전망 결과임

[표 12-15] 실제값과 예측값의 비교(EIA 전망)

(단위: $/Bbl)

시기	실제값	예측값(EIA)	실제값－예측값	차이(%)
2011	95.11	85.05	10.06	10.58%
2012	94.17	88.61	5.56	5.90%
2013	97.95	92.52	5.43	5.54%
2014	93.11	97.79	−4.68	−5.03%
2015	48.84	103.24	−54.40	−111.38%
2016	39.46	108.69	−69.23	−175.44%
분기별 오차 범위				5.03～175.44%
MAPE(Mean Absolute Percent Error) → 6년(2011～2016년)				52.31%
MAE(Mean Absolute Error)				24.893
MSE(Mean Square Error)				1322.610

주 : 1) 2016년의 경우 2분기까지의 자료를 평균하여 해당연도 평균으로 처리하였음.
2) 실제값은 한국석유공사의 국제유가 월별자료를 토대로 저자가 연도별 평균한 것으로 WTI 기준임.
3) 예측값(EIA)은 EIA(미국 에너지정보청)가 2011년 4월 16일에 발표한 WTI 기준안 전망치임.

6. 결론 및 정책적 시사점

지금까지 유가변동과 관련된 논의를 통해 확인된 주요 사실들은 다음과 같다.

○ 첫째, 유가의 결정요인을 조사해본 결과, 요인별 내적 구성의 변화가 확인되었음.

- 공급요인의 경우에는 셰일오일의 등장으로 OPEC 회원국에 비해 비OPEC 산유국의 영향력이, 수요요인의 경우에는 선진국 수요에 비해 신흥국 수요의 비중이 상대적으로 확대되고 있음.

- 금융요인의 경우에는 투기자금과 달러화가치 변동의 영향력이 점차 증대되고 있으며, 기타요인의 경우 지정학적 리스크 등은 여전히 유효하지만 향후 산유국 간, 그리고 산유국과 비산유국 간의 복잡한 정치적 역학관계가 유가에 주요 결정요인으로 부각될 것으로 보임.

○ 둘째, 변동요인별 비중 역시 기간별로 차이를 보였음. 중장기적 관점에서는 여전히 수급 요인의 비중이 컸지만, 단기간의 변동을 유발시킨 기여도 측면에서 보면 금융요인과 지정학적 요인이 크게 작용했으며, 특히 최근으로 올수록 금융요인의 비중 증가가 두드러지게 나타났음.

○ 셋째, 유가의 변동성은 석유시장의 불확실성과 불안정성 심화로 인해 변동성 확대 경향이 점차 뚜렷해지고 있음.

○ 넷째, 상승과 하락 국면에서의 원인을 각각 비교 조사한 결과, 기간별로 유사점과 차이점을 발견할 수 있었음.

○ 다섯째, 유가 예측모형의 경우 예측력 향상을 위한 모형개발의 진전은 진행되고 있으나 여전히 실제값과 예측값을 비교 조사한 결과, 예측값의 설명력이 떨어지고 있음을 확인 할 수 있었음.

- 특히, 유가의 급등락이 발생하여 예측모형에 이를 반영하지 못한 경우에 오차는 더욱 확대되었음.

종합하면, 유가 변동요인의 조사분석 목적은 결국 정확한 유가전망을 통해 경제운용의 효율화와 경제·사회적 비용의 최소화를 도모하는데 있다.

문제는 논의과정에서 보았듯이 유가예측의 경우 이론적으로는 얼마든지 가능하지만, 유가예측 시스템과 능력에 여전히 신뢰가 담보돼 있지 않은 게 작금의 현실이다.

○ 일례로 2014년 말 이후 계속 내리막길을 걷고 있는 국제유가의 추세를 제대로(비교적 근사하게라도) 전망한 기관이나 전문가는 국내·외를 막론하고 전무했음.[175)]

이제 마지막으로 유가전망과 관련된 정책적 시사점을 제시해 보고자 한다.

175) 문영석(2016) 참조.

○ 먼저, 관련 전문가 및 연구기관이 지속적으로 유가 예측모형 개발에 진력하여 유가예측의 정확도를 높여야 함.
- 아시아 국가 중 우리나라가 유가변동에 따른 충격을 가장 크게 받는다는 분석도 있다는 점을 고려할 때, 유가예측의 중요성과 필요성, 더 나아가 정확성은 더 이상 강조해도 지나치지 않음.

○ 이를 위해 유가의 추이에 관한 다면적 고찰과 접근이 이루어져야 함.
- 일차로 석유시장의 구조적 움직임을 정확히 파악할 수 있어야 함.
- 특히, 산유국(OPEC 회원국이든 비OPEC 산유국이든 간에)의 생산전략 및 생산여건 등을 체계적으로 분석할 수 있어야 함.

○ 이런 토대 하에 산유국의 처지를 이해하는 전문성에 입각한 석유대책을 세워야 함.[176)]
- 즉, 합리적으로 유가를 예측할 정치적 의도에 휘둘리지 않는 중립적 전문가의 확보가 필요하며, 이들과 업계 현장전문가들 간의 유기적이고 지속적인 정보교류 및 협의의 활성화가 이루어져야 함.

○ 그래야만 유가변동에 영향을 미칠 수 있는 위험요소를 사전에 발견·포착하여 이를 예측 내지 예측모형에 반영함으로써 단기전망만이라도 예측력을 끌어올릴 수 있을 것임.

○ 여기에 정부의 지속적인 관심과 지원은 필수요소임.

○ 이와 병행하여 유가변동은 자연스런 현상이기 때문에 이를 국제석유시장의 생리로 받아들이면서 어떻게 유가변동(급등락) 시 충격을 완화할 수 있도록 평소에 대비할 것이냐의 문제도 중요하게 다뤄져야 함.

○ 2015년 말 보다 강도 높은 온실가스 배출 감축을 제시한 파리협정이 맺어졌음.

○ 에너지 부문은 단순한 구조개편을 넘는 비용효율적인 체제 전환과 지속가능한 사회기반 조성이라는 시대적 소명을 안게 되었음.

176) 최기련(2004) 참조.

○ 이런 소명을 완수하기 위해 에너지 부문을 정권적 차원에서 다루는 오류에서 벗어나 진정 우리의 현실과 시대흐름에 부합하는 온전한 에너지 부문 중장기 전략의 수립이 요구됨.[177]

– 이렇게 해야만 향후 유가변동에 따른 경제적 부작용을 최소화시킬 수 있을 것임.

177) 최기련(2016) 참조.

제 13 장

탈석유 시대의 도래

1. 세계경제의 석유의존도 하락
2. 멈추지 않는 탈석유 트렌드
3. 탈석유 속도와 국제유가
4. 석유대체 경쟁과 저탄소 에너지의 부상
5. 결 론

1. 세계경제의 석유의존도 하락

1.1 OPEC 석유에 대한 수요 부진 장기화[178)]

국제유가의 급락에도 불구하고 중국을 비롯한 세계 각국의 탈석유 노력이 계속되면서 중장기적으로 석유수요 확대는 제약될 전망이다.

○ 1980년대 국제유가 급락에도 불구하고 석유는 점차 발전용 연료시장에서 퇴출되는 트렌드를 보인 바 있음.

- 당시에는 석탄발전이 전 세계적으로 부활하면서 난방, 발전분야에서 석유를 대체한 바 있음.

○ 이에 따라 석유수요가 수송 분야에 집중된 바 있는데, 석유의 수요처별 구성에서 수송분야는 1985년의 43%에서 2013년에는 56%까지 상승하게 되었음.

○ 그 후 2016년 기준 수송 분야에서도 탈 석유화가 본격화되기 시작

이러한 수요 정체와 비OPEC의 석유생산 확대로 인해 OPEC도 연차보고서(2015년 12월)를 통해 OPEC산 원유에 대한 수요가 2020년까지 계속 감소세를 보일 것으로 전망된다.

○ 2020년의 OPEC 원유에 대한 세계 각국의 수요가 3,070만bpd[179)]에 그쳐 2015년 4분기의 실제생산량 3,230만bpd을 밑돌 것으로 전망

1.2 석유의존도의 추세적 하락[180)]

국제유가 급락에도 불구하고 세계경제가 크게 부양되지 않고 석유수요의 회복도 부진하다는 것은 그만큼 세계경제의 석유에 대한 의존도가 과거에 비해 낮아졌음을 반영하고 있다.

178) 이지평(2016.01.) 참조.
179) barrels per day
180) 이하 내용은 이지평 외(2015.08.) 참조.

선진국에서는 각종 석유 절약 노력이 강화되어 왔다.

○ 승용차의 평균 이산화탄소 배출량 목표치를 2015년에 120g/km(일본 연비[181] 기준 약 24.1km/l), 2020년에 95g/km(30.5km/l)로 설정하고 있는 유럽에서는 디젤엔진 기술이 발전하고 친환경 자동차의 보급이 확대되면서 이미 2013년에 2015년 목표 수준을 능가하였다.

○ 일본에서는 리터당 20∼30km 넘게 주행할 수 있는 하이브리드 자동차가 보급되면서 휘발유 소비가 감소세를 보이고 있으며, 석유 다소비형 국가인 미국에서도 시판되는 승용차의 평균연비가 1990년의 20마일/갤런에서 2013년에는 36마일/갤런으로 80%나 개선되었다.

○ 선진국 전체의 1인당 석유소비량이 2000년의 연간 15배럴에서 2014년에는 13배럴로 15%나 감소했음.

○ 2000년대 들어 유가 급등세와 금융위기 이후 3년가량 계속된 배럴당 100달러를 넘는 고유가가 이러한 석유 절약 노력을 한층 강화시켰다고 할 수 있음.

물론, 개도국의 경우 상대적으로 높은 성장세와 자동차 보급률의 상승으로 인해 석유수요가 확대되고 있지만 선진국의 석유 절약 기술이 개도국에도 보급되면서 석유수요 증가세를 억제하고 있다.

석유 절약과 함께 석유를 대체하는 그린 산업이 유가 급락에도 불구하고 성장하고 있어 석유수요가 쉽게 회복되기 어려울 것으로 보인다.

○ 2014년도 세계 재생에너지 투자액은 3,100억 달러(Bloomberg)로 2011년 이후 최대치를 기록했으며, 2015년의 경우도 전년대비 5% 이상 증가한 3,300억 달러에 이르러 사상 최고치를 경신할 전망

○ 태양광 발전 설치량은 2014년 47GW에서 2015년에 50GW를 능가할 전망이며, 저유가에 크게 영향을 받지 않는 모습임.

- 원가가 높아 소형으로 주로 사용되는 석유 발전(석유 수요의 6%)이 재생에너지에 의해 빠르게 대체될 가능성이 큼.

---

181) 연비란 연료 1리터로 주행 가능한 거리(km)를 말함.

○ 그린카의 경우 유가하락으로 하이브리드 자동차의 판매가 둔화되었지만 전기차는 Tesla의 2015년 1분기 모델 S의 매출액이 전년비로 51.5% 증가하는 등 증가 추세를 지속하고 있음.

2. 멈추지 않는 탈석유 트렌드

2.1 제1의 에너지원에서 점점 밀려나는 석유

최근과 같이 세계경제의 석유의존도가 낮아지며 석유가 에너지원에서 차지하는 비중이 줄어드는 '탈 석유화' 현상은 여러 측면에서 엿볼 수 있다.

○ 석유산업의 경우, 석유재벌인 록펠러 가문이 2014년 9월에 이미 석유부문 투자금의 단계적 회수 입장을 발표한 바 있음.

○ 석유 부국인 중동지역에서도 태양광 발전이 급증하고 있다는 것 또한, 석유산업의 황금시대가 저물어가고 있음을 보여줌.

최근의 탈 석유화 트렌드는 미국 셰일층 개발이 본격화되기 이전에 석유자원의 고갈 우려가 고조되었을 때와는 다른 모습이라고 할 수 있다.

○ 당시에는 공급 제약으로 인해 석유 시대가 의도치 않게 마감될 것을 우려했던 반면, 최근의 경우 셰일혁명으로 석유공급이 풍부한 데도 불구하고 탈석유 트렌드가 형성되고 있는 것임.

○ 야마니 前사우디아라비아 석유 장관이 "돌이 없어서 석기 시대가 종료된 것이 아니듯, 석유 시대도 석유가 고갈되기 이전에 끝날 것"이라고 언급했듯이, 석유 자원이 상당히 남아 있는 상태에서 석유 시대가 끝날 가능성이 커지고 있음.

2.2 탈석유를 유도하는 주요 요인들

저유가에도 불구하고 다음과 같이 탈석유를 유도하는 여러 요인들이 여전히 작용하고 있다.

(1) 석유소비 억제형 성장 패턴의 확산

이미 가시화된 탈석유 추세가 계속될 것인지의 여부를 판단하기 위해서는 탈 석유화를 뒷받침하고 있는 여러 요인들을 검토할 필요가 있다.

우선, 선진국에서 나타나고 있는 석유소비 억제형 성장 패턴이 신흥국 등에도 파급될 것인지가 중요한 변수가 될 것이다.

○ 개도국의 석유소비량은 2000년대 들어 경제성장의 가속화, 자동차 보유대수의 확대와 함께 증가율이 높아져 왔지만 최근 그 증가세가 둔화되고 있음.

○ 그동안 석유소비 증가를 주도해 왔던 중국 수요 둔화의 영향이 큰 것으로 보임.

- 중국경제는 10%를 넘는 고도성장이 마감되고 성장세가 6~7%대로 떨어지고 있는데다 성장 패턴도 변화하고 있기 때문에 다시 예전처럼 원자재 수요가 급증세를 보일 가능성은 낮아지고 있음.
- 대규모 인프라와 대형 중화학 공업기지를 연이어 건설하면서 고성장을 구가했던 중국경제는 주요 산업에서의 공급과잉과 인구고령화에 따른 성장 활력 저하에 고전하기 시작했음.
- 제조업 및 투자 주도형 성장에서 서비스업 및 소비 중심 성장으로 전환되는 경제구조의 변화도 석유소비를 둔화시킬 것으로 보임.
- 중국에서 1천 달러의 GDP를 창출하기 위해 필요한 원유는 2000년의 1.5배럴에서 2014년에는 0.4배럴로 급격히 하락해, 중국에서도 탈석유 노력의 효과가 가시화되고 있음.
- 물론, 중국의 소비 주도형 경제 속에서 자동차 보급대수가 늘어나면 휘발유 소비가 급증 할 가능성이 있음.

• 중국은 2009년에 이미 미국을 능가하는 세계 최대의 자동차 시장이 되었고 계속해서 확대되고 있음.

- 사실, 중국의 2013년 1인당 석유 소비량은 2.8배럴로 국제적으로 낮은 수준에 머물고 있어 석유수요의 확대 여지가 남아 있다고 볼 수 있음.
- 1인당 철강 소비량이 일본을 능가하고 스마트폰 보급률도 선진국 수준인 중국에서 1인당 석유 소비만 계속 억제될 것인지에 대해서는 불확실한 부분이 있음.
- 중국의 1인당 석유 소비량이 1인당 GDP가 중국보다 작은 태국 수준(6.3배럴)으로 확대되어도 중국의 전체 석유 소비량은 사우디아라비아 석유 생산의 2배 수준에 달하게 됨.
- 중국의 석유 소비량이 이 정도만 늘어나도 제4차 석유파동이 발생할 가능성이 있음.
- 그리고 만약 중국의 1인당 석유 소비량이 한국 수준(16.9배럴)이 된다면 사우디아라비아 생산량의 5.7배가 필요하게 되는데, 이렇게 된다면 세계경제에 큰 혼란을 야기할 것임.

\- 거대한 인구를 가진 중국으로서는 자동차 보급 속도의 조절이나 친환경차를 중심으로한 자동차 관련 인프라의 정비를 통해 탈 석유화를 원천적으로 추진할 수밖에 없을 것으로 보임.

○ 한편, 중국을 대신하여 석유 등 각종 자원 소비를 급증시킬 만한 거대 신흥국도 당분간 나타나지 않을 것으로 보임.

\- 제2의 중국으로 주목받고 있는 인도의 경우, 성장률이 중국을 추월할 것으로 보이지만 7% 내외의 완만한 성장세를 유지하고 중국처럼 중화학공업 분야에서의 과잉투자도 발생하지 않는 등 안정적인 성장 패턴을 보일 것으로 예상되고 있음.

\- 따라서 인도의 2012~2020년 기준 연평균 석유수요 증가율이 세계 평균의 1% 수준보다는 높지만 2~3%(IEA 3.9%, EIA 2.1%) 정도에 머물 것으로 보임.

(2) 지구환경의 악화에 따른 탈석유 정책의 강화

각국 정부의 친환경 정책도 탈석유 트렌드의 향방을 좌우하는 중요한 변수이다.

○ 자동차 연비규제, 친환경 자동차 지원 정책 등이 석유수요를 직접적으로 둔화시키기 때문임.

과거 석탄에서 석유로 주력 에너지원이 전환될 당시에 기존 산업인프라에서는 석탄 대비 석유 사용이 불리한 면이 많았으나 석유 시대로의 전환이 빨라진 데에는 각국 정부의 정책적 의지가 크게 작용했다.

○ 석유가 군사용 연료로서의 우수성(체적당 에너지밀도가 높아 전함 등 무기 성능 향상에 유리)이 컸기 때문임.

○ 에너지의 미래를 생각할 때도 정책적 의지와 함께 이러한 정책에 영향을 미치는 변수가 중요할 것임.

오늘날의 에너지 정책, 특히 탈석유 정책의 초점은 지구환경 악화로 인한 위기감이라고 할 수 있다.

○ 이미 세계 곳곳에서 홍수, 이상 고온 및 한파, 대기오염 등이 심각해지고 있어 친환경 정책에 대한 지지가 강화되는 추세에 있음.

○ UN의 IPCC(기후변화에 관한 정부 간 협의체)가 2014년에 공표한 최신 제5차보고서에 따르면 '인류가 기후 시스템에 영향을 미치고 있다는 점이 확실하며 그 정도가 점차 심화되고 있을 뿐만 아니라, 전 대륙과 해양에 걸쳐 관측되고 있다' 고 함.

- IPCC는 지금 추세대로 온실가스가 배출되면 금세기 말에는 인간의 건강이나 생태계에 심각하고 광범위하면서 회복 불가능한 영향이 발생할 우려가 있다고 지적하고 있음.
- 이러한 재앙을 막기 위해 지구온도의 상승폭을 산업혁명 이전 대비 2℃ 미만으로 억제해야 하며 이를 위해서는 이산화탄소의 총배출량을 2.9조 톤으로 억제할 필요가 있다고 시산하였음.
- 그리고 전세계의 이산화탄소 누적 배출량이 이미 1.9조 톤에 달했기 때문에 연간 350억톤(2011년 기준) 수준을 유지할 경우 30년 이내에 탄소배출 상한선을 초과하게 됨.
- 이산화탄소의 배출을 단계적으로 100% 감축해야만 지구환경의 악화와 재해를 방지할 수 있다는 이야기가 됨.

제대로 대응하지 못할 경우 세계 각국은 이상기후로 인한 재해나 질병 · 전염병의 확대, 각종 생물의 멸종, 국지적 혹은 광역적 식량부족 사태, 이로 인한 각종 분쟁의 격화에 직면할 것으로 보여 환경정책이 계속 강화될 가능성이 있다.

○ 미국이나 중국처럼 광대한 국토를 가진 국가의 경우 늘어나는 각종 재해에 대처하기 위한 인프라 투자가 재정자금 지출의 블랙홀이 될 우려도 있음.
- 동경, 상해, 뉴욕, 마이애미, 캘리포니아 등에서는 지구온난화에 따른 해수면 상승으로 인해 수몰 지역이 확대될 가능성이 있음.

○ 2015년 G7은 정상회의 공동선언문에서 화석연료의 재생에너지 대체를 통한 이산화탄소 배출 없는 신경제의 구축을 목표로 제시한 것도 이와 같은 위기감의 공감대가 확대되고 있기 때문임.
- 2015년 12월 개최된 제21차 유엔기후변화협약 당사국총회(COP21)에서는 2020년부터 모든 국가가 이산화탄소 감축 의무를 지게 되는 '신기후체제'에 대한 합의가 이루어졌음.

○ 또한, 극심한 대기오염으로 열악한 도시 생활고를 겪고 있는 중국이 대기오염 규제에 힘쓰기 시작하는 등 각국 차원의 자체적인 환경규제도 강화될 전망임.

이미 자동차의 연비규제에 대해서는 선진국뿐만 아니라 중국, 인도 등의 신흥국에서도 계속적인 강화 정책이 이루어질 전망이다.

○ EU 등의 높은 규제를 맞추기 위해서는 휘발유 자동차의 연비개선이나 휘발유와 전기모터를 겸용한 하이브리드 자동차로는 대응하기가 점점 어려워지기 때문에 전기차(EV) 등 차세대 그린카의 필요성이 확대될 전망임.

이와 같이 글로벌한 환경규제와 각국 차원의 환경규제의 강화가 동시에 이루어지면서 탈석유 트렌드를 가속화시킬 것으로 보인다.

(3) 그린 이노베이션 가속화

물론, 정부에 의한 규제와 정책만으로 탈석유 트렌드가 지속되기는 어려운 측면이 있다.

○ 민간 부문에서 석유대체 산업이 수익을 창출할 수 있어야만 탈 석유화가 가속될 수 있을 것임.

석유를 대체하는 그린 산업이 기술혁신을 통해 경제성을 높일 수 있는지가 중요한 변수가 될 것이다.

그린 기술의 혁신 측면에서 보면 그동안의 투자 확대로 재생에너지나 차세대 자동차 산업에서 이노베이션 효과가 가시화되고 있다.

○ 육상 풍력 발전의 경우 이미 보조금 없이도 경제성을 갖는 수준으로 발전원가가 하락했으며, 태양광 발전의 경우에도 발전단가가 가정용 전력요금과 같아지는 그리드 패리티(Grid Parity)가 달성되는 지역이 확대되고 있음.

- 일조량과 기존 전력요금 수준의 차이로 인해 그리드 패리티를 달성한 지역과 미달성 지역으로 나누어지지만, 2014년 기준으로 보면 독일 등의 유럽 각국, 호주, 브라질, 미국 캘리포니아 지역 등과 함께 일본도 그리드 패리티를 달성한 것으로 나타나고 있음.
- 그리고 2020년에는 멕시코, 영국, 동구권, 캐나다, 미국 전역 등이 그리드 패리티를 달성 할 것으로 예상되고 있으며, 2025년까지는 한국, 중국을 비롯한 주요국이 1차 그리드 패리티를 달성할 것으로 보임.

3. 탈석유 속도와 국제유가

세계 석유수요가 경제구조의 변화, 친환경 정책의 강화, 그린 이노베이션 가속화 등에 의해 둔화되고 장기적으로는 정체 국면에 접어들 전망이다.

유가는 2015년을 기점으로 완만하게 상승하지만, 배럴당 100달러의 유가수준을 회복하는 것은 2020년대에나 가능할 것으로 예상되고 있다.

○ 다만, 탈 석유화의 속도에 따라 유가 향방이 달라질 수 있음.

개도국의 탈석유 노력이 약화될 경우에는 석유수요 증가세가 높아지면서 예상보다 유가상승이 빨라질 수 있다.

반면, 선진국과 개도국의 탈석유 노력이 보다 강화된다면 석유수요가 크게 제약을 받으면서 유가 상승폭도 매우 제한적일 것이다.

○ 석유 수요가 피크에 도달한 이후 감소한다면, 유가는 대세 하락을 맞이할 것임.

한편, 현재의 저유가 국면에서 유전개발 투자가 감소하고 있다.

○ 석유개발이 계속 위축되어 간다면 공급부족으로 유가가 급등, 탈석유가 더욱 가속화될 것임.

탈석유의 진행이 빨라지더라도 석유 공급이 수요를 충족시키지 못한다면 탈석유 현상 속에서도 유가가 급등락 할 수 있다.

○ 미국 EIA의 고유가 시나리오에서는 개도국 수요 호조와 함께 석유개발 부진에 따른 석유 공급 위축도 강조되고 있음.

미국의 세일개발과 관련된 굴삭 장치(Rig)는 유가 급락으로 절반 정도로 감소하는 등 투자가 위축되고 있으며, 세계 각국의 석유개발 프로젝트도 취소되거나 연기되는 상황이다.

○ 이전에도 미국 세일오일의 생산은 2020~2025년 사이에 둔화될 것으로 예상되고 있었기 때문에 저유가와 세일개발 위축은 세일오일의 중장기 생산능력에 부정적인 영향을 줄 것임.

유가의 변동성 확대는 석유 기피증을 더욱 자극할 것이다.

4. 석유대체 경쟁과 저탄소 에너지의 부상

4.1 심화되는 에너지 간의 경합

탈 석유화와 함께 에너지 간 경합이 심화될 것으로 보인다.

○ 석탄에서 석유로 에너지가 전환된 시대와 달리 당분간 여러 에너지가 경합하는 시기가 지속될 것으로 예상되기 때문임.

국제유가 하락으로 에너지 간 코스트 경쟁이 격화되고 있으며, 코스트 절감을 위한 에너지 기술개발 경쟁이 각 에너지 자체뿐 아니라 관련 인프라 분야로 확대될 것으로 보인다.

○ 화석연료의 경우에는 셰일오일의 개발 및 생산 코스트를 절감하기 위한 기술 개발이 모색되고 있음.

○ 그린 산업에서도 축전지(ESS)와 태양광 패널 등에서의 기술혁신과 원가혁신, 전기차용 충전 인프라의 고도화 노력이 한층 강화될 것임.

환경보전에 대한 각국 정부 및 국제기관, 시민사회의 요구가 계속 커지고 있기 때문에 코스트와 함께 환경보전 측면에서의 가치도 중요한 경쟁 요소가 될 것이다.

○ 화석연료 중에서는 상대적으로 천연가스가 이산화탄소 배출량이 적고 유리한 반면, 석탄은 불리한 입장에 있어 석탄 화력발전소의 이산화탄소 배출량을 줄이려는 석탄 청정화 기술의 개발도 모색되고 있음.[182]

---

182) 문재인 정부가 '탈(脫)원전 · 탈석탄'을 내세우며 석탄발전소를 '적폐' 취급하고 있지만, 최근 들어선 석탄발전소는 친환경 설비로 오염물질 배출량을 큰 폭으로 줄여 청정 설비로 거듭나고 있다고 함. 문제의 화력발전소는 바로 강원도 동해시 GS동해전력 북평화력발전소임. 강원도 동해시 북평화력발전소는 지난 2017년 3월 상업 운전에 들어간 국내 첫 민간 석탄화력발전소임. 발전설비 용량은 원전 1기에 해당하는 1190MW임. 석탄발전소라곤 하지만 겉모습만 봐서는 알아채기 어려운데, 통상 석탄발전소라고 하면 미세 먼지와 대기오염물질을 다량 배출하는 것으로 알려져 있지만 이곳은 확연하게 다름. 동 발전소는 저탄(貯炭) 시설 안에 발전용 석탄이 저장돼 있어 석탄을 야적하는 노후 발전소와 달리 석탄 가루가 밖으로 날리지 않고 있음. 저탄 시설은 이 발전소에서 한 달간 쓸 수 있는 분량인 30만t

에너지 자체의 직접적인 개발 및 생산뿐 아니라 관련 인프라 등 주변 사업을 포함한 전체적인 관점에서의 경제부양 및 고용효과가 높은 에너지가 선호되는 측면도 있다.

○ 미국 오바마 대통령의 석탄발전 억제, 가스발전 유도정책이 야당 공화당 일부 의원을 포함해서 정치권의 지지를 어느 정도 받고 있는 것도 석탄에 비해 천연가스 분야의 고용효과가 훨씬 크기 때문임.

○ 재생에너지의 경우 각국 정부 입장에서 보면 해외자원에 대한 의존도를 줄일 수 있을 뿐만 아니라 외화 유출을 억제하고 태양광 및 풍력 발전 관련 신산업을 육성하면서 고용확대 효과도 기대할 수 있음.

4.2 태양광과 전기차 중심의 저탄소 에너지 사회 부상

이와 같이 탈석유 시대의 에너지 간 경쟁에 있어서는 코스트, 친환경성, 경제 및 고용확대 효과 등의 측면에서 유리한 에너지가 각 분야에서 상대적으로 비중을 확대해 나갈 것으로 보인다.

전력 분야에서는 이산화탄소의 배출량이 많은 석탄발전이 정체되고 상대적으로 가스발전, 재생에너지가 확대될 전망이다.

수송용 에너지 분야의 경우 석유의 비중이 90%를 넘고 있는 현실에서 선진국에서는 현재 휘발유 고연비 차량의 보급이 확대되고 있지만 이 추세는 점차 전기 모터와 배터리를 탑재한 전기 차량(EV, PHEV, HEV)으로 이어질 것으로 보인다.[183]

○ 중국 등의 신흥국에서도 차세대 자동차의 조기 보급 정책이 배터리 기술의 개선과 함께 점차 효과를 나타낼 것으로 보임.

○ 지난 120~130년간 자동차를 움직여온 연료인 휘발유, 경유가 자동차에서 밀려날 날이 머지않았음.

의 석탄을 저장할 수 있음. '검뿌연 연기'도 볼 수 없음. 총 공사비 2조1000억 원 가운데 20%를 친환경 관련 설비 구축에 투입하면서 질소산화물·황산화물 등 오염물질 배출량을 기존 석탄발전소보다 70~80% 정도 줄였기 때문임. 회사 관계자는 "최신 터빈 설비로 발전 효율을 높임으로써 석탄 사용량을 연간 7만7229t 줄이고 이산화탄소 배출량은 매년 16만t 이상 저감했다"고 설명했음. 문재인 정부는 석탄 발전 비중을 현재 39%에서 2030년 25%로 줄인다는 목표 아래 가동 후 30년 이상 된 노후 석탄발전소 10기를 대통령 임기 내 조기 폐쇄하기로 하고 신규 석탄발전소 건설 계획까지 재검토 중임. 김창섭 가천대 교수는 "노후 석탄발전소와 신규 석탄발전소를 같은 선상에 놓고 비교하는 건 무리"라고 말했음. 이와 관련하여 조선경제(2017.07.19.) 참조.

183) 이하 내용은 매경(2017.07.12.) 참조.

- 프랑스 정부가 2040년 휘발유와 경유차 판매를 중단하겠다고 발표했으며, 네덜란드와 노르웨이는 이보다 더 이른 시기에 내연기관 자동차와 결별을 예고하고 있음.
- 볼보는 2019년부터 내연기관 자동차를 포기하고 전기차 위주로 생산하겠다고 밝혔음.

○ 지금은 생산량이 미미하지만 전기차가 세계 자동차 시장 판도를 바꾸는 것은 시간문제로서 특히, 자율주행 기술과 전기차가 합쳐지면서 시장 패러다임이 파괴적으로 바뀔 것이 라는 전망이 우세함.

○ 이렇게 중요성이 커지고 있는 전기차 시장에서 한국의 기술경쟁력이 경쟁국에 비해서 상대적으로 계속 하락하고 있다는 분석이 나왔음.
- 세계 5대 자동차 생산국 지위를 누려온 한국이 전기차 중심의 자동차산업 재편에 제대로 대응하지 못할 경우 큰 재앙으로 다가올 수도 있다는 우려가 제기되고 있음.

○ 독일 전략컨설팅기업 롤랜드버거와 독일 아헨자동차연구소(fka)가 최근 공동으로 펴낸 2017년 2분기 '전기차(E-Mobility) 인덱스' 자료에 따르면 한국의 전기차 기술력은 5.0점 만점에 1.6점에 그쳤음.
- 프랑스(2.6점), 독일(2.5점), 일본(2.5점) 등 주요 자동차 선진국에 비해 크게 뒤지는 성적으로 2015년 3분기 같은 조사에서 한국은 3.0점을 기록해 독일과 같은 수준으로 평가됐으나 지난 2017년 1분기에는 1.9점으로 하락했으며, 이후 하락세가 지속되었음.

○ 전기차를 생산하고 있는 주요 7개국(한국 · 미국 · 중국 · 독일 · 프랑스 · 일본 · 이탈리아) 중에서 한국은 기술경쟁력 4위, 산업경쟁력 5위, 시장경쟁력 6위로 모두 평균 이하를 기록했는데, 3개 분야 종합평가에서 전기차 경쟁력이 가장 높은 국가는 중국으로 평가받았고 미국, 독일이 그 뒤를 이었음.
- 이 보고서는 2019년까지 중국의 전기차 생산(플러그인 하이브리드 포함)이 358만 6000대를 기록할 것이라고 전망했는데, 이는 미국(152만 8000대), 독일(106만 4000대)을 합친 것과 비슷한 규모임.
- 그러나 한국은 같은 기간 15만5000대에 그칠 것으로 예상되어 중국 생산량의 4%에 그칠 것이라는 전망임.

- 자동차 혁명을 이끌었던 미국이 제대로 대응하지 못하면 다음 세대 자동차 혁명은 중국이 주도할 가능성이 높아지고 있음.

○ 보고서에 따르면 중국은 2016년 47억8300만 유로를 국가 차원에서 R&D 활동에 쏟아 부었으며, 독일, 프랑스도 각각 14억4000만 달러, 10억2100만 달러를 투자했는데 비해 한국은 1억200만 유로에 그쳤음.
- 국내총생산(GDP) 대비 전기차 분야 국가 R&D 투자 비율이 중국, 독일, 프랑스는 0.046~0.047%에 이르지만 한국은 0.008%에 그쳤음.

○ 그나마 다행인 것은 전기차 핵심인 배터리 분야에서 한국이 선전하고 있다는 점인데, 보고서에 따르면 2019년까지 전세계 전기차 배터리 시장(109억달러)에서 LG화학과 삼성 SDI는 각각 21%, 6%를 차지할 것으로 예상되었음.
- 파나소닉·산요가 29%로 1위, 중국 BYD는 9%로 3위를 차지할 전망임.

석유화학 등 제조 분야의 원료 시장에서도 가스 화학이나 바이오 화학이 석유기반 제품과 경쟁하면서 비중이 높아질 것으로 보인다.

○ 다만, 유가하락 효과로 인해 석유화학의 상대적인 생산 코스트가 낮아져 원료 간 경쟁위협이 다소 약화되었기 때문에 대체 압력은 당분간 크지 않을 것으로 보임.

각 분야의 에너지 간 경합을 고려하면 코스트 경쟁력, 친환경성, 경제부양 효과 등에서 상대적으로 우위에 있는 태양광-전기차(PV-EV : Photovoltaic-Electric Vehicle) 중심의 저탄소 에너지 사회가 진전될 것으로 보인다.

차세대 에너지 후보 중 하나인 천연가스의 경우 발전용 연료로서 비중이 늘어나겠지만 한계가 있을 것이다.

○ 유가하락으로 인해 미국 이외의 셰일가스 및 셰일오일 개발이 본격화될 것인지 불투명해진 측면이 있음.

○ 또한, 가스발전은 석탄에 비해 적지만 이산화탄소 배출량이 많기 때문에 점진적으로 강화될 것으로 보이는 환경 규제에서 자유롭지 못할 것임.
- 발전용 연료별 이산화탄소 배출량을 보면 가스는 1kWh당 599g로 석탄

943g, 석유 738g에 비해 낮지만, 태양광의 38g에 비하면 매우 높음.
- 그리고 셰일가스 생산에는 전통 가스에 비해 훨씬 많은 에너지가 투입되기 때문에 이산화탄소 배출량이 더 많음.

○ 따라서 천연가스가 총 에너지 수요의 30%대로 확대될 것이라는 가스 황금시대 시나리오의 가능성은 높지 않다고 할 수 있음.

일본 등에서 주력하고 있는 수소 에너지는 안전성 보장과 인프라 확충 등의 제약이 있고, 화석연료에 의존하지 않는 수소 생산기술 상용화의 어려움 등이 걸림돌이 되고 있다.

○ 대부분의 수소는 천연가스 등을 활용해 만들어지고 있음.

○ 아직까지 물의 전기분해를 통한 수소 확보 방법은 에너지효율이 낮기 때문에 태양광 전기를 전기차에 바로 활용하는 수송시스템에 비해 경제성을 확보하기가 곤란함.
- 선진국의 가정용, 발전용 연료전지(수소와 산소를 반응시켜 전기를 생산) 시장은 확대 추세에 있지만 연료전지차는 1대당 생산가격이 높은 데다 휘발유에 비해 연료비가 비싸다는 단점이 있어 유가하락의 악영향을 받고 있음.

○ 탈석유 시대의 차세대 에너지 간 경쟁에서는 저유가 장기화를 충분히 견딜 수 있는 코스트 경쟁력이 중요하다는 점에서 수소 에너지의 본격적인 활용은 상당 기간 늦어질 것으로 보임.

반면, PV-EV는 이미 시장 확대와 지속적인 기술혁신을 통한 코스트 절감 사이클이 형성되었다고 볼 수 있으며, 현실적인 친환경 솔루션으로 기대할 수 있다.

○ 태양광을 통해 충전한 EV의 이산화탄소 배출량은 1km 주행 당 1g으로 휘발유의 147g, HEV의 95g, 연료전지차의 14g(태양광 전기분해 수소)~79g(화석연료 생산 수소)에 비해 낮음.

○ 또한, 자동차 산업이 IT 기술을 활용한 자율운전 시스템으로 진화할 경우 구동계 부품까지 전기를 활용하는 전기차는 이러한 혁신과의 적합성이 높다는 장점까지 지니고 있음.

5. 결 론

배럴당 50~60달러 유가가 지속되고 있지만, 아직 유가가 크게 오를 조짐은 보이지 않고 있다.

유가하락의 직접적인 단초는 셰일오일의 공급 확대이지만, 이미 상당기간 동안 에너지 수급은 많은 변화를 보여 왔다.

○ 자동차 연비 향상, 가전제품과 조명기기들의 에너지효율 개선, 유럽 지역을 중심으로 한 주택 빌딩 등 건물의 에너지 절약 노력 등 다양한 분야에서 전개된 에너지 절약 및 효율 향상 노력으로 세계의 에너지소비 증가세는 크게 둔화되었음.

○ 세계 에너지 수요의 증가세가 둔화되고, 특히 석유의존도가 낮아지고 있는 가운데 발생한 셰일오일의 충격은 유가를 절반 수준으로 떨어뜨리는 영향력으로 나타났음.

석유의존도가 낮아져 석유가 제1의 에너지원에서 점점 밀려나는 '탈 석유화' 현상은 환경규제의 강화, 그린 이노베이션의 가속화 등에 의해 힘을 받고 있다.

○ 자동차 연비 상승 등 에너지효율의 향상, 석유대체 노력으로 선진국은 이미 석유 수요의 피크를 지나 감소세가 지속되고 있으며, 개도국도 점차 석유의존도를 줄여나갈 전망임.

또한, 기상이변과 각종 재해, 재난방지를 위한 환경규제의 강화는 더 힘을 받고 있다.

에너지소비의 90% 이상을 석유에 의존하는 수송 분야에서는 전기차에 사용되는 배터리의 기술혁신 효과가 더욱 확대될 것으로 기대된다.

석유, 천연가스 등의 공급 확대와 에너지 수요의 둔화, 풍력, 태양광, 수소 에너지 등 에너지원의 다변화로 에너지원 간 경쟁도 심화될 것으로 보인다.

○ 차세대 에너지 후보 중 하나인 천연가스의 경우 단기적으로 발전용 연료로

서 비중이 늘어날 수 있겠지만 장기적으로는 비중확대에 한계가 있을 것임.
- 석유에 비해서는 친환경적 이지만 태양광, 풍력 등에 비해서는 이산화탄소 배출량이 월등히 높고 지속적으로 생산단가의 하락을 기대하기 힘들기 때문임.

○ 반면, 이산화탄소 배출이 거의 없고 발전 코스트가 급격히 낮아져 그리드 패리티 달성지역이 확대되고 있는 태양광은 에너지 생산 코스트, 친환경성 측면에서 시간이 갈수록 우월한 에너지 대안으로 자리매김할 가능성이 커질 것임.
- 태양광(PV)-전기차(EV) 사회가 현실적인 대안으로 부상할 것임.

탈석유와 새로운 에너지의 부상은 발전 및 수송 부문을 비롯한 다양한 산업부문의 구조와 판도를 바꿀 혁신 압력으로 작용할 것이며, 그 변화의 속도는 예상보다 빠를 수도 있다.

○ 앞서 사우디 야마니 前석유장관의 이야기처럼 석유 시대는 석유가 고갈되어서 오는 것이 아닐 것임.
- 석기시대가 돌이 부족해서 끝난 것이 아니고 청동기 시대가 구리가 부족해서 끝난 것이 아니며 마차의 시대가 말이 부족해서 끝난 것이 아닌 것과 같음.[184)]

○ 세계적인 에너지 전문가인 다니엘 예르긴은 2030년대에 석유 수요가 피크에 이를 것으로 내다보고 있음.

○ '에너지 혁명 2030'의 저자 토니 세바는 2030년이면 태양광이 모든 발전 분야를 장악할 것이라는 급진적인 주장을 펴기도 함.
- 토니 세바는 핸드폰과 스마트폰의 변화가 전문 컨설팅 기관들이 전망했던 것보다 훨씬 빠르게 진행되었다는 점을 지적하며 태양광을 중심으로 한 에너지 부문의 변화도 가파를 것이라고 전망함.
- 1900년 뉴욕거리는 마차로 가득했지만 불과 13년 만에 그 거리는 자동차로 채워졌듯이 변화가 시작되면 생각보다 매우 빠르게 진행된다는 것임.

○ 반면, IEA와 같은 기관은 이보다는 훨씬 점진적인 변화를 전망하고 있음.

---

184) 토니 세바, '에너지 혁명 2030', 교보문고(2015.7.) 참조.

- 그러나 IEA의 경우 전망치를 업데이트할 때마다 태양광 발전 전망치를 올리고 있으며 여러 전망기관들 가운데 상대적으로 보수적인 변화를 전망하고 있다는 점을 고려하면 미래의 변화는 기존의 IEA 전망보다는 빠를 가능성이 클 것임.

○ 전기차의 경우 Tesla의 일론 머스크는 2015년 기준 연간 5만대의 자동차를 2020년까지 50만대로 생산능력을 늘리겠다고 함.
- 실현 가능성에 회의적인 견해들이 많지만 빠르게 진행될 변화를 예고하는 사인이라고 볼 수 있을 것임.

변화는 변화의 초기에 생각하는 것보다 빠르게 진행될 가능성이 있다.

○ 인공지능과 로봇처럼 100년 전부터 예고되어 왔지만, 생각보다 변화가 늦은 것도 있으나 이런 것들은 실용화 혹은 상용화의 문턱을 넘지 못했기 때문임.

○ 상용화의 문턱을 넘어서면 변화의 속도는 매우 빠르게 진행될 가능성이 큰데, 태양광과 전기자동차는 그 문턱을 넘어서고 있음.

우리는 IT혁신의 한 가운데에 있고, 풍력으로 시작되어 태양광으로 본격화될 에너지 혁명의 입구에 서 있다.

○ IT 부문 등에서 빠르게 진행되는 변화와 함께 그런 산업을 기반으로 한 에너지 산업에서의 변화에 앞서가야 차세대 산업경쟁력의 우위를 확보할 수 있을 것이며 우리 산업의 미래가 보장될 수 있을 것임.

제 14 장

신재생에너지 산업 동향 및 정책 변화

1. 검토 배경
2. 신재생에너지 시장의 정의 및 특징
3. 신재생에너지 시장 현황
4. 신재생에너지 산업 동향
5. 국내 신재생에너지 산업의 문제점
6. 정책적 시사점
7. 탈원전 논란
8. 신재생에너지의 불편한 진실
9. 결 론

1. 검토 배경

최근 글로벌 경기둔화 및 유가하락에도 불구하고 저탄소·에너지 저소비 경제구조로의 전환 필요성, 기술진보 등으로 글로벌 신재생에너지 산업은 성장세[185]이다.

○ 2014년 하반기 이후부터 지속되고 있는 저유가 상황, 경기침체와 전기요금 부담으로 인한 각국 정부 지원정책의 후퇴 등 신재생에너지 산업에 대한 부정적 여건 하에서도 2015년 전세계 신재생에너지 신규 설치용량은 역대 최대치를 달성하였음.

- 이는 신재생에너지가 화석연료와의 가격경쟁에서 경쟁력을 확보하기 시작했고, 정부의 정책적 지원의 영향에서 벗어나기 시작했음을 의미하는 것으로 판단됨.

○ 국제유가의 급락은 그린 산업의 성장세를 둔화시키는 요인으로 작용할 가능성이 있으나 지난 1980년대 초의 역오일쇼크 시절과 같이 국제유가의 급락으로 태양열 발전 산업이 순식간에 소멸된 바와 같이 신재생에너지 산업 등이 크게 후퇴할 가능성도 낮을 것으로 보임.

- 재생에너지는 향후 관련 산업의 확장, 기술혁신의 누적적인 효과로 인해 원가가 지속적으로 하락할 추세에 있는 반면, 화석에너지는 좋은 조건을 가진 광구가 점차 고갈되면서 원가가 높아질 추세에 있기 때문에 재생에너지 산업에 대한 세계 각국의 투자가 크게 위축될 가능성은 낮을 것으로 보임.

○ 지구온난화 방지를 위한 환경규제의 강화도 화석에너지를 억제하고 재생에너지를 확대하는 압력으로 작용할 것임.

- 청정에너지에 대한 국제사회 요구로 온실가스 감축을 강화하는 신기후체제(Post 2020)가 출범함에 따라 신재생에너지 확대 필요성 증대
- 태양광, 풍력 등에서 기술진보, 대형화에 따른 규모의 경제 실현으로 발전

185) 세계적으로 2000년대 중반 이후 녹색성장 추진으로 태양광 및 풍력 산업은 성장세에 탄력을 받기도 했으나 바로 뒤이어 2008년 유럽의 금융위기로 시작된 글로벌 경제침체 후 보조금 삭감 등으로 관련 산업은 급속히 위축되기에 이르렀음. 그러나 최근 중국, 인도 등 신흥시장 중심으로 글로벌 태양광 및 풍력 시장은 회복세를 보이고 있음. 즉 세계경제 침체라는 수요 부진 요인과 미국 주도 셰일오일·가스가 원유시장에 준 충격(석유·가스 공급과잉) 때문에 초래된 저유가 상황에 따른 공급 측면의 부정적 요인에도 불구하고 최근 태양광 및 풍력 설비량은 세계적으로 증가추세에 있으며 이러한 추세는 향후에도 계속될 것으로 예상됨. 이하 내용은 이지평(2015.01.) 참조.

단가가 하락해 화석에너지 발전단가와 균형을 이루는 그리드 패리티에 빠르게 접근

- 단, 미국 의회에서 환경보전에 소극적이고 화력발전 등 온실효과가스 배출 산업의 이익을 옹호하는 입장이 강한 공화당이 득세했기 때문에 미국이 EU, 중국과 함께 글로벌한 환경보전 정책을 지속적으로 주도할 수 있을 것인지 불확실성이 높아진 측면은 있음.
- 최근(2017년 6월 2일) 미국의 트럼프 대통령이 파리기후협약[186] 탈퇴를 선언한 것이 이러한 불확실성을 고조시키고 있으나 번복가능성도 내비치고 있어 향후 미국의 입장이 주목됨.[187]

주요국은 신재생에너지 산업 성장기반 마련을 위해 다양한 정책을 실행 중이다

○ 2015년 기준 최소 173개국이 발전, 냉난방, 수송 등에 관련된 신재생에너지 목표를 보유 하고 있으며, 약 146개국이 신재생에너지 지원정책을 실행

○ 초기에는 선진국이 정책 도입을 주도했으나, 개도국 및 신흥국이 신재생에너지 지원정책을 도입함에 따라 최근 수년간 신재생에너지 시장을 주도적으로 확장

신재생에너지 산업을 신성장동력으로 삼고자 하는 각국의 시장선점 경쟁이 치열한 가운데 우리나라 신재생에너지 보급 성과 및 목표 설정 등은 미흡하다.

○ 국제에너지기구에 따르면 폐기물 에너지를 제외한 우리나라의 1차 에너지 대비 재생에너지 비중은 2015년 기준 약 1.0%로 34개 OECD 국가 중 최하위 수준

---

186) 파리기후협약은 2015년 프랑스 파리에서 전세계 200개 남짓 기업이 참여해서 합의한 협약임. 화석연료 배출 과정에서 나오는 이산화탄소 등 온실가스 사용을 규제해 2100년까지의 지구온난화를 섭씨 2도 이내로 막는다는 내용이 담겼음.

187) 트럼프는 2017년 6월 2일 "나는 파리가 아닌 피츠버그를 대표하기 위해 선출된 대통령"이라며 파리기후협약 탈퇴를 공식 선언했음. 기존 협약이 대표적인 오염물질 배출 국가인 중국이나 인도 같은 신흥국에는 관대한 반면, 미국에는 자국 산업을 위협할 정도로 엄격하다며 앞으로 자국에 유리한 조건으로 재가입하거나 새 협약을 만들겠다고 말했음. 이러한 언급은 2017년 1월 그가 대통령에 취임하기 이전부터 주장해 온 공약사항이기도 함. 트럼프는 그러나 2017년 7월 13일(현지시간) 프랑스 파리 에펠탑의 식당에서 마크롱 대통령과 비공식 정상회담을 겸한 부부동반 만찬을 가진 후 파리협약에 대한 태도 변화에 좀 더 열린 자세를 보였다고 현지 언론은 전했었음. 마크롱은 만찬 후 "우린 트럼프가 파리기후협약으로 마음을 돌리고자 이와 관련된 내용을 세세하게 논의했다"며 "그 결과 트럼프가 수개월 내 해결책을 찾아보겠다고 말했다"고 전했음. 이와 관련하여 이데일리(2017.07.16.) 참조.

○ 신재생에너지 보급 목표도 우리나라는 2035년까지 11%로 일본의 2030년까지 20%, EU의 27%, 중국의 30% 등에 대비 열위를 차지

이제 국내외 신재생에너지 산업 동향, 육성사례 등을 분석하여 국내 신재생에너지 산업 육성정책의 문제점을 진단하고 정책 방향을 제시하고자 한다.

2. 신재생에너지 시장의 정의 및 특징

2.1 신재생에너지 시장의 정의

기존 화석연료를 변환시켜 이용하거나 햇빛, 물, 지열, 생물유기체 등을 포함하는 재생가능한 에너지를 변환시켜 이용하는 에너지를 말한다.[188)]

○ 국제적 정의는 없지만 우리나라는 "신에너지 및 재생에너지 개발 · 이용 · 보급 촉진법" 제2조에 따라 신에너지 3개, 재생에너지 8개 등 총 11가지로 정의
- 신에너지(3) : 수소에너지, 연료전지, 석탄액화가스
- 재생에너지(8)[189)] : 태양열, 태양광, 바이오매스, 풍력, 소수력, 지열, 해양에너지, 폐기물 에너지

○ 글로벌 신재생에너지 시장의 선두주자인 유럽 국가들의 경우 신재생에너지 발전과 더불어 에너지 융 · 복합을 통한 에너지관리 시장이 큰 축으로 성장
- 우리나라도 에너지신산업 활성화의 일환으로 신재생에너지 발전 및 에너지 효율 관리에 큰 관심

188) "신에너지 및 재생에너지 개발 · 이용 · 보급 촉진법" 제2조
189) 국제기구 및 주요기관 등에서 재생에너지만을 통계에 포함시키고 있기 때문에 여기에서도 신재생에너지 범위를 재생에너지 영역으로 제한하여 접근

2.2 신재생에너지 시장의 특징

정부의 신재생에너지 지원정책에 좌우되는 정부정책의존형 시장이다.

○ 신재생에너지는 온실가스 감축을 위한 교토협약 이후 탄력을 받아 시행한 발전차액지원 제도(FIT)[190], 신재생에너지 의무공급제도(RPS)[191] 등의 지원 정책으로 성장
- 독일, 스페인 등 글로벌 신재생에너지 산업 성장을 이끌었던 대부분 국가들은 신재생에너지 산업 육성단계에서 공격적으로 국가 보조금을 지원
- 중국도 최근 중앙정부와 지방정부의 적극적인 신재생에너지 육성 정책을 기반으로 태양광과 풍력을 중심으로 글로벌 신재생에너지 성장을 주도

○ '15년 기준 최소 164개국이 신재생에너지 목표를 보유하고 있으며, 약 138개국이 신재생 에너지 지원정책(FIT, RPS, 바이오연료 혼합의무 등)을 실행
- 초창기 선진국들이 정책 도입을 주도하였지만, 최근에는 개발도상국들이 신재생에너지 정책을 도입하면서 시장을 주도적으로 성장시키는 상황[192]

그리드 패리티(Grid parity) 달성 영역이 확대되면서 경제성 확보가 가능해졌다.

○ 그리드 패리티는 신재생에너지 발전단가와 화석에너지 발전단가가 같아지는 균형점으로 재생에너지 발전단가는 지난 '10년~'15년 사이 약 16% 감소
- 태양광 발전은 모듈 효율 향상과 폴리실리콘, 모듈, 설치단가 감소 등의 영향으로 지난 '10년~'15년 사이 발전 원가가 약 55.8% 가량 하락
- 풍력 역시 설치량 증가와 발전설비 대형화 추세에 따른 규모의 경제 실현으로 '10년 $71/MWh에서 '15년 $60/MWh으로 약 15.5% 가량 발전원가 하락

---

190) 발전차액지원제도(FIT : Feed In Tariff)란 신재생에너지 설비의 투자경제성 확보를 위해 신재생에너지 발전에 의하여 공급한 전기의 전력거래 가격과 정부 고시 가격과의 차액(발전차액)을 지원하는 제도임. 즉 신재생에너지 발전에 의하여 공급한 전기의 전력거래 가격이 정부가 고시한 기준가격보다 낮은 경우, 기준가격과 전력거래와의 차액(발전차액)을 지원해주는 제도를 말함. 발전차액 지원제도는 정부가 일정기간 동안 정해진 가격으로 전력을 매입하여 수익을 보장하기 때문에 투자의 안전성을 높이고 중·소규모의 발전이 가능하게 하는 역할을 함.

191) 신재생에너지 의무공급 제도(Renewable Portfolio Standard) : 대규모 발전사업자에게 일정 비율 이상을 신재생에너지로 공급하도록 하는 제도

192) 신재생에너지 지원정책 도입 개발도상국 수 : 15개국('05년) → 95개국('14년)

○ 그리드 패리티 달성 영역 확대로 신재생에너지 산업은 향후 정부의존도를 줄이고 독자적인 자생력을 가지고 수익 창출이 가능한 산업으로 발전 가능
- 현재 수준의 그리드 패리티 달성이 신재생에너지의 기저전력 대체를 의미하는 것은 아니며, 향후 10년 간 추가적인 발전원가 하락 과정을 거칠 것으로 전망
- 생산능력 증대 및 모듈 향상이 어느 정도 한계점에 다다름에 따라 설치 관련 원가절감 및 송배전 효율로 인한 누설전력 최소화 등이 원가절감에 기여할 것임.

3. 신재생에너지 시장 현황

3.1 개 요[193)]

최근 국제유가가 하락함에 따라 석유의 대체에너지원인 재생에너지의 경쟁력이 낮아지고 투자가 위축될 것이라는 불안감이 확산되고 있으나 장기적으로 재생에너지 수요는 꾸준히 확대될 전망이며, 경쟁자와의 격차를 벌리고 새롭게 주도권을 확보할 수 있는 지금이 재생에너지 투자의 적기라는 인식도 확산되고 있다.

주지할 사실은 유럽 경제위기로 인해 신재생에너지 시장이 크게 타격을 받았고 원유, 석탄, 천연가스 등 화석연료의 가격이 현저히 낮게 유지되는 상황에서도 신재생에너지 보급이 크게 증가하고 있다는 것이다.

○ 이러한 상황이 발생하게 된 원인은 첫 번째로 가격경쟁력 확보를 들 수 있음.
- 태양광 발전의 경우 결정질 실리콘 태양전지를 기준으로 2009년 3분기 315$/MWh이던 전세계 평균 균등화발전원가(LCOE)[194)]가 2015년 하반기에

193) 이하 내용은 주로 조상민(2016.12.) 참조.

194) 문재인 대통령이 '고리원전 1호기' 운영 중단을 시작으로 '탈(脫)원전, 신재생에너지로의 전환'을 공식선언하자 전력요금 상승을 지적하는 분석들이 나오고 있음. 신재생에너지의 생산비(발전단가)가 높기 때문에 원전을 포기하는 것은 시기상조라는 지적임. 하지만 건설에서 폐기까지의 전 과정을 비용으로 환산해 발전단가를 산정할 경우, 원전이 결코 싸지 않다는 분석이 보다 설득력을 얻고 있음. 환경단체는 단기적으로 전력요금 상승은 불가피하지만 신재생에너지 전환이 본격화할수록 규모의 경제와

는 122$/MWh로 무려 61%나 감소하였음.

- 유럽, 미국 등 일부 지역에서는 이미 태양광 발전과 풍력 발전이 그리드 패리티에 도달 하였으며, 남미와 중동 지역에서는 화석연료 전력가격의 절반 수준에 태양광 발전 프로젝트 계약체결이 성사되기도 하였음.

○ 두 번째 원인으로는 시장의 다변화를 꼽을 수 있음.

- 2011년까지만 해도 태양광 신규 설치 시장의 절반 이상을 독일을 중심으로 한 서유럽이 차지하였음.
- 하지만, 2012년 이후 중국, 일본, 미국, 동유럽, 인도 등 신흥시장이 크게 성장하고 있고 앞으로는 중남미, 중동 등으로 시장이 확대될 것으로 전망됨.
- 실제로 2015년 태양광 신규 투자는 선진국(810억 달러)과 개발도상국(800억 달러)이 유사하였으며, 풍력의 경우 선진국(420억 달러)에 비해 개발도상국(670억 달러) 내 투자가 50% 이상 많은 것으로 나타났음.
- 이러한 시장다변화로 인해 신재생에너지 시장을 주도하던 유럽시장의 정체에도 불구하고, 신재생에너지 시장이 성장세를 유지할 수 있었음.

기술 발전으로 전력요금은 떨어질 수밖에 없다고 주장함. 실제로 관련 연구에 따르면 신재생에너지 발전이 2020년이면 전력요금보다 발전단가가 낮아지고 2040년 전력량에서 선두가 됨. 영국의 경우, 신재생에너지의 발전단가(LCOE 기준)가 이미 원전보다 저렴함. 균등화발전원가(Levelized Cost of Electricity; LCOE)는 kWh당 발전단가를 초기 건설자본과 운영, 유지, 폐기에 이르는 전 과정에서 소요되는 비용을 기준으로 평가한 것임. 이 기준에 따르면 원전의 경우에는 폐로 비용 등도 포함됨. 2017년 6월 22일 한국수력원자력에 따르면 국내 전력 생산 30% 이상은 원자력 발전으로 이뤄지고 발전단가 역시 가장 낮음. 2016년 말 기준 시간당 발전단가는 원전(68원)이 가장 저렴하고, 이어 석탄화력(74원), LNG(101원)·신재생에너지(157원) 순임. 이 같은 순위도 불과 3년 뒤부터는 큰 의미가 없음. 신재생에너지 발전이 규모의 경제를 통한 가격경쟁력 확보와 기술개발을 통한 효율성 향상 등으로 점점 더 저렴한 전기를 생산할 수 있게 됨. 수출입은행 해외경제연구소가 2016년 발표한 '2016년 세계 신재생에너지 산업 전망 및 이슈'에 따르면 신재생에너지 발전은 2020년 이후 한층 높아진 가격경쟁력을 바탕으로 정부 지원 없이도 자생력을 확보해 나갈 것으로 보임. 아직은 신재생에너지 발전용량이 절대적 열세이지만 시간이 지날수록 전력생산이 증가해 가격경쟁력이 높아질 것이라는 말임. 또 보고서는 2040년 세계 전력 발전원 구성이 화석발전 36%, 신재생에너지 40%로 신재생에너지 비중이 석탄 및 가스 등 화석발전을 넘어설 것으로 풀이했음. 2040년 전세계 발전용량은 14200GW로 예상되며 이 중 화석발전 용량은 5100GW, 신재생에너지 용량은 연평균 10%씩 증가해 5600GW에 달하는 최대 발전원으로 발돋움한다는 내용임. 신재생에너지 발전량이 전체의 25%에 달하는 영국에서는 이미 전력생산 발전단가에서 신재생에너지가 원전과 화석연료를 능가했다는 분석도 나왔음. 에너지정의행동 이헌석 대표는 "국내의 경우 아직 재생에너지 발전 단가가 원전보다 높은 게 사실이고 탈핵 과정에서 전기요금이 일부 상승하는 것은 불가피하다"면서도 "앞으로 (신재생에너지 발전)규모의 경제가 실현되면 단가는 더 낮아질 수밖에 없다. 해외에선 이미 신재생에너지 발전단가가 더 낮은 나라들이 나오고 있다"고 말했음. 그동안 알려진 바와 달리 초기자본과 운영-유지, 폐기 비용과 사고 위험성 등을 감안하면 앞으로 원전은 태양광과 풍력보다 전력발전 단가도 불리할 수 있다는 말임. 이에 대해 한국에너지기술평가원 염학기 원자력PD는 "LCOE는 환경에 따라 달라 국가별 편차 크다. IEA. OECD NEA, IAEA 등 국제기구조차 다양한 분석을 내놓고 있다"며 "분석기준이 상이하면 결과는 달라질수 있다" 고 말했음. 이와 관련하여 그린포스트코리아(2017.06.22.) 참조.

향후 신재생에너지 시장은 특히 태양광 산업이 주도할 것으로 전망된다.

○ 2015년까지는 풍력의 신규 설비 도입이 태양광보다 많았지만, 2016년 이후 역전 예상
- 가장 큰 이유는 특히 유럽의 풍력 시장 축소로 보이는데, 이는 풍력 발전 입지의 포화와 이로 인한 주민수용성 악화에 기인한 것으로 판단됨.
- 중국, 중남미, 그리고 해상풍력 시장이 성장할 것으로 전망되나, 유럽시장의 침체를 완전히 극복하기는 어려울 것으로 보임.
- 반면, 태양광의 경우 모듈 가격의 하락에 기인한 향상된 가격경쟁력, 풍력에 비해 높은 주민수용성 등의 장점에 기반하여 높은 성장세를 보일 것으로 전망

3.2 해외 신재생에너지 시장 현황

전세계 신재생에너지의 신규 설치 및 관련 투자액은 지속적으로 증가 추세이다.

○ '15년 전세계 신재생에너지 신규 발전설비 용량(혹은 설치량)은 전년대비 29.1% 증가한 133GW, '16년 신규 재생에너지 발전설비 용량은 전년대비 8.7% 증가한 161GW, '16년까지 설치된 전세계 누적 재생에너지 발전설비 용량은 2,006GW를 기록[195)]
- 신재생에너지 신규 발전 설비용량은 '14년(103GW)에 처음으로 100GW를 넘었고, '15년에는 태양광 56GW(24.4%, YoY)와 풍력 63GW(31.0%, YoY)가 신규 설치
- '16년 증가율은 태양광 32.1%(70.7GW), 풍력 12.3%(51.2GW), 바이오8.5%(8.6GW), 지열 6.6%(0.8GW), 수력 2.8%(29.5GW) 등임.
- 2015년과 비슷하게 태양광과 풍력이 재생에너지 보급 성장을 견인하였으며, 태양광·바이오에너지가 사상 최대의 성장을 보여 주목할 만함.

○ 한편, 세계 재생에너지 발전설비 용량의 경우 2017년 말에는 2200GW(기가와트) 이상에 달할 것으로 예상됨.
- 2017년 한 해 설비용량 증가는 120~130GW로 예상되는데, 증가를 견인하는 것은 중국, 인도를 중심으로 한 아시아 국가임.

195) Renewable Capacity Highlights(IRENA, 2017.3.30.) 참조.

- 아시아의 경우 2017년 70~80GW가 추가 증설될 것으로 예상되는데, 이 중 중국이 50GW로 60%를 차지하고, 이어 인도 10GW(13%), 그리고 일본도 8GW(10%)에 달할 것으로 예상됨.

○ 글로벌 신재생에너지 관련 투자액은 '04년 이후 연평균 16%씩 성장해왔고, '15년에는 전년대비 3.58% 증가한 3,288억 달러가 투자되는 등 사상 최고치 기록
- 중국이 1,105억 달러(33.6%, 투자액 비중)로 전세계에서 가장 많이 투자했으며, 미국 560억 달러(17%), 일본 436억 달러(13.3%) 순으로 신재생에너지에 투자

전세계 신재생에너지 발전은 G20에 속하는 주요 선진국들을 중심으로 성장하고 있다.

○ '15년까지 누적된 신재생에너지 설비 중 85% 수준인 781GW가 G20 국가에 설치되었고, 대규모 수력발전을 포함하면 G20 국가의 발전 용량은 1,516GW

○ 파리협정 이행을 위해 G20 국가에서만 매년 1,100조원의 투자가 있을 것으로 예상되며, 신재생에너지 발전 시설 투자에는 약 570조원이 집행될 것으로 예상

글로벌 신재생에너지 발전 시장은 풍력과 태양광이 대부분을 차지하고 있고, '10년을 기점으로 신재생에너지 시장의 주도권이 풍력에서 태양광으로 전환되고 있다.

○ 풍력 및 태양광 발전은 전세계 신재생에너지 발전량 중 약 90% 비중을 차지, 관련 시설 투자 분야에서도 전체 신재생에너지 시장을 선도
- 태양광 시장은 '15년까지 누적 약 219GW가 설치되었고, 저유가 상황으로 태양광 수요가 감소할 것이라는 우려에도 불구 '06년(6GW) 이후 연평균 약 49%씩 성장
- '15년 기준 전세계 풍력발전 설치 용량은 약 417GW 규모에 달하며, '06년 설치용량 74GW 대비 약 5.7배 수준까지 성장
- '15년 태양광 관련 투자는 1,615억 달러로 전년대비 12% 증가, 풍력은 3.7% 증가한 1,095억 달러 투자

○ '09년 전세계 신재생에너지 발전량 중 풍력 75%, 태양광 15%로 풍력 발전이 대부분을 차지했지만, '15년에는 풍력 47%, 태양광 42%로 발전량 비중 차이 축소
- 태양광 발전은 최근 가장 빠르게 발전원가가 감소했고, 에너지저장장치(ESS)의 발달로 태양광 발전의 약점인 발전 가능 시간 제약이 크게 보완되면서 급성장
- 풍력 발전은 저렴한 발전단가에도 불구하고 제한적인 입지조건과 밤 시간대에 주로 발전되는 특성 때문에 향후 수요 확대는 제한적일 것으로 예상

신재생에너지는 '40년 발전설비 구성에서 최대 발전원으로 부상할 전망이다.

○ '30년까지 신재생에너지 발전 시장에 4.2조 달러(연 2,800억 달러)가 유입되면서 연평균 약 6.3% 성장을 보일 것으로 전망(IEA, 국제에너지 기구)

○ '40년 전세계 발전설비 비중은 신재생(27%), 가스(24%), 석탄(23%), 수력(17%), 원자력(6%)로 신재생에너지지 비중이 가장 커질 것으로 전망(IEA)

트럼프의 차기 미 대통령 당선으로 미국 신재생에너지의 성장 둔화는 불가피하다.

○ 전통적으로 원유 기반 산업 중심인 미국은 신재생에너지 시장 후발주자였으나, 오바마 대통령과 힐러리 후보자의 친환경 정책을 기반으로 가파른 성장 기대
- 오바마 대통령은 "Clean Power Plan(청정전력계획)" 정책 기반의 투자세액공제(ITC)와 생산세액공제(PTC) 등의 지원정책을 통해 신재생에너지 성장을 견인
- 대선 전까지 지지율 선두를 달리던 힐러리 클린턴 후보자는 오바마가 추진하고 있는 정책보다 더 강력한 신재생에너지 육성 정책을 공약으로 제시

○ 예상을 뒤엎고 트럼프가 차기 대통령으로 당선됨으로써 차기 글로벌 신재생에너지 시장을 주도할 것으로 예상되었던 미국의 신재생에너지 정책은 큰 변화가 예상됨.
- 트럼프 당선자는 파리기후변화협약 탈퇴와 "Clean Power Plan" 정책 실행 중단, 석유·석탄·천연가스 등 전통 에너지의 생산 확대 등을 공약으로 제시

- 트럼프 당선자가 친환경 위주의 글로벌 트렌드에 반해 공약사항을 실제 정책으로 이어갈지 예단할 수 없지만, 정책 기조 변화는 신재생에너지 시장의 불확실성 확대에 기여

3.3 국내 신재생에너지 시장 현황[196)]

글로벌 신기후체제(Post 2020) 출범으로 신재생에너지 발전량 확대가 불가피하다.

○ 우리나라는 파리기후협약을 통해 2030년까지 온실가스를 배출전망치(Business As Usual, BAU) 대비 37% 감축하겠다는 목표를 제시[197)]

- 파리기후협약은 세계 온실가스 배출량의 55% 이상을 차지하는 55개국의 당사국 비준을 발효 요건으로 하며, 2016년 10월 5일에 조건을 충족해[198)] 11월 4일 효력 발생

○ 이를 위해 정부는 2015년 11월 “신기후체제 대응을 위한 2030 에너지신산업 확산 전략”, 2016년 7월에는 “에너지신산업 성과 확산 및 규제개혁 종합대책”을 공개하였음.

- ’20년까지 총 30조원을 투자해 13GW 규모(석탄화력 발전소 26기에 해당)의 신재생에너지 발전소를 확충 및 ’18년 이후 의무공급제도(RPS) 비율을 당초 계획보다 0.5~1.0%p 상향 조정
- 4~5차 전력수급기본계획에 포함된 석탄발전소 20기는 예정대로 진행하되 향후 신규 석탄발전소를 제한하고, 석탄발전소를 40년 이상 가동하지 않겠다는 원칙 수립[199)]

국내 신재생에너지 신규 설치 및 발전 규모는 세계 시장과 큰 격차를 보인다.

---

196) 이하 내용은 주로 곽대종(2017.06.) 참조.

197) 2016년 12월 파리 기후변화협약 당사국 총회(COP 21)에서 우리나라는 2030년에 BAU(Business As Usual, 온실가스 감축을 위한 인위적인 조치를 취하지 않을 경우 배출이 예상되는 온실가스의 총량) 기준으로 37%의 온실가스 감축(NDC, Nationally Determined Contribution)을 선언한 바 있음. 이 가운데 해외에서 배출권 구입 등을 통한 감축분 11.3%를 제외하고 국내에서 25.7%를 감축할 것을 목표로 하고 있는데, 이는 국내 발생분의 약 4분의 1을 감축해야 한다는 것을 의미하므로 전력부문 감축과 관련해 태양광 및 풍력 등 재생에너지원이 주목을 받고 있음.

198) 10월5일 73개국이 비준하면서 배출량 비중 56.87% 조건을 충족

199) 그러나 7차 전력수급 계획을 살펴보면, 향후 석탄발전소 건설예정량이 18GW에 달해 미세먼지 문제 해결 및 온실가스 감축에 역행하고 있는 것으로 지적되고 있음. OECD 최고 수준의 미세먼지 농도는 심각한 사회문제를 야기하고 있으며, 온실가스 감축이라는 세계적인 추세에 발맞추기 위해선 석탄발전 감축과 관련된 정책대안 마련이 시급한 실정임.

○ 2015년 기준 국내 전력시장에서 신재생에너지가 차지하는 비중은 발전설비 용량 기준 9.4%(9,258MW)이지만, 거래량 기준으로는 3.6%(17,649GWh)에 불과[200)]

수출입은행 해외경제연구소(2017년 1분기 태양광산업 동향 보고서)에 따르면, 2016년 국내 태양광 설치량은 전년대비 20.3% 감소한 904MW를 기록했다.

○ 당초 2016년 3월부터 시행된 태양광 및 비태양광 신재생에너지공급인증서(REC, Renewable Energy Certificate) 시장 통합으로 국내 태양광 시장 규모 확대가 예상됐으나, 결과는 전망치를 하회했음.

- 이는 지자체의 급격한 입지 규제 확대, 계통연계 대기물량 증가, 2016년 하반기 발전사와의 수의계약 시장 동결 등에 기인한 것으로 분석됨.

○ 반면, 2017년 국내 태양광 시장은 전년대비 10% 증가한 약 1GW 규모를 형성할 것으로 전망됨.

- 대기 중인 계통연계 물량이 전력망에 연결될 수 있을 것으로 기대되며, 에너지저장장치와 연계된 설치도 늘어날 것으로 보임.
- 중장기적으로도 2018년 이후 국내 태양광 설치량은 꾸준히 늘어날 것으로 전망됨.

○ 정책적으로 2018년부터 재생에너지 의무공급비율 목표치가 4.5%에서 5%로 늘어남에 따라 의무공급비율 증가에 따른 태양광 수요도 증가할 것으로 보임.

- 특히, 친환경에너지 확대와 관련해 신정부에 대한 기대감도 높은 상황임.
- 그러나 7차 전력수급 계획을 살펴보면, 향후 석탄발전소 건설예정량이 18GW에 달해 미세먼지 문제 해결 및 온실가스 감축에 역행하고 있는 것으로 지적되고 있음.
- OECD 최고 수준의 미세먼지 농도는 심각한 사회문제를 야기하고 있으며, 온실가스 감축이라는 세계적인 추세에 발맞추기 위해선 석탄발전 감축과 관련된 정책대안 마련이 시급한 실정임.
- 하지만, 노후 석탄발전소 셧다운(일시 가동중단)에 따른 미세먼지 저감효과가 미미한 것으로 확인됨으로써 문재인 정부의 '탈석탄' 정책의 추진은 신중하게 접근할 필요가 있다는 지적이 나왔음.[201)]

---

200) '15년 전세계 신재생에너지 발전설비 비중 16.2%, 발전 비중 10.3%

- 산업통상자원부와 환경부는 2017년 6월 한 달간 충남 지역 40곳에서 미세먼지 농도를 측정한 결과, ㎥당 22㎍(마이크로그램 · 100만분의 1g)으로 최근 2년의 6월 평균치 26㎍보다 4㎍(15.4%) 감소했다고 2017년 6월 25일 밝혔음.
- 그런데, 석탄화력발전소 셧다운에 따른 미세먼지 감소분만 따질 경우 ㎥당 0.3㎍(1.1%)에 그친 것으로 분석되었는바, 나머지 감소분 3.7㎍은 풍향 등 기상 여건으로 외부 미세 먼지 유입이 줄고 다른 오염원에서의 미세먼지 발생량이 감소한 결과였음.
- 정부는 "거리상 화력발전소의 영향을 많이 받는 지역은 미세먼지 개선 효과가 더 크다"고 설명했지만 보령 화력발전소에서 30㎞ 떨어진 곳에서 미세먼지 오염도를 측정한 결과 6월 한 달간 평균 0.8㎍의 개선 효과가 나타났음.
- 이에 대해 이덕환 서강대 교수는 "셧다운 대상 석탄화력발전소가 가장 많은 충남 지역의 미세먼지 저감효과가 이 정도라면 셧다운이 전국 미세먼지 농도에 미친 영향은 아주 미미할 것"이라며 "정부의 탈(脫)석탄 정책이 미세먼지 감축이라는 실질적인 효과는 거두지 못한 채 전시행정으로 끝날 수도 있다"고 말했음.

풍력발전의 경우 1998년 제주 행원 지역에 국내 1호 풍력발전기가 설치된 이래 2014년까지 16년 동안 풍력발전설비 누적용량이 600MW에도 미치지 못했다.

○ 그러나 한국풍력산업협회에 의하면, 최근 2년 간 400MW의 설비가 추가돼 국내 풍력발전설비 용량은 2016년 말 기준으로 1.05GW에 달한 것으로 나타났음.

- 2015년과 2016년에 연평균 보급량(52MW)의 4배 수준인 200MW를 넘는 연간 설비능력 증가를 실현했는데, 이는 정부가 풍력 관련 입지 규제를 대폭 완화한 데 기인한 것으로 분석됨.

○ 한편, 2016년 신규 설치량 200MW 중 국산 풍력제품이 148MW(74%)를 차지해 외산제품 52MW를 월등히 앞섰음.

- 덕분에 누적설치량 기준으로 국산제품(496MW, 48%), 외산제품(534MW, 52%) 간의 격차가 거의 대등하게 좁혀진 상황은 매우 고무적임.

○ 한국풍력산업협회 예측과 같이 2017년에 300MW가 넘는 풍력설비가 추가

201) 이하 내용은 조선경제(2017.07.26.) 참조.

된다면 연간 추가설비 기록을 갱신하면서 3년 연속 급성장세를 이어가게 될 것으로 예상됨.

○ 또 정부의 에너지신산업 · 재생에너지 확산 정책으로 신재생에너지공급의무화제도(RPS)에 따른 의무량이 4%로 늘어나고, '전력도매가격(SMP)+REC 20년 장기계약' 제도가 도입돼 투자 불확실성이 해소될 것으로 기대되는 등 풍력발전 보급 여건은 상당히 호전된 상황임.

정부가 계획한 신재생에너지 비율을 맞추기 위해서는 27GW 추가 증설이 필요하다.

○ '30년까지 국내 전력 발전믹스 중 10%를 신재생에너지로 대체하기 위해서는 총 33GW 규모의 신재생발전이 확보되어야 가능
○ 신재생에너지 발전 비중을 정부 계획안(태양광 50% 중반, 풍력 30% 초반)대로 실행하기 위해서는 태양광은 연간 12%, 풍력 연간 19%의 신증설이 필요

4. 신재생에너지 산업 동향[202]

4.1 태양광

(1) 국내외 시장 규모

세계 태양광 누적 설치량은 2007년 2.5GW에서 2013년 36.9GW로 연평균 56.3%로 성장했으며, 2015년에는 누적 설치량이 54.8GW에 이를 것으로 전망된다.

국내 태양광 시장 역시 누적 설치량 기준 2007년 69MW에서 2013년 1,349MW로 지난 6년 간 연평균 64.3% 성장했으며 2015년에는 누적 설치량 기준 2.0GW에 도달할 것으로 예상된다.

202) 이하 내용은 주로 장우석·전혜영(2015.03.09.) 참조.

(2) 산업 동향 및 특징

첫째, 중국 태양광 산업이 부상하고 있는데, 중국 정부는 금융위기 이후 성장동력 확보 차원에서 태양광 산업 육성을 위한 강력한 지원정책을 수립 운영해왔다.

○ 정부 지원과 더불어 저임금의 경제구조, 대규모 설비투자에 힘입어 중국 태양광 산업이 크게 확대되고 있음.

둘째, 수급 불균형 해소에 따라 수익성이 개선되고 있다.

○ 2013년부터 태양광 산업 내 구조조정이 본격화되면서 공급과잉이 해소되고 있으며, 밸류 체인[203)]을 따라 수익성 개선이 확대될 것으로 기대됨.

셋째, 산업이 자생적 수요를 확보하고 있다.

○ 태양광 산업은 점차 정부보조금의존형 시장을 탈피하고 있으며 최근에는 태양광 모듈의 단가 및 전체 공사비(설치비)가 하락함에 따라 정부보조금 없이도 그리드 패리티에 도달한 지역이 생겨나고 있음.

4.2 풍력

(1) 국내외 시장 규모

최근 유럽 재정위기와 글로벌 경기침체 등에 따라 설치 용량이 감소세를 보였으나 2030년까지 지속 성장해 연간 60GW, 총 1,000GW 규모의 수요를 형성할 것으로 전망된다.

국내 풍력발전 설비용량은 591MW(누적, 2014년 3월 기준)이며 정부의 육성 정책에 따라 2035년까지 연평균 17%의 성장세가 예상된다.

---

203) 가치사슬(value chain) : 마이클포터 하버드대 교수가 주창한 개념으로 기업이 원재료를 사서 가공·판매해 부가가치를 창출하는 일련의 과정을 뜻함. 가치사슬은 크게 지원부분과 운영부분으로 나눌 수 있음. 운영부분은 조달에서부터 생산, 판매에 이르는 부가가치를 생산하는 부분이며, 지원부분은 연구개발, 재무, 인사와 같이 직접적으로 부가가치를 창출하지는 않아도 이를 창출할 수 있도록 하고, 더욱 높은 가치를 창출하는 방법을 제시하는 부분임. 기업내부에서 이루어지던 가치사슬이 인터넷의 등장으로 해체가 가속화되면서 네트웍을 통한 아웃소싱이 활발해지고 있음. 이와 관련하여 <매경 시사용어사전> 참조.

(2) 산업 동향 및 특징

첫째, 선진국과 개도국 간 산업 성장률이 양극화되고 있다.

- ○ 북미 및 유럽 지역에서는 풍력 산업의 성숙 및 수요 침체로 산업 성장세가 하향 안정화 될 전망임.

- ○ 한편, 중국을 비롯한 신흥국에서는 풍력 수요가 큰 폭으로 확대되면서 높은 성장률이 지속될 것으로 예상됨.

둘째, 글로벌 선도 기업의 입지가 강화되고 있다.

- ○ 글로벌 풍력 시장은 GE(5.7%)와 Vestas(5.7%) 등 상위 Top10 기업이 선도하고 있으며, 이들 기업은 브랜드 가치뿐만 아니라 수익성을 증대시키는 사업모델을 구축함으로써 입지를 더욱 공고히 하고 있음.

셋째, 효율 증대 및 인프라 시설 비용절감을 위한 풍력 산업의 대형화·고기술화가 이루어지고 있다.

- ○ 한국도 풍력발전 기술개발을 추진하고 있지만 기술적 격차가 존재하는 상황임.

4.3 소수력

(1) 국내외 시장 규모

2012년 세계 소수력 발전용량 기준 기관별로 75,000MW～100,000MW 정도로 추정하고 있으며 2020년까지 최대 201,000MW 규모로 성장할 전망이다.

국내 소수력 시장 역시 2006년 154,042kWh에서 2011년 361,024kWh로 연평균 18.6% 성장했으며 2015년에는 누적 설치량 기준 2.0GW에 도달할 것으로 예상된다.

(2) 산업 동향 및 특징

첫째, 정부 주도의 시장이 형성되어 있다.

○ 각국 정부는 소수력 발전 보급을 촉진하기 위해 '기준가격의무구매제(FIT)' 204) 등 다양한 지원제도를 시행하고 있으며, 국내에서도 공공기관의 주도로 소수력 발전 시장이 확대되고 있음.

둘째, 신흥국 기업이 부상하고 있다.

○ 중국, 인도 등 신흥국 기업들이 풍부한 내수를 바탕으로 시장점유율을 확대하고 있으며, 시장 내 경쟁이 치열해지면서 소수력 발전 건설비가 하락하고 있음.

셋째, 기술격차 완화를 위한 투자가 확대되고 있다.

○ 국내 소수력 산업 설비는 효율성 등 측면에서 선진국 대비 다소 미흡한 수준이며, 정부의 지원 등을 통해 국내 10여 곳의 기업에서 연구개발 투자를 확대하고 있음.

4.4 바이오에너지

(1) 국내외 시장 규모

2013년 세계 바이오에너지 발전량은 1.5GW수준이며 바이오에너지 시장은 2021년까지 1,853억 달러로 성장할 전망이다.

---

204) 20세기 말부터 본격적으로 사용되기 시작한 재생가능에너지의 발전 비용은 아직 비싼 편이지만, 기술 발전과 보급 확대로 그 비용은 빠르게 줄어들고 있으며, 육상 풍력 발전은 이미 화석연료 발전과 경쟁력을 갖추었음. 초기 단계에서 재생가능에너지의 보급을 확대하기 위해 각국 정부는 지원제도와 정책을 펼치게 되었음. 독일의 지자체와 중앙정부는 20세기말부터 풍력과 태양광 발전 등 재생가능에너지로 발전한 전기를 전력공급업체가 우선적 구매하게 하는 한편, 설치자가 일정한 수준의 수익을 낼 수 있도록 가격을 정하여 장기 구매하는 제도, 바로 기준가격의무구매제도(FIT : Feed-In Tariff)를 실시하였음. 오늘날 독일이 태양광과 풍력발전의 비중을 높일 수 있었던 배경임. 우리나라도 2003년부터 FIT 제도를 실시하다가 2012년부터 의무공급제도(RPS)로 바꾸었음. RPS는 대형 발전사들에게 매년 일정 비율(2017년은 4%) 이상을 재생가능에너지로 생산한 전력을 공급하도록 의무화하는 제도임. 그리고 재생가능에너지 발전사업자들은 그날 가격으로 전기를 한전에 팔고 인증서(REC)를 공급의무가 있는 발전사에 팔아 수지를 맞추는 방식임. 따라서 전력 가격과 인증서의 가격에 따라 수입의 변동이 심하고 수지를 맞추기도 쉽지 않음. 사정이 이러하다 보니 개인이나 마을 협동조합에서 지붕이나 옥상에 태양광 발전기 등을 설치할 동기가 주어지지 않음. 수익을 내기는커녕 손해를 볼 수도 있는데 그냥 한전 전기 사서 쓰지 귀찮게 돈 써가며 일을 벌일 이유가 없는 것임. 개인이 자기 집 지붕이나 옥상에 태양광 발전기를 설치할 경우 한전이 매년 정해지는 기준가격으로 장기 구매를 해준다면 많은 이들이 이를 설치할 것임. 전국햇빛연합 카페글(2017.06.15.) 참조.

또한 국내 바이오에너지 시장은 2011년 1조원에서 2020년 4.5조원으로 연평균 18%씩 성장할 것으로 전망된다.

(2) 산업 동향 및 특징

첫째, 수송 부문을 중심으로 확대되고 있다.

○ 바이오에너지는 수송 부문에서의 활용이 가능한 대표적인 재생에너지원으로, 각국 정부는 수송 부문의 바이오에너지 이용 확대를 장려하고 있음.

둘째, 국가별로 최적화된 에너지원 개발 확보를 위해 노력하고 있다.

○ 중국, 브라질 등 원료 생산에 우위를 보유한 농업 선진국은 바이오에너지 생산에 우위를 보유하며, 그 외 해외 플랜테이션 운영 등 자국 여건에 최적화된 에너지원 탐색 및 개발을 추진하고 있음.

셋째, 바이오에너지 활용 극대화를 위해 미생물 등을 이용한 에너지 효율성 개선 연구, 차세대 바이오에너지 원료 개발 등 연구개발이 진행 중이다.

4.5 시사점

첫째, 저유가 상황에서 재생에너지 산업에 대한 투자가 위축되지 않도록 다각적인 지원을 확대해야 한다.

둘째, 재생에너지 산업 내 구조조정에 적극 대응하여 인수합병(M&A), 설비투자 확대 등을 통해 글로벌 경쟁력을 강화하는 데 주력해야 한다.

셋째, 지속적인 연구개발(R&D) 투자 확대로 재생에너지의 가격경쟁력 및 자생력을 확보해야 한다.

5. 국내 신재생에너지 산업의 문제점

5.1 비효율적인 정부정책

(1) 불합리한 규제

신재생에너지 발전 확대를 위해서는 적극적인 규제완화가 필요함에도, 여전히 불합리한 규제가 많아 산업 활성화가 어렵다.

○ (풍력 설치규제) 환경·산림규제로 경제성 있는 발전소 입지 선정에 난항
- '14년 육상풍력 규제완화 조치가 시행[205]되었으나, 환경·산림규제로 국립공원, 야생동물 지역 등 법정보호지역과 국공유림 인근에는 발전소 건설이 사실상 불가능
- 풍력발전의 경우 경제성 있는 입지는 산림이나 생태보호구역 내 위치하는 경우가 많고, 특히 강원도는 산림이 대부분을 차지하여 풍력발전소 건설에 한계

○ (태양광 인허가) 지자체별로 인허가 조례가 상이, 몇몇 지자체의 경우 주민피해가 거의 없는 소규모 태양광 사업의 경우도 대규모 발전소에 적용하는 허가 지침 적용
- 태양광 발전의 경우 대용량 발전설비(3,000kW 이상)는 산업부, 소용량 발전설비(3,000kW 이하)는 해당 시도지사[206], 시설이 들어설 토지의 개발행위는 면적과 상관없이 시군구가 허가 담당
- 전국 16개 군[207]은 개발행위허가 운영지침을 제정해 국도, 지방도, 군도 및 10호 이상 주거 밀집지역에서 100m~1,000m 이내에 발전소 허가를 제외하는 등 기준 강화

○ (구역전기사업자 REC 미인정) 구역전기사업자가 신재생에너지 발전을 할 경우 한전과 계통연계가 되어 있지 않아 공급인증서(REC[208])를 받지 못하는 상황

205) 육상풍력 발전소 진입로 규제완화, 환경영향평가 지침 마련, 발전단지 사용기간(20년) 명시, 면적제한 완화(3만㎡ → 10만㎡) 등 시행
206) 전기사업법 시행규칙 제4조
207) 전남 9곳(담양, 화순, 해남, 무안, 함평, 영광, 완도, 신안, 고흥), 전북 1곳(고창)

- 구역전기사업자의 경우 신재생에너지 발전을 하여도 한전과 계통연계가 불가능하여 한국에너지공단으로부터 REC를 발급받기가 어려움.
- 태양광 발전사업자는 한국전력 또는 전력거래소와 전력수급계약(PPA)을 통해 전력판매를 하며 이를 근거로 한국에너지공단에서 공급인증서(REC)를 발급받아 발전소에 판매하는데, 구역전기사업자의 경우는 전력시장을 통하지 않고 전력사용자에게 직접 공급해 한전과 계통연계[209] 제한
- 전력시장 거래가 없으면 REC 발급 사실상 불가능해 구역전기사업자와 같은 자체 소비용 전력의 신재생에너지 발전설비 투자를 위축

○ (매립지 부지 활용) 사용 종료 또는 폐쇄매립시설의 신재생에너지 부지 활용에 대해 폐기물관리법과 산업입지개발에 관한 법률이 상충돼 부지 활용에 제한
- 「폐기물관리법」 제54조는 사용종료 또는 폐쇄매립시설의 경우 수목의 식재, 초지의 조성, 공원 · 체육 · 문화시설, 신 · 재생에너지 설비의 설치에 한하도록 토지이용 제한
- 하지만, 「산업입지 개발에 관한 법률」 제5조에 따른 「산업입지 개발에 관한 통합지침」 제14조에 따르면 폐쇄매립시설은 녹지 외에 타 목적으로 사용 불가능

(2) 축소되는 지원정책

정부는 기후변화 대응 정책을 강화하고 있으나, 신재생에너지 보급 및 지원정책은 대폭 축소돼 신재생에너지 확대에 난항을 겪고 있다.

○ 신재생에너지 지원사업 예산은 최근 축소 일변도로 변화해, 신재생에너지 발전소뿐만 아니라 관련 기자재 · 부품 생산 유인 요인도 감소한 상황
- 신재생에너지 지원사업 2015년 총 예산규모는 2011년 대비 22.3% 감소, R&D 지원사업은 2015년 예산규모가 2011년 대비 9.9% 감소, 보급사업은 2015년 예산규모가 2011년 대비 35.6% 감소

---

208) 신재생에너지 공급인증서(REC, Renewable Energy Certification) : 신재생에너지 발전을 한 사업자에게 발전량·발전원에 따라 발급하는 인증서로, 신재생에너지 의무공급비율 충족을 위해 매입하거나 매매할 수 있음.

209) 태양광 설비와 한전계통을 연계하는 것으로, 태양광으로부터 생산한 전력을 근처 한전전주와 연계하여 인근 수용가에 전력을 공급

○ 에너지 설비 효율 증대, 신재생에너지 설치 등을 지원하는 제조업 분야 녹색기술 R&D 및 친환경 설비투자 지원이 상대적으로 부족하며 세액공제도 축소되는 추세

- 녹색기술 국가 R&D 투자액은 지속적으로 증가했으나 제조업 지원 비중은 감소
- 2013년 기준 투자금액(3조원)은 2011년(2조5천억) 대비 19.1% 증가했으며, 2013년 제조업 투자비중은(24.2%)로 2009년(27.6%) 대비3.4%p 감소
- 연구 및 인력개발용 설비투자 세액공제율 현행 3%(대기업), 5%(중견기업), 10%(중소기업)에서 1%(대기업), 3%(중견기업), 6%(중소기업)로 축소하는 안이 국회 통과[210)]

○ 투자 회수기간이 긴 에너지 절약시설 투자를 지원하는 조세지출도 기업규모별 공제율을 축소하였으며, 에너지효율 향상을 위한 건축물 개선 지원도 미비

- 2016년 에너지절약시설 투자에 관한 세액공제 등 신재생에너지 관련 조세지출(전망, 1,236억 원)은 2012년(2,902억 원) 대비 56.1% 감소
- 정부는 건축물 에너지효율 향상을 위한 '그린 리모델링' 사업을 추진 중이나, 민간 건축물에 대한 지원은 이자 지원에만 그치고 있어 비활성화[211)]

(3) 부담만 가중되는 RPS[212)]

과징금 중심의 공급의무화(RPS) 제도 도입으로 발전사의 부담은 가중되고, 민간 신재생에너지 발전 사업에의 참여 유인도 감소하고 있다.

○ '02년 신재생에너지 이용률 향상을 위해 발전차액제도(FIT)를 시행하였으나, 정부의 재정부담이 높아지면서 '12년부터는 공급의무화제도(RPS)로 정책 변경

210) 조세특례제한법 일부 개정 법률안에 대한 수정안(2015.12.2, 강석훈 의원 대표발의)

211) 공공건축물의 경우 노후건축물 현황 평가, 단열, 창호 등 건축물 에너지효율 개선을 위한 시공비를 지원받을 수 있으나 민간 건축물의 경우 대출금의 이자 지원에 한정되어 있으며, 기간도 5년으로 한정

212) 신재생에너지 공급의무화제도(RPS : Renewable energy Portfolio Standard)란 일정규모(500MW 혹은 50만kW) 이상의 발전설비(신재생에너지 설비는 제외)를 보유한 발전사업자(공급의무자)에게 총 발전량의 일정비율 이상을 신재생에너지를 이용하여 공급하도록 의무화한 제도로서 의무공급비율이 2017년(4.0%), 2018년(4.5%), 2019년(5.0%), 2020년(6.0%), 2021년(7.0%), 2022년(8.0%), 2023년(9.0%), 2024년 이후 10%까지 확대될 것임. 한편 공급의무자가 의무공급량을 이행하지 못했을 경우 과징금이 부과되는데, 공급인증서 평균 거래가격의 150% 이내에서 불이행 사유와 횟수 등을 고려한 과징금이 부과됨.

○ 50만kW 이상의 전기를 생산하는 발전사업자[213]는 일정 부분을 신재생에너지로 발전해야 하며 의무할당량을 못 채울 경우 REC[214]를 구매하거나 과징금 지불[215]

○ 발전가가 낮은 신재생에너지 발전으로 쏠림현상이 발생하고,[216] 신재생에너지 기술 발달에 초점을 두기보다 저가 에너지 생산에 집중하게 되는 문제 발생

○ RPS는 보조금 방식의 FIT에 비해 안정적인 사업이 어려워 시장 확대에 제약이 있는데, 초기시장이 형성되지 않은 상황에서 RPS의 이른 도입으로 신재생에너지 사업 발전이 가속화 되지 못했다는 지적 확산

5.2 뒤처지는 국내 신재생에너지 산업 경쟁력

전세계 신재생에너지 부품·기자재의 기술력이 빠르게 범용화되면서, 부품가격 경쟁력 및 발전설비 컨설팅·설치·관리 산업의 경쟁력이 핵심 요소로 부각되고 있다.

○ 태양광 발전은 셀, 모듈 등 기자재와, 시스템 관리, 설치 등을 의미하는 BoS(Balace of System)[217]로 나눠지는데, 기자재 기술발달로 BoS 산업의 중요성이 증대

– '09년부터 '15년까지 태양광 모듈의 전환효율은 평균 18%에서 22%로 4%p 상승했고, 생산용량은 40% 상승하면서 기술적 한계치에 달했고, 모듈 가격도 지속적 하락[218]

---

213) 2016년 기준으로 한국남동발전, 한국중부발전, 한국서부발전, 포스코에너지, SK E&S, GS EPS, GS파워 등 18개사가 해당

214) 신재생에너지 공급인증서(RES : Renewable Energy Certificate)란 발전사업자가 신재생에너지 설비를 이용해 전기를 생산 및 공급하였음을 증명하는 증서임. 공급의무자는 의무공급량을 직접 발전하지 않고 신재생에너지 공급인증서인 REC를 구매함으로써 충당할 수 있음. 공급인증서 발급대상 설비에서 공급된 MWh 기준의 신재생에너지 전력량에 대해 가중치를 곱하여 부여함.

215) '15년 한전 발전 자회사 6개의 과징금 규모는 1,900억 원 수준

216) 투자비가 많고 설치기간이 오래 걸리는 신재생에너지가 아닌 바이오중유나, 정제유 등 일회성 구매로 RPS를 충족시킬 수 있는 연료에 쏠림현상 발생

217) BoS (Balance of System) : 태양광 시스템을 안정적으로 운영할 수 있는 장비나 구성의 집합으로, 전기배선, 접지 등 장비뿐만이 아니라 제어시스템, 장비설치, 인허가, 재무비용 등도 포함

218) 광변환효율은 이론적으로 32%가 한계치로 보고 있으며, 실제 태양전지 표면에서 빛의 일부가 반사

- BoS(Balance of System)는 태양광 시스템을 안정적으로 운영할 수 있는 시스템을 뜻하며, 기자재의 기술 범용화로 각 지역에 맞는 설치와 관리 시스템 구축 중요성 증대

○ 풍력은 기술향상에 따른 설비효율이 높아져 발전단가가 감소하고 있으며, 에너지저장장치(ESS), 인터넷 솔루션 연계를 통한 풍력발전 효율화 증대

- 풍력발전은 터빈의 대형화와 부품 사양 향상을 통해 발전단가가 지속적으로 하락
- 운영단계에서 기계를 서로 연결해 자료를 수집하고 분석하는 인터넷 연계 솔루션, 에너지저장장치(ESS) 연계를 통한 풍력발전 효율 증가 및 안정성 확대가 중요[219)]

국내 태양광, 풍력 등 신재생에너지 부품·기자재 제조 기술력은 향상되었으나, 가격경쟁력이 낮고 신재생에너지 시스템 관리, 설치 등 분야의 발전이 더딘 상황이다.

○ 태양광의 경우 국내 모듈 기술은 최고수준이나 중국에 비해 가격경쟁력이 낮고, 향후 중요성이 커지는 BoS 부분에 대한 투자와 관심이 부족

- 폴리실리콘 모듈의 경우 우리나라가 높은 기술력을 보유하고 있으나, 생산용량은 3.8GW로 중국 생산용량(60GW)의 6%에 불과하여 가격경쟁력 확보에 어려움이 있음.
- 태양광 발전에서 중요성이 증대되는 BoS 분야에서는 발전소 대규모 프로젝트 경험이 있는 대형 컨설팅, 시스템관리, 설치 업체가 부족한 상황

○ 국내 풍력 터빈은 중국 등 신재생에너지 선진국에 비해 가격경쟁력이 낮고, IT, ESS 기술력이 높음에도 풍력발전과 연계하는 시스템 구축은 부족

- 국산 터빈은 이행실적(Track Record)의 미확보로 검증이 이루어지지 않고 있으며, 조선사들의 경영 어려움으로 투자가 축소되는 등 가격경쟁력이 선진기업 대비 30% 이상 차이[220)]
- 국내 IT, ESS 기술력은 상당한 수준이나, 대규모 풍력발전소 건설 프로젝

되어 소실되므로 최대 변환효율은 약 24~25% 수준으로 추정, 폴리실리콘(Poly Silicon)은 태양광 발전 및 반도체 소재가 되는 원재료로 폴리실리콘을 이용하여 웨어퍼를 만들며, 웨이퍼를 이용하여 반도체 및 태양광 발전용 모듈(Module)을 생산

219) 풍력발전기에 부착된 센서들이 온도나 풍향 등 자료를 수집하고 분석하는 인터넷 연계 솔루션인 윈드 파워업(Wind PowerUp)을 통해 GE는 '15년 미국 동부 풍력발전소 에너지 생산량 16% 증대

220) 한국수출입은행, '신재생에너지산업의 기회와 국내 기업들의 해외 진출 전략' (2015.03.)

트 참여 경험이 부족해 IT와 ESS 등을 풍력발전과 연계해 운영하는 기술개발 미흡221)

5.3 발전소 설립에 부정적인 국민여론

신재생에너지는 친환경에너지원이나 설치 과정에 발생하는 문제로 기존 발전사 업과 같이 지역주민들의 반대에 부딪혀 발전소 건설이 지연되거나 무산될 소지가 있다.

○ 신재생에너지 발전소라 하더라도 소음이나 저주파, 자연경관 훼손 등의 문제가 발생해 거주민들의 발전소 설립 반대가 극심한 상황
- 태양광의 경우 발전설비 건설로 자연경관이 훼손되고 모듈판에 반사되는 반사광이 작물 생산에 피해를 줄 수 있다는 이유 등으로 반대
- 육상풍력의 경우 산림훼손 문제와 민가 인접 지역의 경우 소음 문제, 해상풍력도 대형 풍력단지 조성으로 인한 어장 훼손을 문제로 어민들 반대

○ '16년 전기위원회 신재생에너지 발전사업자 허가사안을 살펴보면 불허가 및 반려건 30개 중 11개의 불허 이유가 주민수용성 문제였음.
- 신재생에너지 사업이 지역사회의 반대에 부딪혀 지연되면 40MW급 풍력발전소 기준 1년마다 약 200억 원의 기회 손실 비용 발생222)

주민 수용성 확대를 위한 참여 프로그램을 부분적으로 시행하고 있으나 일부 지역에 그치고 있으며, 홍보 및 교육, 주민 의견수렴 등 절차적 과정도 미비하다.

○ 제주도 등에서 주민 투자 참여를 통한 신재생에너지 발전소 설립 사례가 있으나 일부지역에 그치고 있으며, 전반적으로 발전소 건설이 확산되지는 않은 상황223)

---

221) LG CNS가 제주도 북천풍력단지(18MWh), 가시리풍력단지(9MWh) 등에 ESS를 구축하는 프로젝트를 진행하고 있으나, 국내 풍력단지 개발 자체가 활발하지 않아서 기업들의 이행실적(Track Record)이 현저히 부족

222) 한국동서발전, 언론보도(뉴시스) (2015.10.)

223) 제주도 주민참여형 풍력단지 사례 → 제주도 주민참여형 국산화 풍력발전단지 : (1)제주 표선면 가시리 풍력발전은 마을공동고목장 부지 2만 9466㎡에 1500kw급 7기, 750kw급 6기 등 15MW 규모로 2012년에 준공, (2)제주도는 전력판매수익의 70%를 부지 임대료로 마을회에 제공, (3)재원을 토대로 마을 출신 대학생 학자금 지원, 65세 이상 노인들의 경로수당 지급, 일부 주민들의 건강보험료 지원 등을 시행

○ 발전소 건설 시 주민의견 수렴은 형식적인 주민설명회나 사업설명회로 대체되는 경우가 다수이며, 지속적인 설득이나 홍보, 교육 등 프로그램도 부족

- 사업자가 급박하게 설명회를 진행하거나, 반대 측 주민들을 아예 참여하지 못하게 하는 등의 사례로 주민들의 불신을 야기해 사업진행의 역효과가 발생[224)]
- 지속적인 설득 과정과 합리적인 보상, 신재생에너지 발전소 건설 시 발생하는 문제점 등에 대한 충분한 설명과 홍보가 부족해 주민들의 반대 심화

6. 정책적 시사점

세계 각국은 태양광과 풍력 등 재생에너지 설비 설치를 대폭 확대하여 에너지전환을 가속화하고 있다.

○ 재생에너지는 기후변화 대응 등 환경적 측면뿐만 아니라 경제성장·고용창출·복지증진 등 다양한 혜택을 동반하고 있어 양호한 성장세가 지속될 것임.

정책적 측면에서 살펴보면, EU의 경우 2016년 12월 1일에 EU 에너지 규제 관련 규정을 개정해 2030년 EU 전체의 최종 에너지수요의 적어도 27%를 재생에너지로 충당하도록 하고 있다.

○ 이 지침을 통해 EU는 기존의 재생에너지 발전의 양적인 증가에서 재생에너지 시장 통합, 그리고 냉난방 및 수송에서 재생에너지의 확대로 에너지정책의 전환을 추진하고 있음.

- 특히, 보조금 등 지원정책 차원에서 보면 단순히 발전차액보조금지원제(FIT)만 적용하는 것이 아니라 경쟁입찰 도입을 통해 재생에너지 비용절감을 유도하는 것이 세계적 추세임.[225)]

224) 재생에너지 발전설비에 대한 주민수용성 제고 방안, 녹색에너지전략연구소, (2015.09.)
225) 최근 경쟁입찰을 통해 태양광과 풍력의 경우 급격히 비용이 낮아져 태양광과 육상풍력의 전력매입

재생에너지 보급의 패러다임은 이미 선진국에서 신흥경제국으로 상당부분 이동하였으며 신흥국의 재생에너지 확대 전략은 더욱 강력히 추진될 전망이다.

○ 우리 기업은 급성장중인 신흥국을 향한 적극적인 해외진출·수출 확대 전략을 수립하여

불합리한 규제의 대대적인 개선을 통해 신재생에너지 투자를 활성화할 필요가 있다.

○ 각종 입지·설치 규제, 인허가 규제, 법률 상충 등으로 신재생에너지 투자 난항

○ 우리나라와 같이 신재생에너지 발전 인프라가 부족한 상황에서는 파격적인 규제완화를 통한 초기시장을 형성하고 활성화는 일이 매우 중요[226]

○ 환경훼손 여부나 대체가능성, 복구여부 등을 판단하여 신재생에너지 발전의 인허가를 폭넓게 허용하고, 상충되는 법률은 신재생에너지 투자를 확대하는 방향으로 개선 필요

최저가는 4센트/kWh 부근까지 하락한 사례도 있는데, 통상 전력 매입가격의 경우 태양광은 8~10센트/kWh, 육상풍력은 6~8센트/kWh 내외로 추정됨. 이러한 비용 하락은 계속될 것으로 예상되는데, 국제재생에너지기구(IRENA)에 따르면, 태양광 발전비용은 2025년까지 현재의 60% 수준까지 저하될 수 있을 것으로 전망됨. 이처럼 비용이 줄어들면 앞으로 재생에너지 보급이 한층 더 빨라질 것으로 예상됨. 한편, 풍력발전 분야는 해상풍력을 통한 발전이 주목받고 있음. IRENA('Innovation Outlook: Offshore Wind' 보고서)에 따르면, 향후 30년 해상풍력발전이 새로운 산업 기술로 떠오르면서 글로벌 에너지 산업에 매우 중요한 요소 중 하나가 될 것이라고 전망됨. 즉, 주민수용성 문제가 있어 입지가 용이하지 않고 대형화에도 한계가 있는 육상풍력보다는 해상풍력이 향후 기술 발전에 힘입어 비용이 대폭 절감될 것으로 예상됨에 따라 풍력시장을 주도할 것으로 보임. 대형화와 관련해 IRENA는 2020년에는 10MW(메가와트)급, 2030년에는 15MW급의 대형 터빈이 상용화될 수 있을 것이라 예상하고 있음. 한편, 현재 해상풍력발전 터빈 용량은 일반적으로 6MW급에 머물고 있음. 특히 유럽에서 해상풍력발전 투자가 매우 활발함. 윈드유럽(Wind Europe)에 따르면, 2017년 상반기 유럽의 해상풍력발전 투자액은 140억 유로(약 17조4700억 원)로 예상됨. 독일, 영국, 덴마크가 건설한 해상풍력발전소 규모는 총 1만MW임. 특히 영국은 2016년 11월 세계 최대 규모의 해상풍력발전 개발계획을 승인했는데, 요크셔 해안에 78억 달러(약 8조 5000억 원)를 들여 1.8GW 규모의 발전소를 건설할 계획임. 미국도 해상풍력발전 사업에 본격적으로 참여하고 있음. 미국 연방정부는 2016년 8월, 11개 기업에 미 동부지역 해상풍력발전 사업권을 승인했음. 이와 관련하여 곽대종(2017.06.) 참조.

226) 일본의 규제완화 사례를 소개하고자 함. 일본 국토 면적의 30%를 점하는 보안림을 전용하는 허가절차 개선 : (1)일본보안림은 우리나라의 산림보호구역과 유사한 개념으로 토사 유출 방지, 수원 함양 등 목적으로 지정되었으며, 일본 국토 면적의 30%를 차지, (2)'12년 보안림 내 신재생에너지 설비 설치를 위해 산림보호구역을 해제할 때의 허가요건 및 기준을 완화하고, 신재생에너지 설비가 보안림 원래의 목적을 훼손하지 않는 한 산림 대체시설 설치할 필요가 없도록 개선, (3)보안림 규제완화로 일본 풍력발전소가 밀집해 있는 아키타시 동해 연안에 20km에 이르는 대형풍차 50기 유치 지원 효과 크다는 평가(한일재단일본지식정보센터, 2012)

신재생에너지 기술개발과 설비구축에 정부의 지원 규모 확대하고, 신재생에너지 보급 확대와 건축물 등의 에너지효율 증가를 연계하는 종합적인 지원정책을 수립해야 한다.

○ '11년 대비 '15년 22.3%나 감소한 신재생에너지 지원 사업 규모 확대

○ 투자비용이 높고 장시간이 소요되는 신재생에너지 기술개발을 위한 R&D의 지원을 강화하고, 에너지 절약시설, 에너지효율 향상을 위한 건축물 개선 지원 확충

○ 해외의 경우 신재생에너지 보급을 위한 대대적인 지원과 함께 건축물, 주택 등의 에너지 효율 증가를 위한 리모델링 지원 제도를 시행
- 프랑스, '에너지전환법('15)' 독일, '애너지패키지('13)', 영국 '에너지시장개혁안('13)' 등을 통해 석탄화력 발전 비중 축소, 신재생에너지 비중 증가 등 정책 확대 시행
- 국내의 경우 민간 건축물 에너지효율 개선 지원이 5년간 이자 지원에만 한정되어 있으나, 해외의 경우 장기대출, 컨설팅, 보조금 등 다양한 형태로 적극적 지원
- 해외의 경우 단열, 친환경 난방 등 에너지효율 개선 제품 활성화

신재생에너지 시장 확대를 위해서는 FIT 부분 도입 등 RPS 제도 보완이 필요하며, 충분히 신재생에너지가 보급된 이후 시장경쟁을 유도하는 방식으로 전환[227]할 필요가 있다.

○ 주요국의 신재생에너지 보급 정책 개편 방향의 핵심은 비용효율성 제고 및 시장기반 정책으로의 이행으로 정리할 수 있을 것임.

○ 신재생에너지 보급이 증가함에 따라 정부의 재정 부담 및 전력 소비자의 요금 부담이 증가하면서 신재생에너지 보급에 대한 사회적 수용성이 악화되고 있는 한편으로 신재생에너지의 가격경쟁력이 향상되면서 정부의 지원 수준을 낮춰야 할 필요성도 증가하고 있음.
- 이러한 배경 하에 각국 정부는 FIT 요율 삭감과 같은 지원 수준의 축소, FIP[228]와 경매제도[229]의 도입과 같은 시장기반 정책으로의 이행을 추진하고 있음.

227) 이하 내용의 일부는 조상민(2016.12.) 참조.

○ RPS는 '15년 한전 발전자회사의 과징금이 1,900억 원에 달하는 등 징벌적 제도로 변질

- 장기적인 기술발전이나 투자보다 일회성 연료 사용에 치중되고, 신재생에너지 가격 불안정성으로 소규모 발전사의 피해가 발생하여 투자 위축 우려[230)]
- 이에 따라 문재인 정부는 다양한 신재생에너지 보급 확대정책을 공언하면서 우선, 소규모 신재생설비에 대해 한시적으로 발전차액지원제도(FIT)를 도입하겠다고 밝혔음.

---

228) 신재생 프리미엄 지급방식(FIP: Feed-in Premium)이란 신재생에너지 발전사업자의 투자비 보전 및 적정 수익성 보장을 위한 수단으로 신재생 발전 전력을 시장가격에 따라 판매하고 일정 수준의 프리미엄을 더해 거래하는 방식을 말하며, 신재생에너지 발전사업자의 시장 참여를 유도하기 위해 도입되었음. 한마디로 FIT가 고정된 기준가격과 관련이 있다면 FIP는 시장가격+프리미엄과 관련이 있다고 할 수 있음.

229) 침체된 신재생에너지 보급 방안의 일환으로 경매제도를 다수의 국가들이 최근 채택하고 있음. 경매제도란 신재생 발전설비 건설에 참여하고자 하는 기업이 신청서를 제출하여 가장 낮은 금액을 제출하는 업체가 사업권을 갖는 방식을 말함. 신재생에너지의 보급 확산을 위해 경매제도를 채택하는 국가가 증가 추세에 있음. 경매제도 운영 국가 수를 보면, 6개국('05)→27개국('10)→54개국('14)임. 이와 관련하여 박정연(2016.09.05.) 참조.

230) 공급의무화제도(RPS)의 문제점: RPS는 일정 규모 이상 전력을 생산, 판매하는 발전사업자에게 일부를 신재생에너지로 생산해서 공급할 것을 강제하는 의무할당제도인데, 이 제도의 문제점은 아래의 3가지임. 첫째, 의무할당량을 부여받은 발전사업자가 소수이고, 그 발전사업자들에게 강제하는 비율도 너무 낮다는 것임. 의무할당 비율이 점차 확대(2024년 이후 10%까지 확대)될 것이긴 하지만 2017년 기준 4%의 의무할당량으로는 태양광발전사업자가 보유한 공급인증서를 모두 소화하지 못한다는 것임. 즉, 공급사업자는 많으나, 수요는 부족한 상황으로 자연스럽게 가격은 떨어질 수밖에 없다는 것임. 그러므로 겉으로는 신재생에너지 산업을 키워주겠다고 말하면서 실제로는 격렬한 싸움터에 밀어 넣고, 어디 한번 해보라고, 살아남아 보라고 팔짱 끼고 지켜보는 격임. 둘째, 재생가능에너지의 뜻를 살리는 지역의 소규모 발전소들을 무한가격경쟁으로 내몰고 있다는 것임. 최저가격을 명시하지 않은 입찰에서 소규모 발전사업자는 무조건 질 수밖에 없음. 백전백패임. 대규모 발전사업자는 설비단가가 낮고, 운영단가도 낮기 때문에 경쟁할 수가 없음. 정부가 진정으로 신재생에너지를 육성할 계획이라면 무한가격경쟁으로부터 소규모 발전사업자들을 보호해줄 제도적인 장치를 마련했어야 함. 키워줄 테니 맘껏 발전소를 지으라고 해놓고, 판매를 할 수 없게 만들어 버리면 도대체 어떻게 살아남을 수 있단 말인가? 마지막으로 이 제도는 시민들이 돈이 아닌 가치를 위해 태양광발전소를 세우고, 지역의 에너지 전환과 자립을 위해 활동하는 에너지협동조합들을 죽이고 있다는 점임. 기업과 달리 에너지협동조합은 조합원들의 출자금을 한 푼 두 푼 모아 발전소를 올리는데, 시민들의 출자금을 통해 큰 돈을 모으는 일은 쉽지 않기 때문에 기업처럼 대규모 발전소를 짓기가 곤란함. 비록 규모가 크지 않아도 매일매일 햇빛으로 생산하는 전기가 지역 에너지 전환에 도움이 되고 있다는 생각으로 자부심을 갖고, 수익보다는 가치에 중심을 두기 때문에 조금 수익률이 낮아도 태양광발전소를 올리고 운영하는 곳이 에너지협동조합임. 하지만 현재 소규모 발전사업자들은 입찰 시장에서 배제될 수밖에 없음. 에너지협동조합은 태생적으로 소규모일 수밖에 없으며, 전국 약 30여 개 협동조합 중 2015년 상반기 기준으로 입찰에 성공한 곳은 거의 없음. 지금까지 살펴본 것처럼 RPS는 태생적으로 재생에너지 산업을 죽이는 제도임. 이는 세계적인 추세를 봐도 알 수 있음. OECD 가입국과 재생에너지 위주로 국가 에너지 정책을 전환한 대부분의 나라들은 고정가격제도(FIT)를 채택하고 있음. 따라서 아직 취약한 재생에너지 산업이 경쟁력을 갖기까지 최소한의 수익을 보장해주는 고정가격으로 구매를 보장해주는 제도인 FIT를 다시 도입해야만 소규모 사업자들도 판매 걱정 없이 마음껏 발전소를 세우고 운영할 수 있음. 이와 관련하여 김원국(2015.06.16.) 참조.

- FIT는 그동안 100kW 미만 태양광 발전사업자, 신재생협동조합, 시민단체 등이 불안정한 소규모 발전사업의 수익성을 보장해 달라며 재도입을 요구해 왔음.

○ 독일은 FIT제도를 통해 초기 신재생에너지 시장을 확대하고, 신재생에너지 가격경쟁력이 확보된 이후 '14년 직접거래제도, 경매제도 도입을 통해 시장 경쟁 유도[231]

- 독일은 '00년 재생에너지법을 제정, FIT 제도를 도입한 이후 신재생에너지 비중이 급격하게 증가해 '14년 발전용량의 47%, 총 생산량의 30%를 신재생에너지로 생산
- 발전사업자가 발전한 전력을 제3자에게 직접 판매하는 직접거래를 시행하면서, 수요가 많아 가격이 높아지는 때에 신재생에너지 발전 유도[232]
- 태양광, 풍력, 바이오매스 발전에 대해 정해진 용량만큼 낮은 가격을 제출한 입찰자부터 차례대로 낙찰하는 경매제도를 도입해 신재생에너지 보급 경제성 확대[233]

국내 신재생에너지 건설 활성화와 해외기업과의 제휴를 통해 국내기업의 이행실적(Track Record)을 향상시키고, 기업의 종합적인 발전소 컨설팅 · 설치 · 관리 기술력을 강화해야 한다.

○ 신재생에너지 내수 활성화와 해외기업 제휴 · 합병을 통한 해외시장 진출

- 신재생에너지 산업의 해외 진출을 위해서는 내수시장을 위한 산업생태계

---

231) 일본과 독일 FIT 제도 운영 사례는 다음과 같음. (1)일본은 RPS 제도 미흡으로 FIT 도입했으나 과도한 부담으로 제도 보완 모색 중, 1)일본은 '03년 RPS를 시행한 이후 신재생에너지 보급이 확대되지 못하자, '12년 FIT를 전면 도입하였으나 '14년 대형 전력기업이 FIT 매입 중단하는 등 여러 문제점 발생, 2)태양광 매입가격이 독일, 프랑스 보다 2배 이상 높아 시장이 과열되고 있으며 소비자가 부담하는 '신재생에너지 추가부담금'이 3년간 1.65배, '18년까지는 6배 증가 예상, 3)FIT 문제점 개선을 위해 총량규제 도입 등 제도개선을 추진하고 있는 상황임. (2)독일은 FIT 재정부담이 커지자 전력 직접거래, 경매제도 도입으로 정부의 부담 및 소비자 비용을 낮추고, 신재생에너지 산업 자생력을 향상, 1)독일 정부는 FIT 부담이 커지자 제3자에게 직접 판매하는 직접거래, 낮은 입찰가부터 차례대로 낙찰하는 경매제도를 도입해 신재생에너지 사업의 경제성을 확보하려 노력

232) 발전 용량별로 차등적으로 참여를 의무화했으며 시행 초기에는 가격의 10% 프리미엄을 제공, 고정가격으로 매입해 주는 FIT와 달리 직접거래는 원가와 판매가의 차익 실현이 중요하므로 발전사업자의 효율 향상 유도

233) 750kW(바이오매스150kW) 이하의 태양광, 풍력, 바이오매스와 모든 수력, 지열, 폐기물가스 등은 경매대상에서 제외하고 FIT 제도 운영하고 있으며, 연 경매량의 최대 5%까지 타 유럽국가의 입찰 참여 허용

활성화를 통한 대규모 프로젝트 수주 경험을 쌓는 것이 중요
- 위축되어 있는 대규모 신재생에너지 발전소 건설을 활성화하고, 미국 · 유럽 등 해외 신재생에너지 기업과의 제휴, 합병 등을 통해 해외시장 진출 방안 마련

○ 경쟁력 있는 IT, ESS 기술 등과 신재생에너지를 결합해 기술력을 확보하고 신재생에너지 전문 컨설팅 등 다양한 분야로 진출 필요
- 신재생에너지 사업은 각각의 부품제조보다는 지형에 맞는 설비 설치와 관리 기술이 점차 중요해지고 있어 IT, ESS 등 시스템과의 연계 기술력이 필수
- 독일의 경우 부품 · 기자재뿐만 아니라 컨설팅 및 설치 기술 등을 해외로 수출

발전소 건설 과정에서 주민들의 참여를 유도하여 주민수용성을 제고해야 한다.

○ 신재생에너지 발전소라도 건설 과정에서 발생하는 환경훼손, 농작물 피해, 소음 등을 이유로 거주민들의 반대가 극심, 발전소 건설이 지연되거나 취소되는 사례 발생

○ 선진국은 신재생에너지 사업에 주민들이 직접 참여하게 함으로써 혜택을 볼 수 있는 주민참여형 사업으로 발전소 설립 수용성 확대
- 독일, 덴마크, 미국 등은 다양한 주민참여 프로그램 시행해 주민 반대 완화
- 주민들이 새로 건설될 발전기의 소유권 일부를 가질 수 있게 하는 경우 주민들의 신재생에너지에 대한 관심이 증가하고 반대도 감소[234)]

최근 들어 신재생에너지 시장을 주도하고 있는 것은 태양광이며, 앞으로도 이러한 추세는 지속될 것으로 전망[235)]된다.

○ 따라서 신재생에너지 산업 육성 정책을 태양광 산업을 중심으로 개편할 필요가 있을 것으로 판단됨.

○ 태양광 산업 육성을 위해서는 기술개발 촉진과 안정적인 내수시장 확보가

234) 독일풍력협회, 에너지경제연구원(2012)
235) 이하 내용은 조상만(2016.12.) 참조.

필요함.

- 기술경쟁력 강화를 위해 차세대 태양전지 기술, 그리고 새로운 비즈니스모델을 창출할 수 있는 융복합 기술에 대한 지원을 확대해 나가야 할 것임.
- 안정적인 내수시장 확보를 위해서는 RPS 의무 비중 확대를 통한 내수시장 확대, 경매제도 접목 등을 통한 태양광 발전사업의 안정적 수익 보장이 필요함.

○ 한편, 태양광 시장이 성장하면서 시장다변화가 진행되고 있는 현시점에서 적극적으로 신흥시장을 개척하는 것이 향후 신재생에너지 시장에서의 주도권을 확보하는 핵심 전략이 될 것으로 판단됨.

- 신흥시장의 원활한 진출을 위해 금융자문 제공 및 금융기관과의 연결, 진출국 네트워킹 지원, 타 기술/산업과의 경험 공유, 현지 정책 및 법률 분석 서비스 등을 체계적으로 제공할 수 있는 에너지산업 해외진출 종합지원시스템을 구축할 필요가 있음.

7. 탈원전 논란

문재인 대통령은 2017년 7월 19일 부산시 기장군 한국수력원자력 고리원자력본부에서 열린 '고리 1호기 영구정지 선포식'에 참석해 "원전 중심의 발전정책을 폐기하고 탈핵 시대로 가겠다"며 "원전 정책을 전면적으로 재검토 하겠다"고 밝혔다.

하지만, 문 대통령의 탈원전 선언 후 찬반양론이 팽팽하게 대립하며 국론 분열 조짐을 보이고 있는바, 주요 쟁점들을 살펴보고자 한다.

7.1 주요 쟁점

(1) 안전성 여부

○ 강진으로 인한 원전 폭발 사고를 소재로 한 재난영화 '판도라', 누적 관객수 4백50만 명을 돌파한 이 영화는 원전 폐지 주장에 힘을 보탰음.

○ 신고리 5 · 6호기가 추가로 건설되면 영화의 배경이 됐던 부산, 울산 지역에만 원전 9개가 밀집하게 되는데, 반경 30km 안에 380만 명의 인구가 거주하고 있어 사고가 발생할 경우, 최악의 인명 피해로 이어질 수 있다는 주장이 제기됨.[236)]

○ 이에 대해 원전 존치를 주장하는 측에선, 최근 50여 년 동안 전세계에서 580여 기의 원전이 가동됐지만, 지진에 의한 치명적 피해는 없었다고 주장하고 있음.
- 후쿠시마 원전 사고 역시 지진이 아니라 쓰나미로 인한 침수가 원인이었다고 주장하며, 그 근거로 당시 진앙에서 더 가까웠던 오나가와 원전에선 사고가 발생하지 않았던 점을 내세우고 있음.

○ 결국 안전성 문제는 건설 중단 여부를 떠나 정확한 진단과 결론이 내려져야 할 부분으로 지적됨.

(2) 비용 문제

원전 건설을 중단할 경우, 그동안 공사 진행 과정에 들어간 비용 등 수조 원의 매몰비용이 발생[237)]한다는 점이다.

○ 야당 측은 신고리 5·6호기뿐만 아니라 이미 계획된 다른 원전들과 석탄화력발전소도 매몰비용에 포함해야 한다고 말하고 있음.
- 지금 현재 계획된 원전이라든지 계획된 석탄화력발전소, 이것을 총체적으로 다 합하면 엄청난 기하급수적 매몰비용이 발생한다는 것임.

○ 반면, 정부와 여당 측은 핵연료 사후처리비용 등을 생각하면 빨리 결정할수록 이득이라고 주장하고 있음.

---

236) 경주 일대가 지반이 불안정한 양산단층에 속해 지진이 일어날 가능성이 높은 활성단층인데 이 단층에 인접한 고리 일대 원전의 안전성에 대한 우려가 커졌음. 이미 고리 일대에는 고리 1~4호기와 신고리 1 · 2호기 등 원전 6기가 운영되고 있으며, 2018년부터 상업운전에 들어갈 신고리 원전 3 · 4호기와 공사 중인 5 · 6호기까지 포함하면 한 지역에 원전 10기가 운영되는 셈임.

237) 현재 신고리 5 · 6호기 공사는 2016년 6월에 건설 허가를 취득한 이후에 건설 공사가 진행됐고 5월 말 기준 종합공정률이 28.8% 정도임. 2017년 7월 현재까지 집행된 공사비만 약 1조6000억원에 달함. 정부는 신고리 5·6호기 공사가 중단될 경우에 총 손실규모가 집행된 공사비 1조6000억원에 보상비용까지 합쳐 약 2조6000억 원일 것으로 추정했음. 신고리 5 · 6호기 공사를 중단하고 예정된 신규 원전과 석탄화력발전소 건설을 전면 중단할 경우 27.5GW(기가와트)의 전력 설비 용량도 줄어들게 됨.

(3) 관련 업체들의 피해[238)]

○ 정부의 탈원전 정책 선언으로 가장 큰 피해를 입을 곳은 국내 원전 관련 업체들임.

- 특히, 국내 원자력발전 설비시장을 이끌고 있는 두산중공업 등과 2~3차 협력사들은 그야말로 마른하늘에 날벼락이 떨어졌다는 반응임.
- 신고리 5 · 6호기 공사 중단 결정은 사업에 참여하고 있는 두산중공업, 삼성물산, 한화건설 등에 직접적인 영향을 줄 전망인데, 두산중공업의 경우 발전부문 매출이 총 매출액에서 30% 이상을 차지하고 있어 직접적인 타격을 피할 수 없음.

• 또한, 신고리 5 · 6호기 공사대금 2조3000억 원 중 이미 받은 1조1000억 원을 제외한 나머지를 포기해야 할 상황임.

- 더 큰 문제는 원전 사업이 2~3개 대기업을 필두로 수많은 하청업체들이 참여하고 있는 사업이라는 점인데, 원전 공사 중단 결정으로 하청업체도 위기를 맞을 수 있고 직원들이 일자리를 잃게 될 가능성도 있음.

(4) 전기요금 인상 여부

○ 국정기획위원회는 산업용 전기에 대해 바로 2018년부터 요금을 단계적으로 인상하기로 했음.

- 전력을 많이 쓰는 산업구조를 개선하겠다는 것인데, 전기 사용량이 많은 업체들은 발등에 불이 떨어졌음.

○ 중소업체들은 앞으로 전기료가 최대 3배 이상 오를 수 있다는 소식에 대응책을 고심하고 있음.

- 전기료가 오르면 비용 압박을 감당하기 어렵기 때문임.

○ 또한, 한국의 싼 전기료를 보고 한국에 공장을 지은 외국계 기업들이 있는데, 향후 이러한 외국 투자가 발길을 돌릴 것이란 주장도 나오고 있음.

○ 결국 전기료가 얼마나 오를 것이냐가 문제인데, 기관마다 전문가마다 전망치가 엇갈리고 있음.

---

238) 일요서울(2017.07.21.) 참조. 신규원전 건설 중단 시 다수의 중소기업 인력 유지 및 공급망이 붕괴될 가능성도 존재한다고 우려의 목소리를 내고 있음.

○ 에너지경제연구원은 2030년까지 20% 정도 인상될 것으로 전망했지만, 학자들에 따라선 3배 이상 증가할 것이란 분석도 나오고 있음.

○ 백운규 산업통상자원부 장관은 탈원전에 따른 전기요금 인상은 크지 않을 것이라고 언급하였음.[239)]

- 다만, 산업통상자원부 관계자들은 현재로서는 전기료 인상 폭의 정확한 예측은 쉽지 않다면서, 향후 15년의 전력 수요와 어떤 에너지원을 얼마나 쓸지를 결정하는 '제8차 전력 수급 기본계획'이 2017년 연말에 확정되면 그때 정확한 윤곽을 추산할 수 있다고 예상했음.

○ 2017년 7월 13일 공개된 8차 전력수급계획 초안에서는 2030년 최대 전력사용량을 101.9기가와트로 전망했는데, 이는 2년 전 발표된 7차 계획 당시 전망치와 비교해 11.3기가와트, 10% 줄어든 사용량임.

- 이에 따르면 신고리 5·6호기는 물론 원전 11기를 더 짓지 않아도 된다는 계산이 나옴.
- 이에 대한 반론

• 원전 찬성 측에서는 인공지능, 전기차 등 4차산업혁명 시대를 맞아 산업 전반에서 지속적 전력 사용량 증가가 예상되는 상황에서, 2년 만에 전력 전망치가 줄어든다는 이 초안은 신뢰할 수 없다고 주장함.

(5) 공론화위원회 문제

국가 에너지 정책을 좌우하는 원전 존폐 문제를 비전문가들이 포함된 공론화위원회에서 결정하는 것이 바람직한가에 대한 논란[240)]이 있다.

---

239) 백운규 신임 산업통상자원부 장관은 원전 수명 연장은 없다며 탈원전 방침을 재확인하였는바, 원전 수명이 최대 60년에 달하기 때문에 2079년에야 탈원전이 되는 만큼 전력 수급에는 문제가 없다고 밝혔음.

240) 문재인 대통령은 2017년 7월 21일 신고리 5·6호기 전면 중단은 공약대로 밀어붙이지 않고, 공론조사를 통해 결정하는 합리적 선택을 했음을 강조했음. 한편 원자력학계는 탈원전 정책에 반대하고 나섰음. 60개 대학교 공과대학 교수 중심의 전임교수 417명이 참여한 '책임성 있는 에너지정책 수립을 촉구하는 교수 일동'은 지난 2017년 7월 5일 "값싼 전기를 통해 국민에게 보편적 전력 복지를 제공해온 원자력 산업을 말살시킬 탈원전 정책의 졸속 추진을 즉각 중단해야 한다"고 밝혔음. 이들은 이날 국회 정론관에서 기자회견을 열고 "숙의되지 않은 탈원전 정책 추진은 향후 민생부담 증가, 전력수급 불안정, 산업경쟁력 약화, 에너지 국부유출, 에너지안보 위기 등을 야기할 수 있다"며 이같이 말했음. 이어 "이미 2008년에 수립되어 매 5년마다 보완되는 국가 에너지 기본계획과 매 2년마다 수정되는 전력수급 기본계획을 숙의를 통해 수정하지 않고 대통령의 선언 하나로 탈원전 계획을 기정사실화하는 것은 제왕적 조치"라고 비판했음. 일요서울(2017.07.21.) 참조.

○ 참여민주주의의 새로운 시도로서 집단 지성이 발휘돼 긍정적 결론이 도출될 것이란 기대도 있음.

○ 반대로 비전문가 배심원들이 3개월 만에 결론을 내는 것에 대한 우려도 적지 않음.[241)]

- 특히, 전문가들은 신고리 5·6호기 공사의 영구 중지 여부 결정은 공론화라는 이름으로 시민에게 맡기지 말고 전문가나 국회의 손으로 넘어와야 한다고 주장
- 사실보다는 인식에 의하여 의사결정이 지배되는 시민에게 물어보는 것은 국가적 결정방식이 아니며 또 다른 포퓰리즘의 형태라고 비판
- 전문성이 요구되는 국가 정책을 공론화위원회와 시민배심원에 의사결정을 맡김으로써 이념몰이식 포퓰리즘으로 몰고 간다고 주장하면서 전문가 사회와 행정부가 정책의 초안을 마련하고 국민의 대표인 국회가 의견을 수렴하는 것이 옳다고 본다고 지적

(6) 절차상의 문제

특히 야당을 중심으로 신고리 원전 5·6호기 공사 중단의 절차상 문제를 제기한다.

○ 이상돈 의원은 5·6호기 건설 일시 중단에 "정부가 사유재산권을 침해한 것"이라며 "소액주주가 소송 걸면 100% 이긴다, 불법이다"라고 지적했음.

○ 신용현 의원도 "(신고리 원전 납품) 업체들이 상당 부분 만들어놓고 납품해 돈 받을 것을 기대하고 있었을 텐데 불안해서 사업하겠냐"며 "운영되고 있는 원자력 발전소에도(부품 공급 등에) 나쁜 영향을 미칠 것"이라고 말했음.

(7) 원전 기술경쟁력 약화 문제

탈원전 기조 하에서 온실가스 배출 전망치 감축이라는 목표를 달성할 수 있는지의 여부 및 탈원전이 해외 원전 수출을 포기하게 되는 결과가 돼 원전 기술경쟁력이 약화된다는 우려[242)]가 있다.

---

241) 독일은 탈원전으로 가는데 공론화만 26년이 걸렸는데, 3개월 만에 한다니 이해가 가질 않는다는 주장임. 이하 내용은 미디어오늘(2017.07.21.) 참조.

○ 문재인 정부의 탈원전·석탄 정책이 현실화될 경우, 온실가스는 큰 폭으로 줄어들지만 발전 비용은 약 20% 증가할 것이라는 전망이 제기됐음.

- 특히, 태양광과 풍력 비중이 늘면서 공급 예비력이 줄어드는 등 전력 수급이 불안정한 것으로 나타났음.
- 국내에서도 전력 공급 부족 사태를 막기 위해서는 석탄화력발전소 발전량은 줄이더라도 설비는 유지해야 한다는 주장이 나오고 있음.243)

• 문재인 정부는 원전뿐만 아니라 미세먼지 등을 이유로 노후 석탄발전소를 단계적으로 폐쇄한다는 입장인 반면, LNG(액화천연가스) 발전소를 대거 건립, 신재생에너지의 발전량을 보완하려 하고 있지만, LNG는 발전단가가 석탄보다 비싼 데다 해외의존도가 절대적이라 외부 요인에 따라 수급이 불안정해질 수 있다는 것임.

• 따라서 문재인 정부 방침대로 원전과 석탄 발전을 동시에 줄이면 안정적인 전력 공급에 차질을 빚을 수 있다는 지적이 쏟아지는 상황에서 '예비 전력'으로 일정 수준 석탄발전 설비를 남겨둬야 한다는 얘기임.

• 반면, 석광훈 에너지시민연대 정책위원은 "신재생에너지 비중 20%를 달성하려면 우수한 전원(電源)을 충분히 확보해야 한다"며 "신속하게 출력을 조정할 수 있고 대용량인 가스복합발전이 유력한 대안이 될 수 있다"고 말했음.

○ 에너지경제연구원은 문재인 정부의 에너지정책 기조대로 원전과 석탄 비중이 대폭 줄어들고 신재생 발전량이 20%를 차지한다고 가정해 각 부분의 영향을 분석한 '신정부 전원 구성안 영향 분석' 보고서를 2017년 6월 20일 펴냈음.

- 보고서는 신고리 5·6호기 공사가 중단되고 모든 신규 원전 건설 계획 백지화, 노후 원전의 수명 연장을 금지하는 등 문 대통령의 공약이 현실화된다는 가정 하에 작성되었음.244)
- 보고서에 따르면 원전과 석탄 비중이 대폭 줄어들고 신재생에너지 발전량 비중이 20%로 확대될 경우, 발전 비용은 2016년 실적치 대비 약 21%(약 11조6000억 원) 증가함.
- 유가가 상승할 경우 발전 비용은 큰 폭으로 늘어남.

• 유가가 배럴당 70달러일 경우에는 24.2%, 100달러에서는 28.4% 증가, 유가

242) 미디어오늘(2017.07.21.)과 일요서울(2017.07.21.) 참조.

243) 이하 내용은 조선경제(2017.07.21.) 참조.

244) 문 대통령은 공정률 10% 미만 석탄발전소 건설 중단과 수명 30년 이상 노후 석탄 조기 폐쇄, 재생에너지 비율을 20%까지 상향한다고 공약한 바 있음.

가 배럴당 150달러로 치솟을 경우에는 발전 비용이 30.8%나 증가

- 박찬국 에너지경제연구원 부연구위원은 "발전비용이 20% 상승할 경우, 산업연관분석 이용 시 물가는 1.16% 상승하고 국내총생산(GDP)은 0.93% 감소한다"고 설명

● 전력 수급은 비교적 안정적인 공급 상황을 유지했는데, 에너지경제연구원은 새로운 신재생 공급 환경에서는 설비 예비력은 15%, 공급 예비율은 10.6%를 보일 것으로 내다봤지만 태양광과 풍력 전원 비중이 높아질수록 전력 수급은 불안정해질 것으로 예상했음.

● 박 부연구위원은 "신재생에너지 구성이 태양광과 풍력으로만 구성될 경우 공급 예비율이 6.4%까지 하락하면서 수급 불안전성이 증대될 것으로 보인다"고 언급

- 온실가스 배출은 대폭 줄어들 전망[245)]

● 원전 발전량이 줄지만 재생에너지 발전이 증가하고 석탄발전이 대폭 줄면서 2016년 실적치 대비 4912만 톤이 감소하는 것으로 나타났음.

○ 보고서는 "신재생에너지의 현실적 보급 속도를 고려하고 다양한 가치들을 조화롭게 유지하는 차원에서 탈원전-탈석탄에 대한 신중한 접근이 필요하다"고 했음.

○ 한편, 세계적 원전 기술을 확보하고 있는 국내업계가 원전 중단으로 그동안 쌓아온 노하우를 상실할 가능성과 함께 해외시장 진출에도 큰 타격을 받을 수 있다는 점에서 파장은 더 커질 가능성이 있음.

7.2 독일의 사례[246)]

탈원전 찬성론자들은 독일의 예를 자주 들고 있는데, 독일이야말로 탈원전의 선구자라 할 수 있다.

앙겔라 메르켈 총리는 6년 전 원전 17기를 2022년까지 모두 폐쇄하기로 했는데, 독일 같은 제조업 강국이 이런 결정을 내리기까지는 쉽지 않아 보이나 몇 가지 주요 사건이 결정적 계기가 되었다.

---

245) 탈원전 기조 하에서는 온실가스 배출 전망치 감축이라는 목표를 달성할 수 없다는 반대 주장도 있음.

246) 김복중(2017.07.25.)과 곽인찬(2017.07.24.) 참조.

○ 첫 단초는 빌(Wyhl) 사건이었음.

– 1975년 독일 정부는 남서부 시골마을 빌에 원전을 지으려 했으나 농부들이 들고 일어났음.

• 경찰은 농부들을 질질 끌고 갔는데, 이 모습이 TV로 중계됨으로써 시민들은 분노했고 자연스레 빌은 독일 반원전 운동의 발상지가 되었음.

• 1980년 녹색당의 등장도 중요한 이정표가 되었음.

○ 그 후 1986년 우크라이나(당시 소련) 체르노빌에서 사상 최악의 원전 사고가 터져 낙진이 온 유럽을 뒤덮게 되자 원전 폐쇄가 다시 힘을 얻게 되었음.

– 독일인들은 경악했으며 시위대와 경찰은 도심에서 연일 충돌했음.[247)]

• 녹색당은 1998년 좌파 사회민주당(SPD)이 주도하는 연정에 합류하였고, 그 결과 환경장관 자리도 차지하게 되었으며 사민 · 녹색 연정은 2021년까지 독일 원전을 순차적으로 폐쇄하기로 합의했음.[248)]

○ 그런데 이후 우파인 기독교민주당 출신 메르켈 총리가 원전 폐쇄 방침을 뒤집었는바, 원전을 대체할 러시아산 에너지 공급이 불안하다는 이유를 내세웠음.[249)]

○ 그러자 시위가 들불처럼 일어났으며, 마침 그때 일본 후쿠시마에서 대형사고(2011년)가 터져 여장부 메르켈도 두 손 들 수밖에 없었음.

– 그 결과 원전 '컴백' 정책은 없던 일이 되었던 것임.[250)]

빌 사건부터 따지면 40년, 체르노빌부터 따져도 30년 동안 독일은 탈원전 로드맵을 밟은 셈이다.

○ 원전 방폐장 주변은 물론 대도시에서도 시위가 끊이지 않았으며 여론도 똘

247) 1986년 구소련 체르노빌 원전 사고는 독일의 에너지 정책에 큰 변화를 가져왔는바, 지금도 많은 독일인에게 생생한 기억으로 남아 있을 만큼 체르노빌 원전 사고는 커다란 충격이었음.

248) 2000년 독일 사민당·녹색당 연정은 탈원전 결정을 내렸음. 각 원전에 잔여 전력생산 허용량을 할당하고 이것이 모두 소진되면 원전을 폐쇄하기로 했음.

249) 2009년 기독민주당·자유민주당 연정이 출범하며 단계적 원전 폐쇄 정책을 원점으로 돌려 일부 원전 가동을 연장하기로 결정하였음.

250) 2011년 탈원전 재결정으로 8기의 노후 원자로 운전이 정지되었음. 내심 믿었던 일본에서까지 원전 사고가 일어나니 독일 원전의 안전성에 대해 심각하게 돌아보는 계기가 되어 결국 독일은 2022년까지 완전한 탈원전 국가가 되기로 결정했음.

똘 뭉쳤고 메르켈의 원전 '컴백'에 반대하는 비율이 80%에 달했음.

독일은 탈원전을 둘러싸고 공론조사를 펼쳤는데, 2000년 결정 과정에서 진행된 공론조사는 논의가 활발했다.

○ 정치세력과 관련 이익단체가 적극 가담해 치열했다고 표현하는 게 정확할지도 모르겠음.

그에 반해 2011년 다시 진행된 공론조사는 제법 순조로웠는데, 이미 독일인의 마음에는 원전이 위험하다는 인식이 사회적으로 강하게 자리 잡고 있어서였을 것이다.

○ 사람들은 무엇보다 안전한 삶을 원했으며, 두 번의 큰 사고를 목격하면서 다음 세대를 걱정하고 미래를 대비하게 되었음.

의회는 풍력발전과 함께 이산화탄소 배출량 감축 목표를 유지한다고 했음에도 불구하고 석탄·가스 화력발전소 건설을 승인했으며, 원자력을 추가 화력발전으로 대체하고 보조금으로 재생에너지 발전 비중을 확대하는 정책이 시행되었다.
탈원전 결정 이후 전기요금 인상에 대한 독일인의 시각은 다음과 같다.

○ 독일은 한국보다 전기요금이 비싼 편이지만 독일인은 탈원전에 따른 전기요금 인상이라고 생각하지 않음.

○ 에너지에 대한 인식이 다르기 때문인데, '지불할 능력이 되니 편하게 쓰자, 또는 능력이 안 되면 아껴 쓰자'의 개념이 아니고 '에너지가 인류에게 소중한 것이니 아껴 써야 한다'는 사고방식으로 접근하고 있음.
- 이렇게 생각한다면 에너지 비용을 더 낼 수도 있어야 함.

○ 독일에서는 친환경 전기를 사용하기 위해 시설비와 설비 지원 명목으로 기꺼이 추가 요금을 지불함.

독일의 재생에너지 발전 비중은 크게 늘어 2010년 15%에 불과했던 재생에너지 발전량이 2016년 28%로 증가한 반면, 2010년 22%였던 원자력 발전량은 2016년 13%로 줄었다.

○ 이처럼 독일은 신재생에너지 개발에 집중하고 있는데, 재생에너지가 자리를 잡으면서 전력 예비율은 146%에 이를 만큼 여유로워졌음.

독일의 탈원전 결정은 성공과 실패의 잣대가 아니라 옳고 그름의 관점에서 접근했기에 가능했다고 본다.

○ 환경과 에너지에 대한 건강한 인식으로 일단 바른 결정을 내리고, 이에 따른 피해를 어떻게 극복할지 고민한 것임.

○ 이 과정에서 다수 국민의 인식을 유도하는 정치적 의사결정 과정이 결합되었음.

독일 국민은 안전을 선택했으며, 그 외의 가치는 부차적인 것에 불과했다.

7.3 시사점[251)]

독일에 비하면 한국은 탈원전 운동 역사가 짧은 편이며, 여론조사(갤럽 7월 11~13일) 결과 원전 찬성(59%)이 반대(32%)보다 높게 나타났다.

○ 광화문광장에서 원전을 없애라는 유모차 촛불시위가 벌어진 적도 없으니 탈원전 운동이 채 영글지 않았다는 뜻임.

세계 원전시장은 소리 없는 전쟁터이며, 게다가 주변국들은 하나같이 핵·원전 강국들이다.

○ 원전은 생산원가가 제일 싼 에너지이기 때문에 원전을 줄이면 전기료는 인상될 수밖에 없음.

지금 설사 우격다짐으로 밀어붙인다 해도 정권이 바뀌면 원위치 될 공산도 있다.
탈원전 정책을 추진 중인 독일의 경우, 메르켈 총리가 2022년까지 모든 원자로를 폐쇄하겠다고 선언하는 등 2050년까지 신재생에너지로 전력생산량 100%를 달성

251) 곽인찬(2017.07.24.)과 시사매거진 2580(2017.07.24.) 참조.

하겠다는 입장이고, 프랑스도 원전 비율을 줄여나가고 있다.

반면, 우리보다 앞선 2016년부터 탈원전 정책을 추진했던 타이완은 최근 유례 없는 전력난에 직면하면서 2017년 7월 들어 원전 2기를 재가동하기 시작하였다.

2011년 후쿠시마 원전 사고 이후 원전 43기를 모두 가동 중단했던 일본은 이후 3년간 가정용 25%, 산업용 38% 전기료가 급등하면서 2015년 규슈 센다이 원전을 시작으로 2017년 7월 현재 원전 5기를 재가동하고 있다.

탈원전을 선택한 국가들이 결정을 내리게 된 이유는 무엇인지, 또 탈원전을 선언했던 국가들이 원전을 재가동시키기로 한 이유는 무엇인지, 우리 땅 위의 원전들은 과연 안전한 것인지, 그리고 무엇보다 각종 관련 단체나 기관, 전문가 등이 내놓는 분석과 전망은 정확한 것인지, 분명한 검증과 심도 깊은 고민이 우리 모두의 과제로 주어진 셈이다.

에너지경제연구원의 보고서 역시 "신재생에너지의 현실적 보급 속도를 고려하고 다양한 가치들을 조화롭게 유지하는 차원에서 탈원전-탈석탄에 대한 신중한 접근이 필요하다"고 지적했다.

8. 신재생에너지의 불편한 진실[252)]

문재인 정부는 화석연료와 원자력 중심인 우리나라의 기존 에너지믹스를 개편하겠다는 강력한 의지를 표현하고 있다.

○ 새 정부의 정책을 옹호하는 사람들은 석탄이나 원자력을 천연가스나 신재생으로 대체할 때 실질적인 요금인상이 없다는, 일부 타당하지만 받아들이기 어려운 주장을 펼치고 있음.

석탄 화력으로 인한 미세먼지 등 환경침해, 원자력의 안전성 및 송전망을 포함한 사회적 비용을 고려하면 석탄이나 원자력의 비용이 현재보다 상승할 것이기 때문에 천연가스나 신재생과 별 차이가 없게 된다는 것이다.

252) 류권홍(2017.06.05.) 참조.

○ 사회적 비용, 즉 외부효과라는 것은 모두 양면적인 특성이 있음.
- 석탄이나 원자력은 부정적인 측면을 가지고 있지만 동시에 일자리 창출, 저렴한 요금으로 인한 경제발전에 대한 기여 등 상당한 긍정적 효과도 갖고 있음.

○ 최신 석탄발전은 이미 이산화탄소 배출량을 상당히 감축시키고 있고, 우리나라에서는 현실적으로 어렵지만 미국은 석탄발전에서 배출된 탄소를 지하에 매장하는 방법으로 이산화탄소 문제를 해소하고 있음.
- 우리나라의 경우도 최근 들어선 석탄발전소(2017년 3월 상업 운전에 들어간 국내 첫 민간 석탄화력발전소인 강원도 동해시 GS동해전력 북평화력발전소)는 친환경 설비로 오염물질 배출량을 큰 폭으로 줄여 청정 설비로 거듭나고 있음.

○ 또한, 원자력은 이산화탄소를 거의 배출하지 않기 때문에 오히려 천연가스보다 기후변화 대응에 적합한 에너지임.
- 미세먼지와 기후변화에 대응해야 한다면 원자력을 주장하는 것이 설득력 있어 보임.

그렇다면 신재생은 사회적 비용이 없을까? 그렇지 않다.[253)]

○ 우리처럼 국토가 적은 나라에서 원자력이나 석탄발전을 대체할 정도의 신재생발전이 가능하려면 농토나 산림을 파괴해야 함.

○ 또한, 태양광의 반사광, 풍력의 소음, 신재생의 태생적 한계인 간헐성으로 인한 백업발전 비용 등 신재생의 외부효과에 대해서도 냉정하게 평가할 필요가 있음.

---

253) 구체적인 수치로 에너지 비용을 살펴보자. 2016년 한해의 전체 전력거래량이 509TWh인데 그 중 석탄이 206TWh였음. 약 40%를 석탄발전이 차지하고 있으며, 가동 정지되는 8개의 석탄발전이 약 20TWh로 전체 전력거래량의 4%, 석탄발전 거래량의 10%를 차지함. 2016년 석탄발전과 천연가스발전의 발전단가는 kWh당 40.85원과 80.22원으로 kWh당 39.37원, 약 2배의 차이가 남. 2018년부터 10개의 석탄발전을 4개월간 중단하고 이를 신재생으로 대체하는 경우의 발전단가 차이를 보자. 2016년 10개 석탄발전의 평균 발전단가는 kWh당 42원인 반면, 신재생은 전력거래소 가격 88원과 신재생 인증으로 인한 보조금 140원 kWh당 합계 228원으로 약 5배의 차이가 남. 동일한 발전량을 2016년 발전단가를 통해 단순 비교할 때, 천연가스로 대체하는 경우 2배, 신재생으로 대체하는 경우 5배의 발전단가 차이가 발생하는 것임. 물론, 2017년 중단되는 8개 화력발전의 비중이 4%에 불과하며 높은 전력 예비율로 인해 사실상 가동을 중단해도 전력공급중단을 우려할 필요가 없고, 각 발전사들이 저유가에 따라 상당한 수익을 올리고 있기 때문에 이 정도의 손실은 자체적으로 감내할 수 있음. 하지만 장기적으로는 국가경제, 기업들의 국제경쟁력에 큰 부담이 될 수밖에 없음.

국제 천연가스 가격이 장기적으로 하락할 것이라는 낙관론에 배경을 두고 연료 전환을 긍정적으로 보는 주장도 있지만, 안타깝게도 국제유가 변동은 누구도 정확히 예측하기 어려운 신의 영역에 속한다.

○ 우리나라와 일본의 천연가스 수입가격은 유가에 연동돼 있고, 특정 목적항에만 하역해야 하는 목적항 조항과 약정 물량을 인수하지 않더라도 대금은 지급해야 하는 조항과 함께 극동아시아 프리미엄으로 인해 미국이나 유럽보다 비싼 가격에 천연가스를 수입할 수밖에 없음.

또한, 많은 국가들이 석탄과 원자력의 대안으로 천연가스를 소비한다면 가격이 오를 것은 너무도 자명한 일이 아닌가?

○ 어느 기업과 자원보유국이 핵심 자산인 천연가스를 헐값에 내다 팔겠는가?

에너지정책의 수립과 변경은 환경은 물론 국가경제, 에너지안보와 에너지 관련 국제시장의 동향, 우리나라의 지정학적 한계 등을 모두 고려하면서 점진적이고 단계적으로 추진돼야 한다.

○ 최소한 다음 정부에서 정전이 발생하거나, 전기요금 폭탄으로 국민들이 불편을 겪는 일은 피해야 할 것임.

9. 결 론254)

문재인 대통령의 공약 가운데 고부가가치 창출 미래형 신산업 발굴·육성과 관련해 기후변화협약 등 온실가스 감축에 대응할 재생에너지산업 육성이 포함돼 있는데, 산업유발효과가 큰 태양광과 풍력 등 재생에너지산업을 육성하는 것이 그것이다.

254) 곽대종(2017.06.) 참조.

우리 경제는 성장동력의 고갈과 고용창출의 둔화로 인한 청년실업률의 급증 등 극심한 고통을 겪고 있는 상황에서 글로벌 수준의 경쟁력을 보유한 기존 산업과의 연관성이 높고 고용 창출력이 뛰어난 재생에너지 산업의 지속발전을 위한 실효성 높은 정책을 추진할 필요가 있다.

우선, 국내 태양광 및 풍력 관련 업계에 대해 최소한의 시장규모를 보장할 뿐만 아니라 해외진출의 테스트베드(개발 기술의 적합성을 테스트 해보는 환경을 통칭) 역할에 우선적으로 긴요한 국내 태양광 및 풍력 내수규모를 지속적으로 증가시킬 필요가 있다.

○ 현재 공공부문을 중심으로 의무설치를 규정하고 있는데, 공공부문만으로는 규모 확대에 근본적인 한계가 있을 수밖에 없으므로 내수 시장의 획기적인 확대 방안이 다각적으로 강구될 필요가 있음.

이와 아울러 글로벌 재생에너지 산업은 대규모 프로젝트적 성격과 일본 등 선진국뿐만 아니라 중국, 인도 등 신흥국과 개도국을 막론하고 자국시장 보호를 우선시하고 있으므로 일반 범용상품의 수출과는 다른 글로벌 시장 진출 전략을 모색할 필요가 있다.

이와 관련해 일본의 경우는 시사하는 바가 매우 큰데, 일본의 국내 태양광 시장 상황은 비록 설치 및 유통구조가 복잡하고 고비용임에도 불구하고 2011년 3월 후쿠시마 원전 사고 이후 원전 가동이 전면 중단된 상황에서 전력 수급상의 위기를 지역재생(낙후지역 개발)과 연계한 재생에너지원에 대한 집중투자로 극복하고 있다.

현재 공공부문을 중심으로 태양광 및 풍력 발전 의무설치를 규정하고 있는데, 규모 확대에 근본적인 한계가 있으므로 내수 시장의 획기적인 확대 방안이 다각적으로 강구될 필요가 있다.

우리 역시 태양광 및 풍력업계의 경쟁력을 바탕으로 투자 및 보증과 관련해 금융기관의 적절한 지원과 자금 및 정보가 풍부한 대기업의 글로벌시장 공략능력을 효과적으로 연계시켜 글로벌 시장에 적극적으로 참여해야 한다.

제 15 장

맺는 말

1. 이전과는 다른 에너지시장
2. 에너지시장의 구도 변화 가능성 염두에 두어야
3. 석유 수요 변화에 대한 논란은 여전히 진행 중
4. 고유가 시나리오에 대비해야
5. 4차산업혁명 시대에 국내 에너지 · 자원 산업의 효과적인 대응 필요

한국의 에너지안보는 더 이상 시장논리에만 의존해선 안 되며, 국가 전략적 차원에서 재검토할 필요성이 있다.

○ 한국은 2014년 기준으로 1인당 석유소비량 세계 5위, 정제능력은 세계 6위, 에너지 수입의존도가 94.8%(2015년), 석유의존도가 38.1%(2015년), 그리고 에너지안보가 조사대상 125개국 가운데 72위(2016년)로 나타났는바, 이를 감안하면 에너지안보 문제와 관련하여 국가차원의 전략, 인재육성, 해외진출 의지가 미약한 편임.

○ 에너지 문제를 동맹관리나 군사력, 건설 분야와 동시에 테이블에 올려놓을 필요성이 있음.

석유안보는 우리의 경제, 나아가 국가안보와 직결된 매우 중요한 이슈이다.

○ 즉, 석유안보는 지속가능한 성장을 위한 핵심 선결조건임.

○ 따라서 최근의 국내외 환경변화를 감안하여 발생 가능한 석유시장의 변화에 대한 대비책을 강구하는 것이 급선무

○ 위기관리 시스템의 구축 필요성 제기

절약도 생산이라는 인식 아래 전국가적 에너지절약 시스템도 구축되어야 한다. 또한, 기업이나 정부도 급변하는 에너지 재편 시대를 맞아 이에 본격적으로 대비해야 할 시점이다.

○ 자원의 효율적 사용 및 절감은 물론이고 신재생에너지로의 대체를 위한 정책은 길게 보면 신성장동력을 만들어 나가는 정책임.

○ 차세대 에너지 관련 산업은 또한 현재의 주요 제조업 분야에 못지않은 경제 내 파급효과와 아울러 상당한 고용창출 잠재력을 갖고 있는 것으로 평가받고 있음.

- 자원 절감 혹은 환경 관련 산업은 신규 성장산업으로 사무직도 생산직도 아닌 이른바 '녹색 일자리' (Green Collar)를 만들어가고 있음.

○ 이런 점에서 자원 및 에너지 관련 차세대 산업은 장기적으로는 신성장동력 발굴에, 단기적으로는 일자리 창출에 애를 먹고 있는 한국경제에 돌파구를 마련해 줄 것으로 기대

『석유의 역사』[255]를 보면 고대에 석유는 방부제, 방수처리제, 치료제로 쓰였다고 기술되어 있다.

○ 석유를 연료와 에너지로만 파악하고 있는데, 이미 석유는 약학, 생화학, 유전가공학의 주원료라는 것임.

○ 태곳적 어둡고 깊은 땅속에서 나온 석유가 인류에게 생명의 젖줄이 될지, 악마의 눈물이 될지는 결국 인간의 선택에 달린 셈임.
- 석유를 둘러싼 온갖 갈등과 전쟁의 역사를 되돌아보면 석유는 결코 인류에게 생명의 젖줄만도 아니며, 그렇다고 악마의 눈물이라고 단정 짓기도 곤란함.
- 석유의 이러한 양면성을 우리는 역사를 통해 익히 알고 있으며, 인류는 이러한 양면성을 동시에 추구해왔다고 할 수 있음.

○ 즉, 우리에게 경제성장과 복지를 가져다주는 것은 석유자체라기 보다는 석유를 사용하는 방식에 달려있음.

결론적으로 석유안보 혹은 에너지안보에 대해 새로운 인식을 가져야 할 것이며, 우리 모두 의식 있는 경제생활을 통해 에너지 절약의 실천[256]과 함께 신재생에너지 개발에 노력해야 할 것이다.

○ 이것이야말로 바로 경제안보, 더 나아가서 국가안보를 담보할 수 있는 첫걸음이 될 것임.

이제 끝으로 저자가 강조하고 싶은 5개의 주요 항목들을 언급해 보고자 한다.

---

255) 귄터바루디오(2004) 참조.

256) 이와 관련하여 지난 2003년 2월말 내한했던 미국의 환경운동가 대니 서(31)의 의식 있는 삶의 방식은 우리에게 많은 것을 생각하게 해주었음. 그는 '알베르트 슈바이처 인간존엄상'을 받았고, <워싱톤포스트>로부터 '지구상에서 가장 경이로운 청년'이라는 찬사를 들었으며 <피플>지를 통해 '세계에서 가장 아름다운 50인' 가운데 한 사람으로 선정되기도 했던 환경운동가로 음식·옷·가구·먹거리 등을 환경친화적으로 바꾸자는 소위 '의식 있는 스타일'(conscious style)을 몸소 실천하면서 이를 전 세계에 전파하고 있는 젊은 청년임.

1. 이전과는 다른 에너지시장257)

최근 유가 폭락의 직접적인 동인은 미국 타이트오일의 생산 증가이다.

○ 기존 산유국들의 생산능력도 꾸준히 증가해 왔지만 타이트오일 주도로 세계 석유 공급확대가 탄력을 받은 반면, 석유수요는 크게 늘지 않고 있음.
- 세계경기 부진이 주된 요인이지만, 화석에너지 사용 감축 노력과 에너지효율 증대로 선진국에서는 에너지 수요가 줄고 있고 신흥국 수요는 둔화되고 있음.
- 중국도 에너지 수요 증가 속도가 성장률에 비해 훨씬 낮은데다 미세먼지 등 대기오염 이슈가 심각하게 부각되고 있어 앞으로도 화석연료에 대한 수요 증가세는 제약될 것임.

타이트오일과 함께 에너지효율 증대, 대체에너지원의 확대 등도 유가상승을 억누를 것이다.

여전히 석유가 에너지원 중 비중이 가장 크고 생산지가 지역적으로 편재되어 있기 때문에 에너지시장이 지정학적인 리스크에서 벗어나기 힘든 것이 현실이기도 하다.

○ 지정학적인 중단기적 불안이 재연될 가능성은 상존함.
- 주요 생산국인 러시아, 중동 등은 지정학적인 돌발요인들이 발생할 가능성을 안고 있음.

그러나 미국의 석유 생산량이 사우디아라비아와 러시아에 못지않은 수준으로 올라서고 있는데다 타이트오일의 생산 확대로 석유 수요 변화에 대한 공급의 탄력적인 대응 능력도 상당히 커졌다.

○ 러시아, 중동 등 주요 산유국들은 석유 이외에 다른 대안이 별로 없는 나라들이기 때문에, 불가피한 요인이 아니라면 자발적으로 장기간 생산량을 줄이기가 쉽지 않음.
- 이란 등 주요 산유지역에서 석유 공급이 단절되는 등의 극단적인 사태가 없

257) 이하 내용은 이광우(2015.04.) 참조.

다면, 석유의 공급과잉이 앞으로도 쉽게 바뀌지 않을 수 있다는 것임.

2008년 유가 폭등 시기에 커진 피크오일(Peak Oil)[258] 우려는 유전개발과 생산기술의 발전으로 상당히 진정되었다.

에너지시장이 과거와 특히 달라진 것은, 공급이 크게 늘고 있는 것이 석유, 석탄, 천연가스만이 아니라 에너지효율 상승으로 수요 둔화 요인이 계속 이어지고 있고 풍력과 태양광 등 대체에너지 공급 확대 요인이 동반되고 있다는 점이다.

○ 에너지 효율화는 코스트가 가장 적게 드는 에너지절감 요인이 되고 있으며, 신재생에너지의 발전단가는 화석연료에 근접해 있음.

○ 특히, 태양광의 경우 빠르게 단가와 효율성이 개선되고 있고 적용 범위도 확장되고 있음.

○ 저에너지 가격이 장기 대세가 될 가능성도 배제할 수 없는 상황임.

유가하락이 반드시 신재생에너지 시장의 위축을 의미하는 것도 아니다.

○ 오히려 유가하락으로 다른 에너지원의 가격하락 경쟁이 더 부추겨질 수도 있음.
- 태양광의 경우 패널 단가 하락으로 투자가 전년에 비해 크게 늘지 않아도 매년 추가되는 증설량은 이미 매년 크게 증가하고 있음.
- 다양한 형태의 태양광 발전 기술이 개발되고 있어 설치 가능 지역과 단위 면적당 발전량 등도 계속 확대되고 있음.
- 설비효율과 생산효율 등에 걸친 경쟁력 향상이 유가하락으로 멈추진 않을 것임.

258) 석유 생산 정점(Peak Oil)은 국제 석유 추출 속도가 최대에 이르러서, 그 이후부터는 생산 속도가 줄어들기만 하는 시점을 말함. 보통 언론에서는 피크오일이라고 부름. 피크오일은 석유고갈과 혼동되곤 하지만, 두 개념은 서로 다른 것임. 석유 생산 정점은 최대 생산 시점이고, 석유고갈은 석유 저장량 및 공급량이 없어지는 시점을 말함. 전 세계에 석유가 한 방울도 없는 시점을 말함. 그러나 피크오일을 보통 석유고갈론이라고 부름. 피크오일 논의의 최신 동향과 관련하여서는 이정필(2016.10.) 참조.

2. 에너지시장의 구도변화 가능성 염두에 두어야259)

주 에너지원으로서의 석유의 지위는 상당기간 지속될 것이다.

○ 최근의 유가하락을 에너지 수입선 다변화, 에너지 비축 확대 등의 기회로 활용해야 할 것임.

그러나 화석 에너지의 공급 탄력성이 계속 높아지고 에너지소비 효율화가 확산되며 대체에너지의 역할 확대가 탄력을 받는다면, 에너지 풍요 시대의 진입 가능성도 점차 높아질 것이다.

○ 이는 에너지 문제에 대한 시각을 바꿀 필요성이 커지는 것을 의미함.

이제까지 우리의 생각은 항상 에너지 부족에 맞추어져 있었다.

○ 산유국은 갑이고 우리는 을이라고 생각하고, 에너지 가격은 비싸기 때문에 투자의 장기타당성을 분석할 때도 높은 에너지 가격을 전제로 하고 있었을 가능성이 큼.

그러나 단기적 뿐만 아니라 중장기적으로 에너지 부족 시대가 아니라 에너지 풍요의 시대, 고에너지 가격이 아니라 저에너지 가격 시대가 될 가능성을 고려해야 할 필요가 있어 보인다.

○ 투자 타당성 분석, 국가에너지 전략 등이 에너지 고가격에 맞추어진 부분이 있다면 그렇지 않을 가능성도 고려해야 할 것임.

기업들도 고유가를 전제로 한 사업 계획들이 있다면 재검토할 필요가 있을 것이다.

○ 저유가는 화석에너지 사용을 확대시키고 연장시키겠지만, 신재생에너지의

259) 이하 내용은 이광우(2015.04.) 참조.

중요성과 가치를 크게 훼손하지 않을 가능성이 큼.

○ 오히려 전기차 배터리, 태양광 등 산업에서 효율 개선 압박을 더욱 높여 효율 경쟁이 더 치열해질 가능성이 있고, 관련 기술의 영향력과 중요성은 더 커질 수 있음.

- 태양광의 효율을 높이는 일, 적용 대상을 넓히는 것 등의 중요성은 변함없을 것임.

3. 석유 수요 변화에 대한 논란은 여전히 진행중[260)]

사우디아라비아 국영석유기업 아람코의 최고경영자(CEO)가 앞으로 수십 년 원유 소비가 더 늘어날 것이라고 예상하였다.

○ 원유 수요가 조만간 정점을 찍고 줄어들 것이라는 주류의 전망은 틀렸다는 분석임.

○ 아민 나세르 아람코 CEO는 파리에서 열린 국제원유 서밋에 참석해 "글로벌 경제가 2050년까지 두 배로 성장할 것"이라며 전체 에너지 수요 역시 더 늘어난다고 전망하면서 원유 수요가 정점에 근접했다는 전망은 오해의 소지가 있다고 지적했음.

- 무엇보다 아람코는 원유 수요가 줄어들 것이라는 전망을 배척해야 할 만한 실질적 이유가 있음.

- 아람코는 세계 원유공급의 10% 이상을 차지하며 세계 최대의 기업공개(IPO)를 준비하고 있음.
- 투자 매력도와 밸류에이션을 높이는 데 원유 수요에 대한 장기적 전망은 매우 중요함.

---

260) 에너지경제(2017.04.28.) 참조.

- 나세르 CEO는 아람코 주식 매각 일정이 순조롭게 진행 중이라며 2018년 말 IPO를 계획한다고 말했음.
- 그는 오히려 원유공급에 '심각한 위협' 이 가해질 가능성에 주목해야 한다고 역설하면서 저유가로 인해 원유개발 프로젝트들이 대규모로 취소됐다는 점을 지적하였음.

국제에너지기구(IEA)도 원유 수요 정점이 2040년 이전에는 없을 것이라고 예상한다.

○ 엑손모빌 역시 원유가 앞으로 수십 년 동안 가장 중요한 연료의 지위를 유지할 것이라고 내다봤음.

이 같은 전망은 동종업계의 경쟁사와는 다른 견해이다.

○ 세계 최대 원유생산업체 중 하나인 토탈SA는 2030년대가 되면 석유 수요가 절정에 달해 전기차 수요가 급증할 것이라고 인정했음.

○ 또 다른 원유업체인 로얄더치셸은 이르면 5년 안에 원유 수요가 절정에 이를 것이라고 내다봤음.

4. 고유가 시나리오에 대비해야[261]

대부분의 전문가들은 트럼프가 석유산업 활성화를 위해 화석연료 생산 확대와 환경규제 철폐를 추진해 저유가를 지지할 것이고, 그 결과 신재생에너지와 전기차 산업이 위축될 것으로 전망하고 있다.

○ 더 나아가 트럼프의 경제팀은 세일가스를 화석연료 가격을 조정하는 '스윙

261) 홍준희(2017.01.13.) 참조.

프로듀서(Swing Producer)' 262)로 활용할 것이라는 분석까지 내놓고 있음.

그러나 그렇지 않고 트럼프의 경제사단은 고유가를 선택할 가능성이 크며, 더 나아가 단기간에 유가를 2013년 수준으로 끌어올려 미국의 이익을 극대화하고 그로부터 얻어지는 성과를 트럼프 정부에 대한 지지력으로 만들 유인이 매우 커보인다.

○ 우선, 트럼프는 골드만삭스 출신을 재무장관에, 로스차일드 출신을 상무장관에 지명했는 바, 사실상 월스트리트 인사들이 미국의 경제라인을 장악하게 될 것이며 더구나 가장 중요한 국무장관에는 엑슨모빌의 CEO 출신이자 러시아와 막역한 렉스 틸러슨을 지명했음.

○ 이들은 러시아 및 사우디아라비아와 카르텔을 만들 능력이 있으며, 원한다면 전례 없이 강력한 유가 결정자(Price Setter)가 될 수 있음.
- 즉, 저유가 대신 고유가를 추진할 힘이 있다는 것임.

낮은 화석연료 가격은 세계경제, 특히 중동과 신흥개발국 등 주요 시장의 총수요(구매력)를 축소시킨다.

○ 2014년 하반기부터의 저유가 상황이 우리나라의 급격한 수출 감소를 초래한 것이 이런 이유임.

그러므로 저유가는 미국의 기업과 노동자 모두에게 이익이 되지 않는다.

○ 저유가는 중동지역의 지정학적 갈등을 미국 주도로 관리하고자 할 때의 선택임.

글로벌 경제호황은 총수요를 늘려 고유가를 부르기도 하지만, 고유가가 만드는 구매력 증가는 총수요를 늘려 호황을 만들기도 한다.

○ 그래서 이리되든 저리되든 고유가는 호황이니 트럼프의 입장에서 보면 여전히 자신을 싫다고 외치는 자들에게 한 방을 먹이기에는 '고유가로 만들 수 있는 호황'이 제격인 셈임.

---

262) 스윙 프로듀서란 석유공급의 변화에 맞춰 석유 생산량을 자체적으로 줄이거나 늘림으로서 시장의 안정을 꾀할 수 있는 능력을 지닌 산유국을 일컬음. 이들은 막대한 석유 매장량과 생산량을 이용해 유가가 오를 때에는 생산을 늘려 가격상승을 막고, 유가가 떨어질 때에는 생산을 줄여 낙폭을 제한함.

지금처럼 시장의 전망 대부분이 저유가로 몰려있을 때, 월가 식구들 입장에서는 화석연료 가격을 단기간에 2013년 수준으로 끌어올릴 때 기대되는 이익은 엄청날 것이다.

○ 더구나 고유가 정책으로 인한 월가의 이익이 일반적인 미국 노동자들의 이익과 크게 충돌하지도 않음.

고유가는 총수요도 늘리지만 달러 약세를 수반할 가능성이 커서, 미국 기업의 수출도 크게 늘릴 것이며 당연히 일자리도 늘어날 것이다.

○ 트럼프는 높은 경제성장, 무역수지 개선, 일자리 증가라는 트리플 크라운[263)]도 달성할 수 있을 것이며 당연히 재선에도 좋은 영향을 미칠 것임.

○ 심지어 러시아와 사우디아라비아, 영국과 이란, 리비아 등도 좋아할 것임.

○ 이들을 묶어 중국의 굴기[264)]를 견제하기도 좋을 것이며, 독일과 중국과 일본도 내심 좋아할 것임.

그렇다면 우리에게는 어떨까? 우리 역시 대체로 좋을 것이다.

○ 일단 수출이 증가할 것이고, 현재 우리경제의 난제인 조선과 철강 산업 등에도 여유가 생길 것임.

○ 이와 함께 우리 경제를 재조정할 절호의 기회가 될 것임.

다만, 이를 위해서는 몇 가지 선제적인 준비가 시급하다.

○ 우선, 화석연료 집약도를 낮출 수 있는 전기요금 정책이 요구됨.
- 이제라도 우리 기업들에게 높은 에너지 요금(가격)에 대한 설득과 특단의 조치가 필요함.

263) 원래 스포츠 경기에서 세 가지 부문에서 1위를 차지하는 것을 말함.
264) 중국이 최근 각 분야에서 세계 최강의 면모를 유감없이 나타내고 있는 추세를 빗대어 중국에서는 '중국굴기(堀起)'라고 표현하고 있음. 굴기라 하면 산 따위가 불쑥 솟음을 나타내는 굴(堀), 일어날 기(起)의 한자를 써서 굴기라고 하고 중국인들은 이러한 그들의 현상을 자랑스럽게 표현하고 있음.

- 비상 신호를 알리기 위한 산업용 전기요금의 인상을 2017년 중에 결단해야 함.
- 그래서 우리 경제가 고유가 쓰나미에 준비 없이 노출되는 일을 막아야 함.

○ 그리고 신재생에너지와 전기차, ESS(에너지저장장치) 등 에너지신산업에 적극적인 혁신 투자를 해야 함.
- 고유가에서는 대부분의 발전연료 가격도 같이 높아질 것임.
- 그렇다면 자연스럽게 신재생에너지와 전기차, ESS 등에 대한 시장도 커질 것임.
- 이 기회를 최대한 활용해야 하고, 그렇게 되면 기후변화 대응도 잘 될 것임.

○ 마지막으로 강력한 송배전망을 구축해야 함.
- 대부분의 에너지를 수입하는 우리 경제의 고유가 대책으로는 발전부문에서 석탄과 가스의 적정 믹스를 통해 국가에너지 체계의 부양능력(Carrying Capacity)을 보전하고, 수송부분의 탈 석유화(전기차)와 신재생 발전의 전국적 확산을 서둘러야 함.
- 이를 위해 필수적인 것이 광대역 전력전송 체계인 직류 송배전망임.

불확실성에 대한 준비는 빈틈없는 시나리오에 있다.

○ 시중에 저유가의 사니리오는 많으나 고유가 시나리오가 없다는 점이 심각한 리스크라 생각됨.

온당한 전기요금 정책, 신재생에너지와 전기차에 대한 적극적인 투자, 그리고 강력한 직류송배전망 구축은 실상 어떤 시나리오에 대해서도 필요한 정책이다.

5. 4차산업혁명 시대에 국내 에너지 · 자원 산업의 효과적인 대응 필요[265)]

미국 트럼프 정부 등장 이후 에너지안보가 더욱 강조되고 화석연료 중심으로 에너지시장이 재편되고 있는 상황에서 자원개발과 연관 산업을 융복합화하는 새로운 자원안보 및 산업화 전략의 마련이 필요하다.

○ 해외자원개발 사업과 관련하여 기업의 적극적 투자 유도를 위한 특별융자금 예산의 확대, 공기업과 민간기업의 전략적 파트너십 구축, 투자인센티브 제도 확대 등을 통하여 민간투자를 활성화해야 함.

4차산업혁명 시대의 도래와 함께 에너지 · 자원 산업은 새로운 기회를 맞았으며 우리나라가 전통적으로 강점을 보이는 국내 조선/해양, 철강, 플랜트 등의 부품 소재 산업기반을 바탕으로 새로운 시대의 수요에 부응하기 위한 연구개발(R&D)과 자원산업 전문인력의 양성이 필요하다.

4차산업혁명 시대의 도래에 따라 에너지 시장의 지형이 급격히 변화되는 상황에서 엘리트 연료의 대표격인 화석에너지도 포트폴리오상 하나의 에너지원에 불과한 에너지믹스 시대에 진입하였다.

○ 이러한 에너지믹스 시대에 4차산업혁명이 가세하여 에너지4.0이라는 새로운 기술혁명을 가져왔고, 에너지 4.0을 리드하기 위한 자원산업의 융합이 필요
 – 특히, 국내 자원개발 산업이 보유한 강점인 글로벌 네트워크를 활용하여 국내 자원개발 기업뿐만 아니라, 정보통신 · 부품소재 · 신재생 등 다양한 기업들을 해외로 연계할 수 있는 글로벌 에너지4.0 시장 개척의 첨병 역할이 요구됨.

저유가 체제의 지속에 따른 동북아시아 지역의 협력 강화 필요성도 대두된다.

○ 일례로 2017년 3월 한중 양국이 맺은 '액화천연가스(LNG) 비즈니스 협력 양해각서(MOU)' 이외에 기후변화 대응, 미세먼지 절감, 동북아 전력 그리드

265) 이하 내용은 주로 이데일리(2017.06.07.) 참조.

통합, 신재생 확산 등 다양한 분야에서 협력을 강화해 나갈 필요가 있음.[266)]

에너지 자원의 안정적 확보는 국가경제와 산업 활동의 지속성을 높이기 위한 전제 조건이기 때문에 세계자원시장의 변동성을 정확히 인식하고 대응책 마련과 함께 그에 수반되는 실행이 요구된다.

○ 세계 하위권에 머무르고 있는 에너지안보 지수를 고려한 자원안보에 대한 전략적 인식과 함께 해외 에너지 · 자원 개발의 증진책 강구, 균형적 자원개발 생태계 조성을 위한 정부의 중장기적이고 일관성 있는 정책 기반 구축이 무엇보다도 중요

불확실성이 높아진 세계 에너지시장 환경에 맞춰 우리의 에너지정책을 재점검해야 하겠지만, 너무 성급히 변화를 예단하여 정책 방향을 급격히 선회하는 것도 바람직해 보이지 않는다.[267)]

○ 일단 신기후체제는 다소 지체는 되겠지만, 그 방향은 계속 유지된다는 전제하에 정책 점검에 나서야 할 것인바, 이런 차원에서 신재생에너지 역할의 중요성은 크게 훼손되지 않을 것임.
  - 다만, 화석연료의 역할과 그 수명이 좀 더 확장될 가능성이 높아졌다고 할 수 있음.

○ 따라서 신재생에너지 기술 투자는 보다 확대되어야겠지만, 시장 보급의 속도는 조절이 필요해 보임.
  - 저탄소 경제로 가는 과정에서 상대적으로 온실가스 배출이 적은 천연가스를 징검다리로 적절히 사용하도록 제도를 개선하는 것이 불확실성 시대에 보다 합리적인 에너지 전략이 될 것임.

---

266) 산업통상자원부 보도자료(2017.04.26.) 참조.
267) 박주헌(2017) 참조.

참고문헌

강두용 외(2011),"유가불안, 이번은 다르다", 산업연구원 보도자료, 2011.04.20.

경제연구실(2008a),"자원위기 극복을 위한 정책 패러다임 전환",『주간경제』, LG경제연구원, 2008.05.

경제연구실(2008b),"글로벌 자원위기의 의미와 영향",『주간경제』, LG경제연구원, 2008.05.

곽대종(2017),"탈원전 대안으로 떠오른 태양광·풍력 전망은",『테크M』, 제50호, 2017.06.

곽인찬(2017),"탈원전, 탈 날까 겁나",『파이낸셜뉴스』, 2017.07.24.

국민일보(2016),"미국서 셰일오일 1000조원치 발견", 2016.11.16.

귄터바루디오(2004),『악마의 눈물, 석유의 역사』, 최은아 외 옮김, 뿌리와 이파리 펴냄, 2004.7.

그린포스트코리아(2017),"신재생에너지가 비싸다고?..2020년 발전단가 골든크로스", 2017.06.22.

김득갑 외(2008),"한국의 자원확보전략",『CEO Information』, 제651호, 삼성경제연구소, 2008.04.

김복중(2017),"탈원전, 한국도 가능하다",『위클리 공감』, 2017.07.25.

김병유 외(2008),"국제원유시장에서 우리 원유 도입구조 분석",『KITA CEO Report』, 제17호, 한국무역협회 국제무역연구원 동향분석실, 2008.04.

김병유 외(2008),"최근 국제유가 동향 및 향후 전망",『KITA CEO Report』, 제35호, 한국무역협회 국제무역연구원 동향분석실, 2008.09.

김성진(2016),"저유가 시대의 석유자원 개발 산업 활성화 방안",『KIET 산업경제』, 산업연구원, 2016년 5월호.

김신(2017),"저유가 기회 살리는 일본'타산지석'삼아야",『지앤이타임즈』, 2017.04.03.

김연규(2015),"국제유가 이야기", 한양뉴스, 2015.02.11.

김용대 외(2000),『경제·경영을 위한 베이지안 통계학』, 자유아카데미, 2000.08.14.

김웅·김수현(2012),"유가변동 요인별 파급효과 분석 및 한국은행 글로벌 거시경제모형(BOKGM) 재구축", 조사통계월보, 한국은행, 2012.05.

김원국(2015),"태양광 산업 다 죽이는 공급의무화제도(RPS)", 은평시민신문, 2015.06.16.

김일광(2012),"유가 상승요인 점검 및 시사점", KB daily 지식비타민, KB금융지주 경영연구소, 2012.03.27.

김재두(2004),"이라크전쟁 이후 석유위기와 대응전략", 제1회 에너지정책워크샵 발표자료, 에너지경제연구원, 2004.9.

김태헌(2013),『석유의존도 변화에 따른 국제유가의 경제적 파급효과 분석』, 기본연구보고서 13-02, 에너지경제연구원, 2013.12.31.

김현진(2004),"에너지 확보를 둘러싼 신국제질서 : 전망 및 시사점",『Issue Paper』, 삼성경제연구소, 2004.10.

김형진(2017),"석유고갈론의 오류",『한국경제』, 2017.07.17.

뉴스1코리아(2016),"국제 원유재고 파악 불가능…유가 변동성 높은 이유", 2016.07.25.

뉴스토마토(2017),“(2017 건설)저유가 늪에 빠진 해외건설 돌파구 찾기”, 2017.01.01.
뉴스토마토(2017),“(산업 사이클의 붕괴)①혁신에 무너지는 한국 제조업”, 2017.03.14.
뉴스토마토(2017),“(산업 사이클의 붕괴)②셰일혁명이 초래한 원자재산업 신지도”, 2017.03.15.
뉴스토마토(2017),“(산업 사이클의 붕괴)③저유가의 덫에 걸린 수주업”, 2017.03.16.
뉴스토마토(2017),“(산업 사이클의 붕괴)④한국 산업 신성장로드”, 2017.03.19.
뉴스핌(2008),“‘골드만삭스 유가전망‘자주 바뀐다?’”, 2008.03.11.
레오나르도 마우게리(2008), 『당신이 몰랐으면 하는 석유의 진실』, 최준화 옮김, 가람기획 펴냄, 2008.8.
류권홍(2017),“[월요마당] 신재생에너지의 불편한 진실”, 『에너지신문』, 2016.06.05.
류승민·문병기(2016),“최근 국제유가 동향 및 전망과 수출 영향”, 『TRADE BRIEF』, VOL. 13, 한국무역협회 국제무역연구원, 2016.04.29.
매일경제(2008),“골드만삭스 중장기 전망…유가 200달러 갈수도”, 2008.03.09.
매일경제(2017),“中 360만대 vs 韓 16만대…전기차 혁명서 낙오되는 한국”, 2017.07.12.
머니투데이(2017),“이래도 저래도 '공급과잉'…반토막난 국제유가”, 2017.08.02.
메트로신문(2017),“저물어가는 OPEC 독주, 강해진 미국 셰일”, 2017.03.12.
무역뉴스(2016),“셰일업계 압박에 이빨 빠진 OPEC”, 한국무역협회, 2016.05.27.
무역뉴스(2017),“유가상승에 다시 고개 드는 셰일오일·가스”, 한국무역협회, 2017.02.03.
문영석(2016),“유가전망 무용론”, 『투데이에너지』, 2016.02.01.
미디어오늘(2017),“탈원전을 반대하는 사람들이 국회로 몰려든다”, 2017.07.21.
박광수 외(2008),“주요국의 에너지 소비 비교”, 『정책연구자료』, 에너지경제연구원, 2008.08.
박복영 외(2005),“최근 고유가와 1970년대 오일쇼크의 비교”, KIEP 오늘의 세계경제, 대외경제정책연구원, 2005.03.06.
박승록(2011),“무역 1조 클럽 가입의 기적, 그 이면의 해석과 과제”, KERI Column, 한국경제연구원, 2011.12.09.
박정연(2016),“스페인 신재생에너지 정책 추이와 시장 영향”, 『KEMRI 전력경제 REVIE W』, 한전경제경영연구원, 2016.09.05.
박종국·장은진(2016),“저유가에 따른 주요 산유국 부도위험 진단과 우리의 대응”, 『Issue Report』, 한국수출입은행 해외경제연구소, 2016.03.
박주헌(2017),“불확실성 시대의 에너지 전략”, 『에너지 포커스』, 에너지경제연구원, 2017년 봄호.
비외른 롬보르(2003), 『회의적 환경주의자』, 홍욱희 옮김, 에코리브르 펴냄, 2003.08.11.
산업자원부, 『산업자원백서』, 2005.
산업통상자원부(2017),“미·중 에너지정책 동향과 글로벌 에너지시장의 변화 논의”, 보도자료, 2017.04.26.
서상영 외(2015),“유가와 FOMC 회의”, 『이슈분석』, KR선물·KR투자연구소, 2015.12.14.
서울경제(2017),“정부, 석유비축량 37년 만에 줄인다”, 2017.01.11.
손지우 외(2015), 『오일의 공포』, 프리이코노미북스, 2015.11.02.
시사매거진 2580(2017),“탈원전, 첨예한 쟁점들”, MBC, 2017.07.24.
시사저널e(2017),“중동 탈석유화 시동…한국기업, 시장전략 바꿔야”, 2017.06.13.
신상윤(2017),“주요 원유 수입국의 국제공동비축 현황과 시사점”, 『세계 에너지시장 인사이트』, 제17-2호, 에너지경제연구원, 2017.01.23.
안중익 외(2016),“저유가시대 미 셰일산업 대응현황”, 『Global Market Report』, 16-004, KOTRA, 2016.01.
에너지경제(2016),“국제유가 기술적 약세장 진입, 휘발유 재고가 변수”, 2016.07.29.
에너지경제(2017),“아람코 CEO, 원유 수요 수십 년간 상승,‘피크오일’론 반박”, 2017.04.28.

에너지관리공단(2015), 『2015 대한민국 에너지 편람』, 20015.05.22.

에버뉴스(2017), "석유 의존도 대폭 낮춘다'석유소비 절감대책'발표", 2017.05.24.

연합뉴스(2015), "골드만삭스, 원유 배럴당 20달러까지 떨어진다", 2015.12.18.

연합뉴스(2016), "유가비관론 고집하던 골드만삭스, 돌연 유가전망 상향조정", 2016.05.17.

오세신 · 김재경(2015), 『석유안보 강화방안 연구』, 본연구보고서 2015-23, 에너지경제연구원, 2015.12.31.

오승구 외(2004), "고유가 시대의 도래와 대응", 『CEO Information』, 제465호, 삼성경제연구소, 2004.08.

유인창(2017), "해외자원개발 총체적 위기", 『에너지경제』, 2017.06.18.

윤원철(2015), "세계 경제전망과 석유시장에 미치는 영향", 에너지 논단, 에너지경제연구원, 2015.09.21.

이광우(2008), "고유가 시대의 신자원민족주의", 『주간경제』, LG경제연구원, 2008.01.

이광우(2013), "셰일혁명으로 부상한 Tight Oil, 유가 안정 역할 커진다", 『LG Business Insight』, LG경제연구원, 2013.01.30.

이광우(2015), "석유 공급과잉 새로운 에너지 시대의 전조", 『LG Business Insight』, LG경제연구원, 2015.04.01.

이권형(2016), "저유가와 중동 산유국 경제", 『투데이에너지』, 2016.09.12.

이달석 외(2007), "2008년 국제 원유시황과 유가 전망", 『정책연구자료』, 07-02, 에너지경제연구원, 2007.11.

이달석 외(2013a), "2013년 국제 원유시황과 유가 전망", 『연구자료』, 13-01, 에너지경제연구원, 2013.01.

이달석 외(2013b), "2013년 하반기 국제 원유시황과 유가 전망", 『연구자료』, 13-02, 에너지경제연구원, 2013.07.

이달석 외(2014), "2014년 국제 원유시황과 유가 전망", 『연구자료』, 14-01, 에너지경제연구원, 2014.01.

이달석 외(2015), "2015년 국제 원유시황과 유가 전망", 『연구자료』, 15-01, 에너지경제연구원, 2015.01.

이달석 외(2016), "2016년 국제 원유시황과 유가 전망", 『연구자료』, 16-01, 에너지경제연구원, 2016.01.

이데일리(2017), "장병완, 8일'글로벌 에너지·자원 시장 변화와 자원안보 정책토론회'", 2017.06.07.

이데일리(2017), "마크롱, 트럼프 파리기후협약 철회 결정 뒤집으리라 기대", 2017.07.16.

이동은·강은정(2012), "유가 상승이 우리나라 경제에 미치는 영향 변화: 1990년대와 2000년대의 비교 분석", 『KIEP 오늘의 세계경제』, Vol.12, No.02, 대외경제정책연구원, 2012.02.09.

이문배 외(2008), "2009년 국제 원유시황과 유가 전망", 『정책연구자료』, 08-02, 에너지경제연구원, 2008.12.

이문배 외(2010), "2010년 국제 원유시황과 유가 전망", 『정책연구자료』, 10-01, 에너지경제연구원, 2008.12.

이부형 외(2014), "국제 유가 하락이 국내 경제에 미치는 영향", 『경제주평』, 현대경제연구원, 2014.10.17.

이승호(2016), "국제유가의 하락 원인 및 영향", 『자본시장리뷰』, 자본시장연구원, 2016년 봄호.

이원희(2008), "해외 에너지 효율화 기술과 정책 동향", 『SERI 경제 포커스』, 제194호, 삼성경제연구소, 2008.05.

이재원 외(2016a), "국제석유시장 여건과 저유가의 파급영향", 『해외경제포커스』, 한국은행, 2016.01.21.

이재원 외(2016b), "1980년대 중반과 금번 유가하락기의 원유시장 여건 비교 분석", 『국제경제리뷰』, 한국은행, 2016.04.21.

이정필(2016), "피크오일 논의의 최신 동향", 『ENERZINE FOCUS』, No. 74, 에너지기후정책연구소, 2016.10.10.

이종호(2016), "유가변동에 관한 소고", 『경민대학교 논문집』, 제16집, 경민대학교, 2016.11.

이지평(2015), "국제유가 신시대의 파장", 『LG Energy Insight』, 제3호, LG경제연구원, 2015. 01.

이지평 외(2015), "저유가에도 계속되는 탈석유 PV-EV 시대가 오고 있다," 『LG Business Insight』, LG경

제연구원, 2015.08.12.

이지평(2016),“멈추지 않는 저유가, 미래의 공급 리스크 키운다”, 『LG Business Insight』, LG경제연구원, 2016.01.27.

이지평 외(2016),“저유가에 대응하는 일본산업계의 전략”, 『Japan Insight』, 제76호, LG경제연구원, 2016.03.

이지훈 외(2007),“유가 급등의 원인과 향후 전망”, 『CEO Information』, 삼성경제연구소, 2007.12.05.

이지훈(2008),“2008년 하반기 국제유가 전망”, 『SERI Oil Outlook』, 삼성경제연구소, 2008.06.

이태의(2016),“해외 E&P 기업의 유가하락 대응전략 분석”, 『세계 에너지시장 인사이트』, 제16-36호, 에너지경제연구원, 2016.10.07.

이투데이(2016),“미국 셰일업계 경영난 갈수록 심화”, 2016.02.26.

이철용(2010),“국제유가 중장기 예측모형 개발- 베이지안추론 이용”, 『기본연구보고서』, 10-03, 에너지경제연구원, 2010.12.

이철용(2011),“베이지안 모형을 이용한 중장기 국제유가 전망 연구”, 『POSRI 경영경제연구』, 제11권 제2호, 포스코경영연구소, 2011.08.

일요서울(2017),“문재인 정부‘탈원전’선언 후폭풍”, 2017.07.21.

임상수(2008),“신자원민족주의의 확산과 한국의 자원 확보 현황”, 『한국경제주평』, 통권 305호, 현대경제연구원, 2008.07.

임수호(2011),“자원민족주의와 석유안보”, 『Issue Paper』, 삼성경제연구소, 2011.07.

임재규 외(2007), 『기후변화협약에 의거한 제3차 대한민국 국가보고서 작성연구』, 연구보고서, 에너지경제연구원, 2007.7.

장우석·전해영(2015),“지금이 재생에너지 산업의 경쟁력을 높일 시점이다”, 『VIP REPORT』, 15-09호, 현대경제연구원, 2015.03.09.

전북도민일보(2016),“완주 CEO 경제포럼, 저유가시대 기업대응 방안 모색”, 2016.06.23.

정우진(2015),“미국의 셰일오일산업 변혁과 국제유가의 영향”, 정책보고서, 현안 진단 제267호, 코리아연구원, 2015.04.14.

정준환·도현재(2016), 『국제 석유시장 구조 변화에 따른 한국 석유산업 중장기 발전전략』, 기본연구보고서 2016-26), 에너지경제연구원. 2016.12.31.

정준환·신힘철(2013),“미국 셰일오일 개발현황 및 전망”, 『세계 에너지시장 인사이트』, 제13-26호, 에너지경제연구원, 2013.07.12.

정찬신(2015),“저유가 시 한국경제의 득과 실”, 『주간석유뉴스』, 한국석유공사 석유정보센터, 2015.12.30.

조규림(2016),“최근 유가 급락의 한국 경제 파급 영향”, 『VIP REPORT』, 현대경제연구원, 2016.01.26.

조상민(2016), 『국제 신재생에너지 정책 변화 및 시장 분석』, 기본연구보고서 2016-28), 에너지경제연구원. 2016.12.31.

조선경제(2017),“LNG보다 오염 적은 첨단 火電… 청정에너지였다”, 2017.07.19.

조선경제(2017),“전문가들, 석탄火電 발전량 줄여도 설비는 유지해야”, 2017.07.21.

조선경제(2017),“석탄발전소가 미세먼지 주범?”, 2017.07.26.

조선일보(2016),“‘롤러코스터 유가’… 기업들 경영계획도 못 세워”, 2016.08.04.

최기련(2004),“유가 예측, 주먹구구로 하나”, 중앙일보, 2004.05.13.

최기련(2016),“왜 한국만 유가 예측이 자꾸 틀리나”, 중앙일보, 2016.07.28.

최성희(2006), 『국제석유시장에서의 공급부문의 구조적 특징 : 잉여생산능력을 기반으로 하는 공급함수 추정』, 기본연구보고서 2006-14, 에너지경제연구원.

최인방 외(2016),"최근의 미국 셰일오일 공급여건 점검",『국제경제리뷰』, 제2016-19호, 한국은행, 2016. 07.01.

최주혁(2016),"초저유가 시대의 영향과 주요 리스크 요인 점검",『월간 신한리뷰』, 신한금융지주회사, 2016년 2월호.

코리아데일리(2015),"'국제유가 전망'설·설'…결국 가보아야 안다?",2015.03.02.

토니 세바(2015),『에너지 혁명 2030』, 박영숙 옮김, 교보문고, 2015.07.30.

폴리뉴스(2017),"기업이 살아야 한국경제도 산다-철강업계⑩", 2017.01.10.

폴리뉴스(2017),"기업이 살아야 한국경제도 산다-정유·석유화학업계⑪", 2017.01.11.

한겨레(2015),"'자주개발률 25%'맞추려 반입 못하는 석유도 포함", 2015.01.20.

한국석유공사(2016),『위기대응방안으로서의 한중일 석유확보체제 비교 : 변화된 석유안보개념을 중심으로』, 한국석유공사 석유정보센터 연구보고서, 2016

한국에너지신문(2017),"국내 원유수입…중동 의존도 여전히 높아", 2016.01.24.

한상완 외(2008),"3차 오일쇼크 가능성 진단과 대응 방안",『한국경제주평』, 통권 301호, 현대경제연구원, 2008.06.

함영곤 외(2012),"최근 유가 변동성 확대 배경 및 시사점", 경제분석 시리즈 [2012-32], 한국자동차산업연구소, 2012.09.26.

허서지(2016),"신재생에너지 산업 현황과 육성전략",『Issue Paper』, 통권 232호, 전국경제인연합회, 2016. 12.

허인 외(2011),"글로벌 금융위기와 최근의 국제유가 변동요인 비교 및 시사점", KIEP 오늘의 세계경제, 대외경제정책연구원, 2011.11.10.

홍성기(2016),"유가, 달러화 약세와 무르익는 하락 요인들", ENERGY, 삼성선물, 2016.06.09.

홍준희(2017),"(등촌광장)트럼프의 고유가 시나리오를 준비해야 한다",『전기신문』, 2017.01.13.

Alquist, R., L. Kilian, and R. Vigfusson(2011),"Forecasting the Price of Oil, International Finance Discussion Papers, No. 1022, Board of Governors of the Federal Reserve System, July 2011.

Aramco 홈페이지, japan.aramco.com/en/home/services/projects/okinawa.html(검색일 : 2016. 08.22.)

Blanchard, Oliver J. and Jordi Gal i(2007),"The Macroeconomics Effects of Oil Price Shocks: Why are the 2000s so different from the 1970s?"NBER Working Paper No. 13368.

Bloomberg(2016),"China Delays Emergency Oil Storage Completion to Beyond 2020,"7 Mar 2016.

CNPC(2011), The Yearbook of China National Petroleum Corporation 2011, 2011.

EIA(2016),"India continues developing its strategic petroleum reserve as its oil imports grow,"19 Jul 2016.

IEA(2010), World Energy Outlook 2010.

IEA(2014), Energy Supply Security, 2014.

IMF(2011), World Economic Outlook, Tensions from the Two-Speed Recovery : Unemployment, Commodities, and Capital Flows.

Jaffe, A. M.(2007), The Changing Role of National Oil Companies in International Energy Markets, The Baker Institute Energy Forum (pp.1-19), March 1-2, Houston: Texas, USA.

Jiang, J. & Sinton, J.(2011), "Overseas Investments by Chinese National Oil Companies, IEA Information Paper, February, 1-48.

Ministry of Economy, Trade, and Industry of Japan 홈페이지, www.meti.go.jp(검색일 : 2016.08.23.)

Ministry of Petroleum & Natural Gas of India(2016),"Strategic crude oil reserves in the country,"Press Release, 24 Feb 2016.

Reuter(2014),"Iran leases oil storage in China, ships crude to India from there,"20 Nov 2014.

Reuter(2016),"Saudi Aramco, Japan to expand Okinawa crude storage deal," 1 Sept 2016.

Shin, Sang Yoon(2016),"Commercial Stockpiling: An Alternative for Joint Stockpiling of Oil in North East Asia in Lester," L. (Eds.), Energy Relations and Policy Making in Asia, Palgrave Macmillan, 2016.

Van der Linde, J. G. and Lefeber, R.,"International Energy Agency Captures the Development of European Community Energy Law," Journal of World Trade, 22(5) : 5-25, 1988.

Willenborg, Robert., T jes, Christoph. and Perlot, Wilbur.(2004),"Europe's oil defences: An analysis of Europe's oil supply vulnerability and its emergency oil stockholding systems,"Journal of Energy Literature, 10 (2): 3-49, 2004.

Wood Mackenzie(2015), Asia's strategic strides in crude oil storage, 2015.

〈기타 신문기사〉

2004.10.01., 『매일경제』

2008.08.09., 『매일경제』

2008.08.14., 『매일경제』

2008.09.09., 『매일경제』

2008.09.12., 『매일경제』

2006.02.25., 『연료유지신문』

2004.10.12., 『조선경제』

2008.10.04., 『조선일보』

2012.05.18., 『조선일보』

2016.10.24., 『건설경제』

찾아보기

▮▮▮ 저자 소개 ▮▮▮

■ 이 종 호(李 鍾 昊)

< 학력 및 경력 >

- 고려대학교 문과대 영문학과(학사)
- 고려대학교 대학원 경제학과(석사)
- 고려대학교 대학원 경제학과(박사)
- 고려대학교 경제연구소 전문연구원 역임
- 고려대, 동국대, 숭실대, 홍익대, 인천대, 동덕여대 등 출강
- 현) 경민대학교 사무비서행정과 교수

< 저서 및 논문 >

- ≪관광사업론≫, (공저, 1998)
- ≪관광경제학≫, (역서, 2000)
- ≪영문법의 이해≫, (2002)
- ≪e-세대를 위한 경제교실≫, (2002)
- ≪시사영어산책≫, (2006)
- ≪미시경제이야기≫, (2009)
- ≪거시경제이야기≫, (2009)
- ≪국제경제 및 산업정책 이야기≫, (2009)
- ≪공무원영어≫, (공저, 2010)
- ≪한국경제이야기≫, (2013)
- ≪알기쉬운 경제학①≫, (2015)
- ≪알기쉬운 경제학②≫, (2015)
- ≪알기쉬운 경제학③≫, (2015)
- <환율과 수출가격> (1993)
- <VAR체계를 이용한 경상계정 분석> (1994)
- <호텔종사원 직무특성별 직무만족에 대한 수량화분석> (1998)
- <호텔종사원 교육훈련에 관한 연구> (2000)
- <한국산업의 국제경쟁력패턴 분석> (2001)
- <신자유주의와 노동시장 유연화 논쟁> (2003)
- <다국적기업의 M&A에 대한 중국의 제도 분석> (2004)
- <문화자원의 개발을 통한 지역 활성화 전략> (2004)
- <토지거래허가제의 정책효과에 관한 실증연구> (2007)
- <노인복지서비스의 문제점과 개선방안> (2009)
- <실리콘 밸리의 청년 지식기술창업 모형과 프로그램 분석> (2012)
- <한·중·일 국제분업과 그 동인에 관한 연구> (2013)
- <미얀마의 개혁개방과 글로벌 빅4의 진입전략 특성> (2014)
- <유가변동에 관한 소고> (2016) 등 다수

한국경제와 에너지

2017년 9월 20일 1판 1쇄 발행

저 자 이 종 호
발행인 남 승 우

발행처 도서출판 상尙 학學 당堂

서울시 동작구 사당로9가길 6(사당동)
TEL : 02) 595-1692～4
FAX : 02) 595-1394
E-mail : namdoo6@unitel.co.kr
신고 : 2-155호 (1968. 11. 29)

정가 25,000원

ISBN 978-89-6587-161-3 03320